会计学基础

Kuaijixue Jichu

石雄飞 主编

Southwestern University of Finance & Economics Press
西南财经大学出版社

图书在版编目(CIP)数据

会计学基础/石雄飞主编 . —成都:西南财经大学出版社,
2017.1(2020.8 重印)
ISBN 978-7-5504-2842-3

Ⅰ.①会… Ⅱ.①石… Ⅲ.①会计学—教材 Ⅳ.①F230

中国版本图书馆 CIP 数据核字(2017)第 013108 号

会计学基础

石雄飞 主编

责任编辑:廖术涵
封面设计:穆志坚
责任印制:朱曼丽

出版发行	西南财经大学出版社(四川省成都市光华村街 55 号)
网　　址	http://www.bookcj.com
电子邮件	bookcj@foxmail.com
邮政编码	610074
电　　话	028-87353785
照　　排	四川胜翔数码印务设计有限公司
印　　刷	郫县犀浦印刷厂
成品尺寸	185mm×260mm
印　　张	14
字　　数	315 千字
版　　次	2017 年 3 月第 1 版
印　　次	2020 年 8 月第 7 次印刷
印　　数	26001—28000 册
书　　号	ISBN 978-7-5504-2842-3
定　　价	29.80 元

前 言

会计学是经济与管理类专业的基础课程。在现代经济社会里，不了解和掌握会计知识、不能有效利用会计信息的人，是很难从事经济管理工作的；特别是单位的高层管理人员，应善于借助会计信息进行经济决策。随着科学技术与经济的快速发展，会计学的理论与实践不断深化发展。自2006年我国财政部颁布新的会计准则后，我国陆续出台了相关的会计政策及法律法规。本书以新颁布的会计准则和应用指南为依据，广泛借鉴国内外先进教材的经验，系统介绍了会计学的基本概念、基本原理和基本方法。

本书在阐述借贷记账法原理的基础上，以工业企业为例，系统介绍企业生产经营过程的会计处理方法；介绍填制和审核凭证、登记账簿、编制财务报表的完整过程。本书既注重理论性，又注重可操作性，结合函授教育特点，注重实例的运用和知识更新。本书内容丰富，结构合理，逻辑性强。本书既可作为会计学、财务管理等经济管理类专业函授大专、本科生教学的教材，也可以作为经济管理工作人员的培训教材或学习参考书。

本教材由石雄飞主编，负责全书总纂、修改和定稿。本教材各章分工如下：石雄飞执笔第一章、第二章、第三章；李文成执笔第四章、第五章、第六章、第七章；何劲军执笔第八章、第九章。本教材在编写与出版过程中得到了西南财经大学出版社领导和各位编辑的大力支持和关心，在此特表示衷心的感谢。

本教材在编写过程中广泛参考了国内外有关专家、教授编著的会计学教材和专著，在此表示衷心的感谢。鉴于会计理论与实践的发展日新月异，而编者学识有限，教材中如有不当之处，敬请各位读者批评指正。

编 者

2017 年 1 月

目录

第一章　总论 ………………………………………………………………（1）
　第一节　会计的产生和发展 ……………………………………………（3）
　第二节　会计的职能、目标 ……………………………………………（8）
　第三节　会计方法 ……………………………………………………（13）
　第四节　会计核算的基本前提和会计信息质量要求 ……………………（15）

第二章　会计要素与会计等式 ………………………………………………（24）
　第一节　会计对象 ……………………………………………………（25）
　第二节　会计要素的含义及内容 ………………………………………（27）
　第三节　会计要素的确认与计量属性 …………………………………（34）
　第四节　会计等式 ……………………………………………………（37）

第三章　账户与复式记账 …………………………………………………（47）
　第一节　会计科目 ……………………………………………………（48）
　第二节　账户 …………………………………………………………（55）
　第三节　借贷记账法 …………………………………………………（59）

第四章　会计凭证 …………………………………………………………（76）
　第一节　会计凭证的意义和种类 ………………………………………（79）
　第二节　原始凭证 ……………………………………………………（81）
　第三节　记账凭证 ……………………………………………………（88）
　第四节　会计凭证的传递与保管 ………………………………………（97）

第五章　账簿 ……………………………………………………………（100）
　第一节　账簿的含义和分类 …………………………………………（102）
　第二节　账簿的内容、启用和记账规则 ………………………………（105）
　第三节　账簿的设置和登记 …………………………………………（108）

第四节　对账和结账 …… (120)
第五节　错账更正方法 …… (124)

第六章　制造业主要经济业务的核算 …… (131)
第一节　资金筹集业务的核算 …… (132)
第二节　采购业务的核算 …… (137)
第三节　产品生产业务的核算 …… (144)
第四节　销售业务的核算 …… (150)
第五节　财务成果的核算 …… (154)

第七章　财产清查 …… (162)
第一节　财产清查的意义和种类 …… (163)
第二节　财产清查的程序、方法和内容 …… (166)
第三节　财产清查的账务处理 …… (172)

第八章　财务报告 …… (178)
第一节　财务报告概述 …… (179)
第二节　资产负债表 …… (182)
第三节　利润表 …… (189)
第四节　现金流量表 …… (192)
第五节　所有者权益变动表 …… (196)
第六节　附注 …… (198)

第九章　会计工作组织与管理 …… (201)
第一节　会计工作组织与管理概述 …… (202)
第二节　会计机构与会计人员 …… (204)
第三节　会计法律规范 …… (207)
第四节　会计职业道德 …… (209)
第五节　会计档案管理 …… (211)

参考文献 …… (217)

第一章 总论

学习目标

1. 了解会计发展历程；
2. 掌握会计基本职能；
3. 掌握会计基本特点；
4. 掌握会计基本概念；
5. 掌握会计的目标；
6. 了解会计方法；
7. 掌握会计核算的基本前提；
8. 了解会计信息质量要求。

案例：

你能够用400元或不足400元的资金成功创办一个企业吗？不管你相信与否，你的确能够。周敏是北京一所著名的美术学院的学生。和其他大学生一样，她也常常为了补贴日常花销而不得不去挣一些零用钱。现在她正为购买一台具有特别设计功能的计算机而烦恼。尽管她目前手头仅有400元，可她还是决定于2013年12月开始创办一个美术培训部。她支出了120元在一家餐厅请朋友坐一坐，帮她出出主意。得益于她有过在一家美术培训部服务兼讲课的经验，她首先向她的一个师姐借款4 000元，以备租房等使用。她购置了一些讲课所必备的书籍和物品，并支出一部分钱用于装修画室。她为她的美术培训部取名为“周围”。周敏支出100元印刷了500份广告传单，用100元购置了信封、邮票等。8天后她已经有了17名学员，规定每人每月学费1 800元，并且找到了一位具有较强能力的同学做合伙人。她与合伙人分别为“周围”的发展担当着不同的角色（合伙人做“周围”的会计和讲课教师）并获取一定的报酬。至2014年1月末，她们已经招收了50个学员，除了归还师姐的借款本金和利息共计5 000元、抵销各项必须费用外，各获得讲课、服务等净收入30 000元和22 000元。她们用这笔钱又继续租房，扩大了画室面积。为了扩大招收学员的数量，她们甚至聘请了非常有经验的教授、留学归国学者开展了两次免费讲座，为“周围”的下一步发展奠定了非常好的基础。

四个月下来，她们的“周围”平均每月共招收学员39位，获取收入共计24 000元。她们还以每小时200元的讲课报酬雇用了4位同学做兼职教师。至此，她们核算了一下，除去房租等各项费用共获利67 800元。这笔钱足够她们各自购买一台心仪的计算机并且还有一笔不小的结余。更重要的是，她们通过四个月的锻炼，掌握了许多营销技巧，也懂得了应该怎样与人合作和打交道，学到了不少有关财务的知识，获得了比财富更为宝贵的工作经验。

案例要求：

1. 会计在这里扮演了什么样的角色？

2. 从中你是不是了解有关会计方面的许多术语，如投资、借款、费用、收入、盈余、投资人投资以及独资企业、合伙企业和公司，等等。

案例提示：

首先，周敏需要考虑怎样组织她的企业（美术培训部）。“周围”是一个独资企业，即只有一个人拥有的企业，周敏是企业唯一的所有者。随后由于她同学的加入，“周围”便成了一个合伙企业。如果周敏毕业后仍继续经营“周围”，她还可以组建公司。这就是现代企业的三种形式，即独资企业、合伙企业和公司制企业。

其次，周敏尽管只是一名学生，可她却懂得创办企业必定要有一些前期投入，如请朋友坐下来帮她出主意的花销。这就是本课程中将会讲到的开办费。

再次，周敏怎样才能知道企业的全部收入？怎样了解企业曾经产生的各项费用？企业会计记录提供了这些数据，否则她只能估计收入。收入、费用等概念是人们日常对话中经常使用的会计术语。本课程会向你对收入、费用这样的概念以及它们的特称做出精确的解释。

最后，“周围”在四个月左右的时间里，共获得67 800元的盈余。什么是盈余？一般来讲，我们说四个月“周围”赚了67 800元。这就是说，在扣除了所有费用支出后，该企业获得利润67 800元。盈余和利润在会计上是同义词，它是会计学上的一个非常重要的会计名词。我们在本课程中会向你介绍许多诸如“利润”等重要概念，并且会帮助你学会企业常用的会计报表的编制方法。

会计在许多方面都影响着人们的日常行为，在此之前，也许你已经知道一些有关会计方面的术语，但本课程将会通过会计记账程序和会计工作方式让你对会计的理解来得更为清晰。随着课程的深入，你一定会恍然大悟：啊！原来这就是会计！

会计是经济社会的一种普遍现象，是现代经济发展必不可少的一个重要组成部分。每一个单位，包括以盈利为目的的企业组织和不以盈利为目的的非企业组织，比如政府机构、学校和医院，都必须设置会计机构和会计人员。那么，会计究竟是什么？它是怎样产生和发展的？在现代社会中发挥怎样的作用？其研究的内容如何？面对错综复杂的社会经济环境，会计采用怎样的方法，遵循怎样的规则来对其所处的社会经济环境做出合理的判断？本章将对其相关内容做一一介绍。

第一节　会计的产生和发展

一、会计的产生与发展

会计是为适应社会发展和加强经济管理、提高经济效益而产生并发展的。人们进行生产活动时，总是力求以尽可能少的劳动耗费，取得尽可能多的劳动成果，做到所得大于所费，提高经济效益。如果生产所得超过了生产中的消耗，就有经济效益，就有多余的资料可供消费；如果生产所得抵偿了消耗，恰恰足敷生活消费之用，生产就只能照原来的规模重复进行；如果生产所得抵偿了消耗，还不够生活消费之用，那么要重复生产，势必只能在缩小的规模上进行了；唯有在生产所得抵偿了消耗，供生活消费之用后还有剩余，生产才能在扩大的规模上重复进行。而再生产的规模能不能扩大，是社会能不能发展的关键。所以，就必须在不断改革生产技术的同时，采用一定方法对劳动耗费和劳动成果进行记录、计算，并加以比较和分析。

由上可知，会计是伴随着人类的生产实践和经济管理的客观需要而产生的一种活动，它是为管理好生产力起作用的。会计产生之初从属于生产职能，就是在生产活动之外，附带抽出一部分时间把生产的成果和耗费以及它们发生的日期等做成记录。随着生产的发展，会计逐渐从生产职能中分离出来，成为独立的、特殊的、由专门人员从事的职能。

在原始社会，人类社会生产实践活动极其简单，生产水平极其低下，主要是通过采集野果、狩猎等简单的生产活动谋生，劳动产品几乎无剩余，这时仅靠人脑记忆和计算即可满足需要，因此，没有发现有任何记录的遗迹留下。人类社会出现了第一、第二次大分工之后，社会生产有所发展，劳动产品开始出现剩余，有了交换劳动产品的条件。于是便出现了伏羲时期的结绳记事、刻记，黄帝、尧舜时期和原始社会后期的书契等简单的记录和计算方法，这就是最原始的处于萌芽状态的会计记录与计量行为。据有关考古发掘证实，距今18 000多年的北京山顶洞人时代，就有了这种刻契记事的会计萌芽行为。

“会计”一词在我国最早出现是夏代。《史记·夏本纪》《周礼》和《孟子》中也曾出现过“会计”一词。但我国著名的会计史学家郭道扬教授则认为，以上两个时期虽然字面上说的是“会计”，但并不是真正对会计的命名，真正从会计意义上给会计命名的应是西周时代。随着会计的不断发展，人们对会计的认识程度也在不断加深，但对其定义总是难以取得完全统一。

在西方国家，20世纪初人们将会计视为一门艺术，到了20世纪中后期，认为会计应当是一个信息系统，这些信息将以财务会计报告的形式，提供给有关决策者作为决策依据。

（一）我国会计的产生和发展

随着封建社会生产力的不断发展，会计技术方法也有了进步。秦、汉时期广泛采用了以“入”“出”为记账符号，以“入-出=余”为基本计算公式的简明会计记录法，用比较固定单一的会计记录格式取代了文字叙述式的、烦琐的会计记录方法。自西汉始，人们将会计记录与统计记录分开，把记录会计事项的简册称为“簿”“簿书”或“计簿”，而把记录统计事项的简册称为“籍”。自此，我国的会计账簿便有了较明确的命名。到了处于封建社会鼎盛时期的唐宋，农业、手工业和商业都呈现出空前的繁荣，反映到会计的方法和技术方面，其突出的成就是发明了“四柱清册”的结账与报账方法。通过“旧管（期初结存）+新收（本期收入）=开除（本期支出）+实在（期末结存）”的平衡公式进行结账，具体地算清并交待了经管财物的责任。到了明末清初，由于商业和手工业继续呈现繁荣景象，于是比“四柱清册”更加完备的“龙门账”便应运而生了。在这种会计核算方法下，把全部账目按“进”（相当于“全部收入”）、“缴”（相当于“全部支出与费用”）、“存”（相当于“财产及债权”）、“该”（相当于“投资和负债”）四项分类，并分别编制“进缴表”和“存该表”，运用“进-缴=存-该”的关系式双向计算盈亏，在两表上计算得出的盈亏数应当相等，称为“合龙门”，以此钩稽全部账目的正误。到了清代，商品货币经济进一步发展，资本主义经济关系逐渐萌芽，又产生了“天地合账”。在这种方法下，一切账项，无论是现金出纳、商品购销还是内外往来等，都要在账簿上记录两笔，既登记“来账”，又登记“去账”，以反映同一账项的来龙去脉。这种账簿采用垂直书写，直行分上下两格，上格记收，称为天；下格记付，称为地。上下两格所记数额必须相等，即所谓“天地合账”。“四柱清册”“龙门账”和“天地合账”显示了我国历史上各个时期传统中式簿记的特色。

近代，特别是清朝中晚期，资本主义经济输入中国后，资本主义会计也随之输入中国，会计出现了“中式簿记”与“西式簿记”并存的局面。

新中国成立后，国家在财政部设置了主管全国会计事务的机构，称为会计制度司。会计制度司基于有计划地进行大规模社会主义建设的需要，先后制定出多种会计制度，强化了对会计工作的组织和指导。1985 年颁布《中华人民共和国会计法》，我国会计工作从此进入法治阶段。为了适应我国社会主义市场经济的需要，1992 年财政部颁布了《企业会计准则》，规定企业统一采用借贷记账法。2000 年 6 月 21 日国务院发布了《企业财务会计报告条例》，同年 12 月 29 日财政部颁布了《企业会计制度》。为了适应我国经济在过去十几年里的飞速发展及相关领域法律条款的调整，满足我国企业会计发展的自身需要，也是基于我国会计准则与国际接轨的迫切需要，财政部于 2006 年 2 月 15 日发布了包括 1 项基本准则和 38 项具体准则的企业会计准则体系，规定自 2007 年 1 月 1 日起在上市公司范围内实行，鼓励其他企业执行。新会计准则体系的建立，顺应了中国经济快速市场化和国际化的需要，以提高会计信息质量为核心，强化了为投资者和社会公众提供决策有用信息的理念，构建了与我国社会主义市场经济相适应、与国际准则趋同、涵盖企业各项经济业务、可独立实施的企业会计准则体系，并为改进国际财务报告准则提供了有益借鉴，实现了我国企业会计准则建设新的跨越和历史性突破。

（二）西方会计的产生和发展

西方会计源于欧洲，至今已有几千年的历史。据马克思考证，在“原始的规模小的印度公社”里，已经有了“一个记账员，登记农业账目，登记和记录与此有关的一切事项”。后来随着欧洲大陆商品经济的发展，出现了商业及政府记账。公元13~15世纪，处于封建时代的意大利，其地中海沿岸的某些城市，如威尼斯、热那亚、佛罗伦萨等，手工业、商业和金融业较为发达，产生了资本主义生产的最初萌芽，成为推动会计发展的重要因素，出现了较为科学的早期的借贷复式记账法。1494年，意大利传教士、数学家、会计学家卢卡·帕乔利在威尼斯出版了一部耗费了30年心血的世界名著——《算数·几何·比及比例概要》。其中对意大利威尼斯簿记和借贷复式记账法进行了全面、系统的描述和总结，是第一部会计理论专著，被称为近代会计发展史上的第一个里程碑，标志着近代会计的开端。卢卡·帕乔利也被尊称为“近代会计之父”。

18世纪后期发生的工业革命，极大地促进了西方社会生产力的发展和产业组织的变化。到了19世纪，英、美两国的公司得到广泛发展，成为具有代表性的企业组织形式。1853年，英国在苏格兰成立了世界上第一个注册会计师专业团体——爱丁堡会计师协会，并于1854年被授予皇家特许证，允许它的会计师冠予“特许会计师”的标志，从此，会计开始成为一种社会性的专门职业和通用的商务语言，这被称为会计发展史上的第二个里程碑。同时，公司的发展使企业生产迅速扩大，投资者显著增加，从而有力地推动了公司将簿记扩展为会计，会计知识得到了广泛的传播和普及。在此期间，出现了成本计算。此外，为防止公司经营者的舞弊行为，保护投资者的利益，逐步产生了外部审计和独立的执业会计师审计。20世纪30年代以后，为了使会计工作规范化，提高会计报表的真实性和可比性，西方各国先后研究并制定了会计原则（即会计准则），进一步把会计理论和方法提高到了一个新的水平。

20世纪50年代以后，由于信息论、控制论、系统论、现代数学、行为科学等被引入会计领域，尤其是管理会计的出现，极大地丰富了会计学的内容。1952年，世界会计学会正式批准使用“管理会计”一词，由此将会计一分为二，形成现代会计的两大门类（分支）：财务会计和管理会计。这被称为会计发展史上的第三个里程碑。其后，电子计算技术进入会计领域，使会计信息的搜集、分类、处理、反馈等操作程序摆脱了手工操作，实现了自动化、电子化。随着国际经济交往与合作的广泛开展，以及经济全球化进程的加快，会计日益成为“国际通用的商业语言”，出现了前所未有的繁荣景象。

（三）会计产生和发展的客观依据

综上所述，会计的产生和发展经历了相当长的时间。它是随着社会生产的发展和加强经济管理的要求而产生，并随着社会经济，特别是市场经济的发展和科学技术的进步而不断完善、提高的。

1. 会计在社会生产实践中产生

人类社会的生产活动决定着人类其他一切活动，也是人类会计行为产生的根本前提，因此，人类的会计行为是社会生产发展到一定阶段的产物。在原始社会，会计只是生产职能的附带部分，当社会生产发展到一定水平、出现了私人占有财产以后，人们为了保护私有权和不断扩大其私有财产，在生产过程中逐步产生了用货币形式进行计量和记录的方法，并使会计逐渐从生产职能中分离出来，成为独立的职能。

2. 会计随着社会经济的发展而发展

从人类会计方法的演进过程中可以看到，随着社会经济的发展和管理要求的不断提高，会计的地位和作用，会计核算的内容、范围以及所要达到的目的和要求，都在不断发展和变化。这也使会计的目标、应用原则，以及会计信息的披露内容、范围等随之不断变化，日趋完善。总之，生产越发展，作为经济管理重要组成部分的会计就越重要。

3. 会计的功能随现代科技的发展而扩展

随着现代科学技术的发展和经济体制改革的深化，现代会计管理科学也得到了进一步的推广，特别是电子计算机技术在会计上的应用，对会计的发展产生了更大的影响。会计在经济管理中的作用日益显著，会计在原有核算和监督功能的基础上，又进一步扩展到预测经济前景、参与经济决策、考核和分析计划执行情况等领域，这对于加强经济管理，提高经济效益有着重要的意义。

二、会计的概念

会计是以货币为主要计量单位，以提高经济效益为主要目标，运用专门方法对企业、机关、事业单位和其他组织的经济活动进行全面、综合、连续、系统的核算和监督，并随着经济的日益发展，逐步开展预测、决策、控制和分析的一种经济管理活动。

从会计的定义可以看出：

（1）会计首先是一种经济计算。它要对经济过程中利用货币为主要计量尺度进行连续、系统、全面、综合的计算。经济计算是指人们对经济资源（人力、物力、财力）、经济关系（等价交换、所有权、分配、信贷、结算等）和经济过程（投入、产出、收入、成本、效率等）所进行的数量计算的总称。经济计算既包括对经济现象静态状况的存量计算，也包括对其动态状况的流量计算；既包括事前的计划计算，也包括事后的实际计算。会计是一种典型的经济计算，经济计算除包括会计计算外，还包括统计计算和业务计算等。

（2）会计是一个经济信息系统。它将一个企业分散的经营活动转化成一组客观的数据，提供有关企业的业绩、问题，以及企业资金、劳动、所有权、收入、成本、利润、债权、债务等的信息。同时，它向有关方面提供有关信息咨询的服务，任何人都可以通过会计提供的信息了解企业的基本情况，并作为其决策的依据。可见，会计是以提供财务信息为主的经济信息系统，是企业经营的记分牌，因而，会计又被称为“商业语言”。

（3）会计是一项经济管理工作。在非商品经济条件下，会计直接对财产物资进行管理；在商品经济条件下，由于存在商品生产和商品交换，经济活动中的财产物资都是以价值形式表现的，会计是利用价值形式对财产物资进行管理的。如果说会计是一个信息系统，这主要是对企业外部的有关信息使用者而言的；那么说会计是一项经济管理活动，则主要是对企业内部来说的。从历史的发展和现实状况来看，会计是社会生产发展到一定阶段的产物，是为了适应生产发展和管理的需要而产生的。尤其是随着商品经济的发展和市场竞争的出现，要求通过管理对经济活动进行严格的控制和监督。同时，会计的内容和形式也在不断地完善和变化，由单纯的记账、算账，主要办理账务业务、对外报送会计报表，发展为参与事前经营预测、决策，对经济活动进行事中控制、监督，开展事后分析、检查。可见，无论是过去、现在或将来，会计都是人们对经济进行管理的活动。

三、会计的特点

（一）以货币为主要计量单位

会计从数量方面反映经济活动，可以使用三种量度，即实物量度、劳动量度和货币量度。运用实物量度（如重量、长度等），只可以分别反映不同物质数量，但不能用来汇总各种不同类别的物资，更不能综合反映各种不同的经济活动。运用劳动量度（如劳动日、工时等），虽然可以反映经济活动中耗用的工作时间，计算某一经济活动过程中的劳动量耗费，但在商品货币经济条件下，再生产过程所耗费的劳动量，还不能广泛用劳动计量单位进行计算，仍要利用价值形式来表现。只有借助于统一的货币量度，才能计算出各项财产物资的费用、成本、利润等综合性经济指标，才能全面核算和比较生产经营中的耗费及其成果。而货币量度是用来综合计算各种不同经济事项所采用的统一量度单位。因此，这就决定了在三种计算量度中，会计要以货币作为主要的计量尺度。

（二）以会计凭证为依据

会计的任何记录和计量都必须以会计凭证为依据，从而使会计信息具有真实性和可验证性。只有经过审核无误的原始凭证才能据以编制记账凭证，登记账簿并进行加工处理。这一特征也是其他经济管理活动所不具备的。

（三）对经济活动的财务收支进行连续、系统、全面、综合的记录和计算

会计对企业的经济业务，要按照其发生的先后顺序，不分大小、不分主次，进行无遗漏的核算，做到会计核算具有连续性、系统性、全面性和综合性。所谓“连续性”，是指对经济活动中每一个具体事项，必须按其发生的时间顺序，自始至终不间断地予以反映；所谓“系统性”，就是对各种经济活动进行会计处理时，必须采取一套专门的方法进行互相联系的记录和科学的分类，最终提供系统化的数据和资料；所谓“全面性”，就是指对一切经济业务都要无遗漏地登记入账，予以反映和监督；所谓“综合性”，就是通过统一的货币量度，以求得各种总括的价值指标，考核企业经济效益。

（四）核算职能和监督职能相结合

会计核算是会计的首要职能，也是全部会计管理工作的基础。任何经济实体要进行经济活动，都要求会计提供真实的、正确的、完整的、系统的会计信息，这就需要

对经济活动进行记录、计算分类、汇总，将经济活动的内容转换成会计信息，成为能够在会计报告中概括并综合反映各单位经济活动状况的会计资料。

会计监督是会计的另一个基本职能。任何经济活动都要有既定的目的，都要按一定的法规制度来运行。会计监督就是通过预测、决策、控制、分析、考评等具体方法，保证经济活动按照规定的要求运行，以达到预期的目的。

会计的核算职能与监督职能是相辅相成的，只有在对经济活动进行正确核算的基础上，才可能为监督提供可靠的资料；同时，也只有搞好会计监督，按照会计监督的要求进行核算，并且达到预期的目的，才能发挥会计的核算作用。

综合会计的特点，对会计的本质的认识可概括为：会计是以货币为计量单位，核算和监督企业、事业、机关、团体等营利和非营利组织经济活动的一种经济管理工作，同时，它又是一个以提供财务信息为主的经济信息系统。

对这个定义我们可以从几个方面来理解：①会计是一项经济管理活动或经济信息系统，这属于管理的范畴；②其对象是特定单位的经济活动；③会计的基本职能是核算和监督，即对发生的经济业务以会计语言进行描述，并在此过程中对经济业务的合法性和合理性进行审查；④会计以货币为主要计量单位，各项经济业务以货币为统一的计量单位才能够汇总和记录，但货币并不是唯一的计量单位。

第二节　会计的职能、目标

一、会计的职能

会计的职能是指会计本身所固有的功能，即会计在企业和行政事业单位的经济管理中能做什么，起什么作用。它是伴随着会计的产生而同时产生的，也必将随着会计的发展而发展。正确认识会计的职能，对于正确提出会计工作应担负的任务，确定会计人员的职责和权限，充分发挥会计工作应有的作用，都有重要的意义。

理论界对会计职能的研究一直没有间断过，并提出了很多看法，比较有代表性的观点有：反映与控制，反映与监督，反映、监督与分析，考核与评价等。尽管存在很多争议，但会计的核算职能和监督职能这两大基本职能大家还是比较认同的。

（一）会计的核算职能

会计核算职能也称会计反映职能。会计核算贯穿于经济活动的全过程。它是指会计以货币为主要计量单位，通过确认、计量、记录、报告等环节，对特定对象（或称特定主体）的经济活动进行记账、算账、报账，为各有关方面提供会计信息的功能。任何经济实体单位要进行经济活动，都要对经济活动信息进行记录、计算、分类、汇总，将经济活动信息转换成客观准确的会计信息，会计核算就是使经济活动信息转换为会计信息，从而进行确认、计量、记录并提供报告的工作。会计的核算职能有以下几个方面的特点：

（1）会计以货币为主要计量单位。会计在对各单位经济活动进行反映时，主要是从数量而不是从质量的方面进行反映。也就是说会计核算是对各单位的一切经济业务，以货币计量为主，进行记录、计算，以保证会计记录的可比性和完整性。

（2）会计反映具有连续性、系统性和全面性。会计反映的连续性，是指对经济业务的记录是连续的，逐笔、逐日、逐月、逐年，不能间断；会计反映的系统性，是指对会计对象要按科学的方法进行分类，进而系统地加工、整理和汇总，以便提供管理所需要的各类信息；会计反映的全面性，是指对每个会计主体所发生的全部经济业务都应该进行记录和反映，不能有任何遗漏。

（3）会计核算应对各单位经济活动的全过程进行反映。随着商品经济的发展，市场竞争日趋激烈，会计在对已经发生的经济活动进行事中、事后的记录、核算、分析，反映经济活动的现实状况及历史状况的同时，已发展到事前核算、分析和预测经济前景的阶段。

（二）会计的监督职能

会计监督职能，是指会计具有按照一定的目的和要求，利用会计核算职能所提供的经济信息，对企业和行政事业单位的经济活动进行控制，使之达到预期目标的功能。会计的监督职能主要具有以下特点：

（1）会计监督主要通过价值指标进行。会计核算通过价值指标综合地反映经济活动的过程及其结果，会计监督的主要依据就是这些价值指标。为了便于监督，有时还需要事先制定一些可供检查、分析使用的价值指标，用来监督和控制有关经济活动，以避免出现大的偏差。由于基层单位进行的经济活动都伴随着价值运动，表现为价值量的增减和价值形态的转化，因此会计监督与其他各种监督相比，是一种更为有效的监督。会计监督通过价值指标可以全面、及时、有效地控制各个单位的经济活动。

（2）会计监督具有完整性。会计监督不仅体现在已经发生或已经完成的业务方面，还体现在业务发生过程中及尚未发生之前，包括事前监督、事中监督和事后监督。事前监督是指会计部门或会计人员在参与制定各种决策以及相关的各项计划或费用预算时，就依据有关政策、法规、准则等的规定对各项经济活动的可行性、合理性、合法性和有效性等进行审查，它是对未来经济活动的指导；事中监督是指在日常会计工作中，随时审查所发生的经济业务，一旦发现问题，及时提出建议或改进意见，促使有关部门或人员采取措施予以改正；事后监督是指以事先制定的目标、标准和要求为依据，利用会计反映取得的资料对已经完成的经济活动进行考核、分析和评价。会计事后监督可以为制订下期计划、预算提供资料，也可以预测今后经济活动的发展趋势。

（三）两职能的关系

核算职能是监督职能的基础，没有核算职能提供的可靠、完整的会计信息，监督就没有客观依据；监督职能是核算职能强有力的保证，没有监督职能进行控制，提供有力的保证，就不可能提供真实可靠的会计信息，也就不能发挥会计管理的能动作用，会计核算也就失去了存在的意义。因此，核算职能和监督职能紧密结合，密不可分，相辅相成，辩证统一。

二、会计的目标

（一）会计目标的定义

所谓会计目标是指会计想要达到的境地或想要得到的结果。有人又称它为会计目的。会计目标主要明确为什么要提供会计信息，向谁提供会计信息，提供哪些会计信息等问题。只有会计目标明确了，才能进一步明确会计应当收集哪些会计数据，从而为会计信息的使用者提供有用的会计信息。有了会计目标，就意味着向会计提出了它应当达到的要求。当然会计目标的提出，不是随意提出来的，不能超越会计的本质功能，只能在会计的职能范围内提出。会计目标是会计理论体系的基础，有了会计目标，就为会计工作指明了方向。

（二）会计目标的两种学术观点

1. 决策有用观

决策有用观是20世纪70年代美国注册会计师协会出资成立的特鲁彼拉特委员会在对会计信息使用者进行了大量的实证调查研究后得出的结论。决策有用观是在资本市场日渐发达的历史背景下形成的。在此条件下，投资者进行投资需要有大量可靠而相关的会计信息，从传统的关注历史信息转向关注未来信息，要求披露的信息量和范围也不断扩大，不仅要求披露财务信息、定量信息和确定信息，还要求更多地披露非财务信息、定性信息和不确定信息。而这些信息的提供总是要借助于会计系统，因此，会计信息的提供必须以服务于决策为目标取向。决策有用观强调相关性甚于可靠性。在会计确认上不仅要确认实际发生的经济事项，还要确认那些虽未发生但对企业有重要影响的事项。

决策有用观的优点主要体现在：①坚持决策有用观有利于提高会计信息的质量；②在会计计量模式上采用多种计价方式并存，反映了配比原则；③坚持决策有用观有利于规范和发展资本市场，促进社会资本的流动性和社会资源的有效利用。其局限性体现在两个方面：①对“有用”的评价太主观，可操作性低；②“决策有用”与审计目标的不协调。从审计产生的背景看，审计的产生在于受托责任，而不是“决策有用”，如果会计目标定位于“决策有用”，审计就可能达不到目的。

2. 受托责任观

受托责任观产生的经济背景是企业所有权与经营权相分离，并且投资人与经营者之间有明确的委托与受托关系。在受托责任观下，信息的使用者主要是财产的委托人、投资者、债权人以及其他需要了解和评价受托责任履行情况的利害关系人，并且这些使用者是现存的，而不是潜在的。由于是对受托责任的履行结果的评价，使用者所需的信息侧重历史的、已发生的信息，因此要求提供尽可能客观可靠的会计信息。资产计价倾向于采用历史成本计量方式。在会计处理上，强调可靠性胜过相关性。

受托责任观的主要优点是企业采用受托责任观，有助于外部投资者和债权人评价企业的经营管理责任和资源使用的有效性。其局限性主要体现在：①受托责任观强调真实地反映过去，主要关注企业的历史信息，而很难反映未来事项；②在会计处理上，用现时收入与历史成本计量的费用进行配比，难以体现真实性的原则；③在会计信息方面，受托责任观很少会顾及委托者以外的信息需求，忽略潜在投资者的利益和要求，因而难以进一步提高会计信息的质量；④在适用环境方面，受托责任观产生的经济背景是企业所有权与经营权相分离，并且投资人与经营者之间有明确的委托与受托关系，而在现代社会中，两权不分离的个人独资企业、合伙企业普遍存在，而且，在现代社会中，委托方并不总是明确的。

3. 两种观点的关系

从上述介绍可以看出，受托责任观重在向委托者报告受托者的受托管理情况，主要是从企业内部来谈的，而决策有用观是从企业会计信息的外部使用者来谈的。实际上，两者并不矛盾，都不约而同地提到了"会计信息观"，即会计目标是提供信息。在受托责任观下，会计目标是向资源委托者提供信息；在决策有用观下，会计目标是向信息使用者提供决策有用的信息。信息的使用者不仅包括资源委托者也包括债权人、政府等和企业有密切关系的信息使用者。同时，两者侧重的角度不同，受托责任观是从监督角度考虑，主要是为了监督受托者的受托责任；决策有用观侧重于信号角度，即会计信息能够传递信号，向信息使用者提供决策有用的信息。两者相互联系，相互补充。

（三）我国的会计目标

2007 年 1 月 1 日，我国新的《企业会计准则》开始实施，其基本准则对会计目标进行了明确定位，指明会计的目标就是向财务报告使用者提供与企业财务状况、经营成果和现金流量等有关的会计信息，反映企业管理层受托责任履行情况，有助于财务报告使用者做出经济决策。从基本准则对会计目标定位的这段话中我们可以清晰地看到此目标明确回答了会计目标要解决的三个问题，即为什么要提供会计信息、向谁提供会计信息、提供哪些会计信息。

1. 为什么要提供会计信息

为什么要提供会计信息呢？这是基于受托经济责任的要求。现代企业制度强调企业所有权和经营权相分离，企业管理层是受委托人之托经营管理企业及其各项资产，负有受托责任。即企业管理层所经营管理的企业各项资产基本上均为投资者投入的资本（或者留存收益作为再投资）或者向债权人借入的资金所形成的，企业管理层有责任妥善保管并合理、有效地运用这些资产。企业投资者和债权人等也需要及时或者经常性地了解企业管理层保管、使用资产的情况，以便于评价企业管理层的责任情况和业绩，并决定是否需要调整投资或者信贷政策，是否需要加强企业内部控制和其他制度建设，是否需要更换管理层等。因此，财务报告应当反映企业管理层受托责任的履行情况，以有助于外部投资者和债权人等评价企业的经营管理责任和资源使用的有效性。

2. 向谁提供会计信息

向谁提供会计信息呢？简单一句话，就是会计信息的使用者。会计信息的使用者包括投资人、债权人、政府部门、社会公众、企业员工、企业管理当局等。

（1）投资人。基本准则为了保护投资者利益，把能够满足投资者进行投资决策的信息需求放在了突出位置。近年来，我国企业改革持续深入，产权日益多元化，资本市场快速发展，机构投资者及其他投资者队伍日益壮大，对会计信息的要求日益提高，在这种情况下，投资者更加关心其投资的风险和报酬，他们需要会计信息来帮助其做出决策，比如决定是否应当买进、持有或者卖出企业的股票或者股权，他们还需要信息来帮助其评估企业支付股利的能力等。因此，基本准则将投资者作为企业财务报告的首要使用者，凸现了投资者的地位，体现了保护投资者利益的要求，是市场经济发展的必然结果。

（2）债权人。企业在经营过程中，会经常不断地发生举债行为。例如：企业贷款人、供应商等债权人通常十分关心企业的偿债能力和财务风险，他们需要信息来评估企业能否如期支付贷款本金及其利息，能否如期支付所欠购货款等。银行和其他金融机构等债权人为了使自己的利益不受损害，能及时收回本金及利息，一般会要求贷款企业在接受贷款时和贷款后，提供其会计信息，以便随时掌握企业的偿债能力。另外，潜在的债权人会根据企业对外提供的会计信息和其他信息，做出是否向企业提供贷款的决策。

（3）政府部门。政府及其有关部门作为经济管理和经济监管部门，通常关心经济资源分配的公平、合理，市场经济秩序的公正、有序，宏观决策所依据信息的真实可靠等，他们需要依据信息来监管企业的有关活动（尤其是经济活动）、制定税收政策、进行税收征管和国民经济统计等。

（4）社会公众。对于身处企业周围的公众及其代表组织来讲，企业的环境行为将直接使他们受害或受益，他们有了解企业环境信息的强烈意愿。另外，从更广泛的意义上讲，社会公众的态度对于企业具有更深远的影响。一个企业的环境形象，将会影响到企业的劳动力供应，影响到企业的正常运营、销售等一系列环节。甚至可以说，社会公众的态度将决定着他们是否接受一个企业的存在。企业有必要采取一定的方式，为公众做出相关和真实的环境披露。

（5）企业员工。企业员工与企业是密切相关的，企业经营的好坏，直接影响员工个人的利益。企业员工最关心的是企业为其所提供的劳动报酬高低，职工福利好坏，企业财务状况是否足以提供长久、稳定的就业机会等方面的情况。他们所要求企业提供的是有关企业财务结构和获利能力等方面的信息。利用会计信息可帮助企业员工分析企业的财务状况和经营能力，以便其做出择业决策。

（6）企业管理当局。企业是一个自主经营、自负盈亏的商品生产者和经营者，为了使其资本保值增值，提高经济效益，要加强企业管理。特别是随着企业规模的扩大，经营管理者也不可能了解企业的全部经济活动，因此，企业管理当局、各职能部门和各级管理人员也需要通过会计信息全面了解企业的经营活动情况，也需要运用会计信息，对日常的经营活动进行控制，进行各种经营决策，例如，制订企业的计划和预算，进行理财决策和投资决策，对采购、生产、销售等环节进行管理与控制等。

（7）其他。除上述所列投资人、债权人、政府部门、社会公众、企业职工、企业管理当局外，与企业存在利害关系的其他单位和个人，也会关注企业的会计信息，如供货单位、销货单位、财务分析与咨询机构等。

3. 提供哪些会计信息

会计信息的使用者可以划分为两类：一类是企业外部的会计信息使用者，包括政府部门、投资人、债权人、客户和社会公众，他们需要根据企业提供的会计信息，做出相应的决策，对这类会计信息使用者来讲，一般提供与企业财务状况、经营成果和现金流量等有关的会计信息；另一类是企业内部的会计信息使用者，主要是企业管理当局，他们需要企业经营管理的相关信息，对这类会计信息使用者来讲，一般是根据不同企业的不同管理要求来提供不同的会计信息。不同类型的会计信息使用者，可能会对会计信息的要求不一致，会计应满足大部分使用者的需求，提供各方普遍关心的信息。

会计目标要求满足会计信息使用者决策的需要，体现为会计目标的决策有用观；会计目标要求反映企业管理层受托责任的履行情况，体现为会计目标的受托责任观。由此可见，我国会计目标的特点是兼顾了“决策有用观”和“受托责任观”。

第三节 会计方法

一、会计方法的定义和组成

会计方法是用来核算和监督会计对象、发挥会计职能、实现会计目标的手段。会计由会计核算、会计分析和会计检查三个部分组成，这三个部分既有密切联系，又相对独立，所使用的方法也不尽相同。因此，会计方法也可以分为会计核算的方法、会计分析的方法和会计检查的方法。

二、会计核算方法

会计核算方法就是对企业的经济交易或者事项进行确认、计量、记录和报告，以核算和监督企业经济活动的方法，包括设置账户、复式记账、填制和审核凭证、登记账簿、成本计算、财产清查和编制会计报表七种专门方法。

（1）设置账户。设置账户，是对会计对象的具体内容进行确认、归类和监督的一种专门方法，其实质是对会计要素进一步的科学分类。会计要素是对会计对象具体内容的基本分类，是第一个层次的类别。由于企业的经济活动是复杂多样的，各项经济业务所涉及会计对象基本要素的具体存在形式各有所不同，这就需要对会计要素做进一步的合理分类，并赋予一定的结构形式，才能使复杂多样的经济业务得以分门别类的登记和归集，产生各种类别的财务会计指标。所以设置账户是会计记录和汇总的前提。

（2）复式记账。复式记账，是记录经济业务的一种方法。这种方法的特点是对每一项经济业务都要以相等的金额，同时在两个或两个以上的相关账户中进行登记。采用复式记账，既可以通过账户的对应关系了解有关经济业务的全貌，又可以通过账户的平衡关系检查有关经济业务的记录是否正确。因此，复式记账是一种比较完善、科学的记账方法，为世界各国所普遍采用。目前我国企业会计核算采用的借贷记账法就是一种复式记账方法。

（3）填制和审核会计凭证。会计凭证是记录经济业务，明确经济责任的书面证明，是会计信息资料的最初载体，是登记账簿的依据。填制和审核会计凭证是为了保证会计资料完整、可靠，审查经济业务是否真实、合理合法而采用的一种专门方法。对于任何一项经济业务都要按照实际情况填制会计凭证，而且必须有专门的部门和人员对这些凭证进行审核，只有审核无误的凭证才能作为登记账簿的依据。通过对会计凭证的填制和审核，才能保证会计资料的真实、完整，保证会计信息的质量。

（4）登记账簿。会计账簿是用来记录各项经济业务的簿籍，是加工和保存会计资料的重要工具。登记账簿就是在账簿上全面、系统、连续地记录和反映企业经济活动的一种专门方法。登记账簿把复式记账和设置账户融为一体，它以会计凭证为依据，利用账户和复式记账的方法，对所有经济业务分门别类而又相互连续地加以全面反映，以便提供完整而又系统的会计信息资料。在账簿上，既要将所有经济业务按照账户加以归类记录，进行分类核算，又要将全部或部分经济业务按其发生时间的先后，序时记录，进行序时核算；登记账簿既要提供总括的核算指标，又要提供明细核算指标，为编制会计报表提供必要的资料。登记账簿是会计核算工作的主体部分。

（5）成本计算。成本计算是对企业在生产经营活动中发生的全部费用，按照一定的对象和标准进行归集和分配，借以计算确定各个对象的总成本和单位成本，以及企业的总成本费用的一种专门方法。通过成本计算，可以正确地对会计核算对象进行计价，核算和监督生产经营活动中所发生的各项费用是否符合节约原则，以便采取措施，挖掘潜力，减少消耗，节约费用，不断降低成本，提高经济效益。

（6）财产清查。财产清查是通过盘点实物、核对账目来查明各项财产物资、债权债务、货币资金实有数额，并进行账实核对，检查账实是否相符的一种专门方法。为了加强会计记录的准确性，保证账实相符，必须定期或不定期地对各项财产物资、往来款项进行清查、盘点和核对。在清查中如果发现账实不符，应当分清原因，明确责任，并调整账簿记录，使其账实完全一致。通过财产清查，还可以查明物资储备是否能够保证生产经营活动的需要，有无超储、积压和呆滞的情况；物资保管和使用是否妥善合理，有无损失、浪费、霉烂、丢失的情况；各项人欠、欠人款项是否及时结算，有无长期拖欠不清的情况。所以，财产清查既对保证会计信息的客观真实性有积极作用，又具有监督财产物资安全完整与合理使用的重要作用。

（7）编制财务报表。编制财务报表是定期总括反映企业的财务状况、经营成果和现金流量情况以及所有者权益变动情况，并提供系统的会计信息的一种专门方法。会计报表是以一定格式的表格，对一定会计期间内账簿记录内容的总括反映，它是会计数据加工的最终成果，是企业输出会计信息的主要载体。平时，有关的会计数据是分散在各个会计账户中记录的，为了满足会计信息用户的需要，就要求会计人员定期将账户资料加工成为规范化的会计信息，通过会计报表输送出去。企业对外会计报表主要包括资产负债表、利润表、现金流量表和所有者权益变动表。

三、会计分析方法

会计分析方法是指依照会计核算提供的各项资料及经济业务发生的过程，运用一定的专门方法，对企业的经营过程及其成果进行定性或定量分析的一种方法。如果说会计核算就是记账、算账和报账的话，那么会计分析则是用账。所以，在会计核算的基础上，进一步利用会计核算资料进行分析，对于更好地发挥会计的作用、提高企业的经营管理水平具有重要的意义。

会计分析所采用的方法主要有比较分析法、比率分析法、趋势分析法、因素分析法等。会计分析方法将在后续课程“财务报表分析”中介绍。

四、会计检查方法

会计检查是指会计人员依据会计准则和其他有关制度法规，对会计资料的合法性、合理性、真实性和准确性进行的审查和稽核。会计检查是对经济活动和财务收支所进行的一种事后监督，是会计工作的重要组成部分。通过会计检查，能够起到查错防弊、强化监督的作用，对于更好地完成会计任务、发挥会计作用具有重要的意义。会计检查方法将在后续课程“审计学”中介绍。

第四节　会计核算的基本前提和会计信息质量要求

一、会计核算的基本前提

组织会计核算工作之前，需要具备一定的前提条件。会计核算基本前提又称会计基本假设，是企业会计确认、计量和报告的前提，是对会计核算所处的时间、空间环境等所做的合理的设定。会计对象的确定、会计政策和方法的选择都要以会计核算的基本前提为依据。目前，我国会计理论界比较公认的会计基本假设有四个：会计主体、持续经营、会计分期和货币计量。

（一）会计主体

会计主体是指会计为之服务的对象，或者说是对会计对象、会计工作的空间范围所作的界定以及会计工作人员应采取的立场。会计主体假设对会计工作提出了以下基本要求：

（1）区分会计主体与法律主体

会计主体和人们通常所说的法律主体不是同一个概念，两者是有区别的。作为法律主体，一般来说，应该是会计主体，但并不是所有会计主体都得是法律主体。如独资企业、合伙企业等，它们不具有法人资格，但是在会计核算上必须将其作为会计主体。

（2）区别会计主体与主体所有者

会计只限于对会计主体服务，即对会计主体所发生的经济业务进行会计处理，而不对会计主体所有者所发生的经济业务或经济活动进行会计处理。这样，有利于区分会计主体的经济资源和主体所有者的经济资源，以便各自享有相应的权利和承担相应的义务。

（3）遵循会计主体假设，处理会计主体之间的经济业务

在错综复杂的市场经济条件下，会计主体之间通常要发生频繁的经济往来，而一项经济业务可以从两个方面来考虑。至于从哪个方面来考虑，就应遵循会计主体假设，即从会计人员为之服务的会计主体方面去确认、计量、记录、报告这些经济业务事项，而不是从企业的投资者或所有者、其他企业或经济主体方面来处理这些经济业务事项。

（二）持续经营

持续经营假设又称之为继续经营假设或经营连续性假设，它是指会计主体的生产经营活动将在可以预见的未来，按照既定的目标持续下去，不会面临清算和破产等。会计主体假设是对会计工作范围在空间上的一种界定，而持续经营假设则是对会计工作范围在时间上的一种界定。

企业是否持续经营，在会计原则、会计方法的选择上有很大差别。一般情况下，明确这个基本假设，就意味着会计主体将按照既定用途使用资产，按照既定的合约条件清偿债务，会计人员就可以在此基础上选择会计原则和会计方法。持续经营假设对会计工作提出了以下几点要求：

（1）会计主体经济资源的计价应建立在正常条件下

会计主体经济资源的计量，在不同的会计环境中其计量方法有所不同。如资产的计价，在正常条件下，一般按历史成本计价；在破产清算条件下，按重置价格或清算价格计价。

（2）会计处理工作应按照公认的会计原则和会计制度连续进行

在激烈的市场竞争中，一些企业关、停、并、转属于正常现象，也就是总是存在企业不能持续经营的可能性。所以，企业需要定期对其持续经营假设进行分析判断。如果可以判断企业不能持续经营，就应当改变会计核算的原则与方法。如上述在破产清算条件下，企业资产按照重置价格或清算价格计价。如果一个企业在不能持续经营时还假定企业能够持续经营，并仍按持续经营基本假设选择会计确认、计量和报告原则与方法，就不能客观地反映企业的财务状况、经营成果和现金流量，会误导会计信息使用者的经济决策。

（三）会计分期

会计分期，是指将一个企业持续经营的生产经营活动划分为一个个连续的、长短相同的期间。会计分期的目的，在于通过会计期间的划分，将持续经营的生产经营活动划分成连续、相等的期间，据以计算盈亏，按期编制财务报告，从而及时向财务报告使用者提供有关企业财务状况、经营成果和现金流量的信息。一般来说，会计期间通常为 1 年，又称为会计年度。会计年度的起讫日期，世界上大多数国家都采用公历年制，我国也不例外，即公历 1 月 1 日至 12 月 31 日。但是，也有一些国家为了遵循民族习惯，会与上述起讫时间不一致。如美国、伊朗、日本、泰国、新加坡、加拿大、

孟加拉国、澳大利亚、埃及等。会计分期假设对会计工作提出了以下三方面要求：

（1）区别会计主体营业周期与会计期间

企业通常以一年作为划分会计期间的标准，也可以以半年度、季度或月度划分会计期间，这种短于一个完整会计年度的期间，又称会计中期。营业周期是指在生产经营过程中，生产资金从投入到收回，完成一次周转所间隔的时间期限。会计期间可能大于也可能小于、等于会计主体营业周期，这取决于会计主体的生产类型和生产规模。因此，会计主体财务报表揭示的不一定是会计主体在一个营业周期内的经营业绩。

（2）定期出具财务会计报告

会计除了在年度末要及时出具财务会计报告外，还应该及时按月度、季度、半年度出具财务会计报告，也称为月报、季报、半年报。企业年度结账日为公历年度每年的12月31日；半年度、季度、月度结账日分别为公历年度每半年、每季度、每月的最后一天。企业结账日不得提前或者延迟。年度、半年度财务会计报告应当包括：会计报表、会计报表附注、财务情况说明书三大部分；季度、月度财务会计报告通常仅指会计报表，会计报表至少应当包括资产负债表和利润表。上述规定虽然对于手工会计来说，给其增加了不少的会计工作量，但是，对于电算化会计，就显得易如反掌。

（3）处理好各会计期间之间的经营业绩与经营责任

一般来说，会计期间的长短对会计主体当期损益将产生一定的影响。会计期间愈短，反映会计主体经营成果的信息就愈不可靠。但是，会计期间也不可能太长，否则，不能满足信息使用者的要求。因此，在进行会计工作时，要按照公认的会计原则和政策法规，采用规定的程序和方法，处理好相邻会计期间（包括小的会计期间）的经营业绩和经营责任。

（四）货币计量

货币计量是指会计主体在会计核算过程中采用货币为主要的计量单位，计量、记录、报告会计主体的财务状况、经营成果和现金流量。用货币反映会计主体经济业务是会计核算的基本特征，是会计核算的又一个基本假设条件。货币作为会计计量的统一尺度，是市场经济的基本要求，是实现会计核算职能的根本条件之一。货币计量假设对会计工作提出了以下要求：

（1）币值稳定

币值稳定，即假定用作计量单位的货币的购买能力是稳定不变的。虽然在现实生活中，货币的购买能力会随着经济的通货膨胀或紧缩发生变化，但是，如果没有这个假设就无法产生可靠的、稳定的、具有可比性的会计计量、记录和报告等。币值稳定并不是否认货币坚挺或疲软的客观存在，从长期来看，货币坚挺和疲软相抵后，其值基本上能够反映实际情况，由此而产生的财务信息失真度不会太大，能够为信息使用者所接受。

（2）确定记账本位币

一国发生的经济业务，难免涉及多国货币，因此，在会计工作中，必须对入账的计量货币做统一规定。如我国是以人民币作为记账本位币，业务收支以外币为主的企业和境外企业也可设定某种外币作为记账本位币，但在编制财务报表时应折算为人民币予以反映。

上述会计核算的四项基本前提，具有相互依存、相互补充的关系。会计主体确立了会计核算的空间范围，持续经营与会计分期确立了会计核算的时间长度，会计分期是对持续经营的补充，而货币计量则为会计核算提供了必要手段。没有会计主体，就不会有持续经营；没有持续经营，就不会有会计分期；没有货币计量，就不会有现代会计。

二、会计信息质量要求

会计信息质量要求是对企业财务报告中所提供的会计信息质量的基本要求，是为保证所提供的会计信息对信息使用者决策有用而要求其应具备的基本特征，主要包括可靠性、相关性、可理解性、可比性、实质重于形式、重要性、谨慎性和及时性等。其中，可靠性、相关性、可理解性、可比性是会计信息的首要质量要求，是会计信息应具备的基本质量特征；实质重于形式、重要性、谨慎性和及时性是会计信息的次级质量要求，是对首要质量要求的补充和完善。

（一）可靠性

可靠性，又称为客观性或真实性，可靠性要求企业应当以实际发生的交易或事项为依据进行确认、计量和报告，如实反映符合确认和计量要求的各项会计要素及其他相关信息，保证会计信息真实可靠、内容完整。

财务会计报告的目标是向会计信息使用者提供对其决策有用的信息，这是会计工作的首要职责。当然，有用的信息首先应当是真实的，如果会计信息不能保证其真实性，会计工作就失去了存在的意义。因此，会计人员应当以能证明经济业务发生的合法凭证为依据进行会计确认、计量和报告；同时，还要在符合重要性和成本效益原则的前提下，保证会计信息的完整性；同时，财务报告中的会计信息应是中立的、无偏颇的，不能为达到事先设定的结果或效果，通过选择或列示有关会计信息以影响决策和判断。

（二）相关性

相关性要求企业提供的会计信息应当与财务报告使用者的经济决策需要相关，有助于财务会计报告使用者对企业过去、现在或者未来的情况做出评价或者预测。

相关性是会计工作和会计信息本质的体现，因为会计的目标就是向信息使用者提供会计信息。只有对信息使用者决策有用的信息，才是会计应当披露的信息。因此，相关性要求的相关，是指与信息使用者的决策相关，需要企业在确认、计量和报告会计信息的过程中，充分考虑使用者的决策模式和信息需要。但是，相关性是以可靠性为基础的，会计信息应在可靠性的前提下，尽可能地做到相关性，以满足会计信息使用者的决策需要。

（三）可理解性

可理解性又称明晰性，可理解性要求企业提供的会计信息应当清晰明了，便于财务会计报告使用者理解和使用。

会计信息是专业人员按照会计的专门方法，对大量的经济业务数据进行系统加工整理的结果。会计信息使用者具备的会计知识往往是有限的，如果提供的会计信息不能让信息使用者正确理解，会计信息就失去了使用价值。按照可理解性要求，会计人员提供的会计信息应做到会计记录清晰，文字使用规范、简洁，财务会计报告项目完整、关系清楚、数字准确。

（四）可比性

可比性要求企业提供的会计信息应当相互可比。

可比性包含两层含义：一是同一企业不同时期可比。即要求同一企业不同时期发生的相同或者相似的交易或者事项，应当采用一致的会计政策，不得随意变更；确需变更的，应当在附注中说明。二是不同企业相同会计期间可比。即要求不同企业同一会计期间发生的相同或者相似的交易或者事项，应当采用规定的会计政策，确保会计信息口径一致，相互可比。实际上，可比性既要求同一企业不同会计期间的会计信息纵向可比，也要求不同企业在同一会计期间的会计信息横向可比。

要使同一企业在不同会计期间提供的会计信息能够进行纵向比较，企业必须在会计核算过程中，对不同地点、不同时间发生的相同或类似的会计事项采用统一的会计处理方法和程序，以便于会计信息使用者通过分析会计信息了解企业的过去、现在和未来发展趋势。要使不同企业在同一会计期间所提供的会计信息能够进行横向比较，就要求不同企业共同遵守我国《企业会计准则》等相关条例，对发生的相同或类似的会计事项采用统一的会计处理方法和程序，以便于会计信息使用者对不同企业的会计信息进行比较、分析和汇总，从而有助于信息使用者做出正确决策。

需要说明的是，会计信息的可比不是绝对可比，而是相对可比，因为在《企业会计准则》中，对同一项会计事项的处理方法可有多种选择。如发出存货的计价方法有先进先出法、加权平均法和个别计价法三种，企业选择不同的方法，则期末存货成本就会出现不同的结果。可比性要求同一企业使用的会计处理程序和方法应当尽可能使前后各期保持一致，不得随意变更，但并不绝对禁止会计政策的变更。

我国《企业会计准则第 28 号——会计政策、会计估计变更和差错更正》中规定，满足下列条件之一时，可以变更会计政策：①法律、行政法规或者国家统一的会计制度等要求变更；②会计政策变更能够提供更可靠、更相关的会计信息。

（五）实质重于形式

实质重于形式要求企业应当按照交易或者事项的经济实质进行会计确认、计量和报告，不应仅以交易或者事项的法律形式为依据。

在实际工作中，交易或事项的外在法律形式或人为形式并不总能完全反映其实质内容。所以，会计信息要想反映其所拟反映的交易或事项，就必须根据交易或事项的实质和经济现实，而不能仅仅根据它们的法律形式进行会计确认、计量和报告。如企业按照销售合同销售商品但又签订了售后回购协议，虽然从法律形式上看实现了收入，但如果企业没有将商品所有权上的主要风险和报酬转移给购货方，没有满足收入确认的各项条件，那么，即使签订了商品销售合同或者已将商品交付给购货方，也不应当确认销售收入。

（六）重要性

重要性要求企业提供的会计信息应当反映与企业财务状况、经营成果和现金流量等有关的所有重要交易或者事项。

在会计确认、计量和报告的过程中，应根据不同交易或事项的重要程度差异而采用不同的会计处理程序和方法。具体来说，对影响会计信息使用者决策的重要交易或事项，应当分别核算，单独反映，并在财务会计报告中重点说明；对会计信息使用者决策影响不大的交易或事项，在财务会计报告中可简化或合并反映。但是，交易或事项是否重要以及重要程度都是相对的，需要会计人员进行职业判断。如企业发生的某些支出，金额较小的，从支出受益期来看，可能需要若干会计期间进行分摊，但根据重要性要求应一次性计入当期损益。

（七）谨慎性

谨慎性要求企业对交易或者事项进行会计确认、计量和报告时应当保持应有的谨慎，不应高估资产或者收益、低估负债或者费用。

由于企业的经济活动存在着不确定因素，会计人员在进行会计处理时要采取谨慎的态度，应充分估计风险与损失，既不高估资产或者收益，也不低估负债或者费用。

谨慎性要求在会计实务中有很多体现，如固定资产的加速折旧法、计提资产减值准备、确认预计负债等。这些会计方法有利于企业化解风险，保护投资者与债权人的权益，增强企业的市场竞争力。当然，谨慎性应用并不意味着企业可以设置秘密准备，故意低估资产或者收入、高估负债或者费用，这样做不符合会计信息的可靠性和相关性的要求，也不符合会计准则的要求，会对会计信息使用者的决策产生误导。

（八）及时性

及时性要求企业对于已经发生的交易或者事项，应当及时进行会计确认、计量和报告，不得提前或者延后。

会计信息的价值在于帮助所有者或者其他信息使用者做出经济决策，具有时效性。即使是可靠的、相关的会计信息，如果不及时提供，也会失去时效性，对于使用者的效用将大大降低，甚至不再具有实际意义。在市场环境变化莫测的今天，信息使用者对于信息及时性的要求越来越高，甚至希望获得实时的会计信息。根据及时性要求，会计人员应做到：及时收集会计数据；及时对所收集的会计数据进行会计处理；及时编制财务会计报告；及时将会计信息提供给信息使用者。

三、会计核算基础

（一）会计核算基础的定义

会计核算基础是指在确认和处理一定会计期间的收入和费用时，选择的处理原则和标准，其目的是对收入和支出进行合理配比，进而作为确认当期损益的依据。运用的会计核算基础不同，对同一企业，同一期间的收入、费用和财务成果，会计核算出现的结果也不同。

（二）设定会计核算基础的原因

在企业的经济活动过程中，会大量地、频繁地发生各种各样的交易或事项。在这些交易或事项中，有属于本期的，有不属于本期而为跨期的。企业在一定会计期间为进行生产经营活动而发生的费用和收入有以下几种情况：

可能在本期付出了费用，收到了货币资金；可能付出了费用，未收到货币资金；也可能未付出费用，收到了货币资金，这就形成了本期实际得到的收入可能与本期支付的费用有关，也可能与本期支付的费用无关。同样，本期支付的费用可能与本期收入有关，也可能与本期收入无关，如何把收入和费用在时间上加以配合呢？这就是处理会计业务的出发点，即会计核算基础，只有确定了这种出发点才能正确计算本期盈亏。

（三）会计核算基础的内容

会计核算基础有收付实现制和权责发生制两种。

1. 收付实现制

收付实现制，又称为实收实付制或现金收付基础。它以款项的实际收付作为确定本期收入、费用的基础。在收付实现制下，凡是在本期实际以现款付出的费用，不论其应否在本期收入中获得补偿，均应作为本期的费用；凡是在本期实际收到的现款收入，不论其是否属于本期均应作为本期的收入处理。反之，凡是本期还没有以现款收到的收入和没有以现款支付的费用，即使归属于本期，也不能作为本期的收入和费用。

2. 权责发生制

权责发生制是与收付实现制相对应的一种会计基础。权责发生制，又称为应收应付制，或应计基础。它是以款项的应收、应付作为确认本期收入、费用的基础。根据权责发生制的要求，收入的归属期间应该是创造收入的会计期间，费用的归属期间应该是费用所服务的期间。在权责发生制下，凡是当期已经实现的收入和已经发生或应当负担的费用，不论款项是否收付，都应当作为当期的收入和费用；凡是不属于当期的收入和费用，即使款项已在当期收付，也不应当作为当期的收入和费用；权责发生制会计核算基础要求合理划分收益性支出与资本性支出。

现金收付基础和应计基础是对收入和费用而言的，都是会计核算中确定本期收入和费用的会计处理方法。但是现金收付基础强调款项的收付，应计基础强调应计的收入和为取得收入而发生的费用相配合。采用现金收付基础处理经济业务对反映财务成果欠缺真实性、准确性，主要是行政事业单位采用。采用应计基础比较科学、合理，被大多数企业普遍采用。因此，我国《企业会计准则》规定，企业会计的确认、计量和报告应当以权责发生制为基础。

3. 权责发生制和收付实现制的区别

根据上述内容，权责发生制和收付实现制的区别，可以通过表 1-1 予以比较。

表 1-1　　　　权责发生制和收付实现制的区别

区别	权责发生制	收付实现制
别称	应收应付制	实收实付制
收入确认时间	创造收入的会计期间	实际收到现款的期间
费用确认时间	费用所服务的会计期间	实际付出现款的期间
科目	存在预提、待摊类科目	不存在预提、待摊类科目
适用范围	企业、民间非营利组织等	政府会计等
侧重点	侧重资产负债表和利润表，盈亏计算准确	侧重现金流量表，盈亏计算不准确
复杂程度	复杂	简单

为了便于对权责发生制和收付实现制进行理解，下面举例说明权责发生制和收付实现制的区别，如表 1-2 所示。

表 1-2　　　　权责发生制和收付实现制的比较

交易或事项	权责发生制	收付实现制
企业某年 12 月份销售一批商品，当年 12 月 31 日尚未收到货款，次年 1 月收到款项	当年确认收入和应收账款	当年不确认收入和应收账款，次年 1 月确认
企业某年 1 月 1 日从银行借入 2 年期贷款，到期一次还本付息	当年末和次年末均确认贷款利息费用，即预提利息费用	次年末实际支付本息时，确认 2 年的利息费用
企业某年 12 月份支付次年全年的费用	当年确认待摊费用，但不计入当年费用	计入当年费用

本章小结

随着社会生产的发展和经济的进步，会计也从产生、发展直至逐步完善。会计是以货币为主要计量单位，采用一系列的专门方法对企业、行政事业单位的经济活动进行连续、系统、全面和综合的核算和监督，并向信息使用者提供决策有用信息的一项经济管理活动。会计的目标是向会计信息使用者提供与企业财务状况、经营成果和现金流量等有关的会计信息，反映企业管理层受托责任履行情况，有助于财务会计报告使用者做出经济决策。

会计具有核算和监督两大基本职能。为了发挥会计的职能作用，实现会计的目标，会计必须具备一定的前提条件。会计核算的基本前提又称为会计假设，具体包括会计主体、持续经营、会计期间、货币计量。其中，会计主体确立了会计核算的空间范围，持续经营与会计分期确立了会计核算的时间长度，会计分期是对持续经营的补充，而货币计量则为会计核算提供了必要手段。

为了保证会计信息的质量，会计核算应当遵循一定的要求，这些要求包括可靠性、相关性、可理解性、可比性、实质重于形式、重要性、谨慎性和及时性。

会计在确认和核算一定期间的收入和费用时，为了对收入和支出进行合理配比，正确确认当期损益，应选择一定的处理原则和标准，这些处理原则和标准就是指会计基础。会计基础有权责发生制和收付实现制。权责发生制是以权利和责任是否转移或发生来确认收入和费用的归属期间；收付实现制是以实际收到或支付款项为依据来确认收入和费用的归属期间。我国《企业会计准则》规定，企业会计的确认、计量和报告应当以权责发生制为基础。

会计方法是实现会计任务，完成会计职能的手段。会计方法通常包括会计核算方法、会计分析方法、会计检查方法、会计预测方法、会计决策方法及会计控制方法等。其中，会计核算方法是最基本、最主要的方法。会计核算方法包括设置会计科目和账户、复式记账、填制和审核会计凭证、登记账簿、成本核算、财产清查、编制会计报表七种专门方法。各种方法相互联系、密切配合，构成一个完整的会计核算方法体系。

思考题

1. 什么是会计？会计有哪些特点？
2. 在会计发展的历史上曾经经历了三个里程碑，这三个里程碑的产生时间和标志是什么？
3. 会计核算方法主要有哪几种？它们之间的关系如何？
4. 什么叫会计的职能？会计的基本职能有哪些？它们之间的关系是什么？
5. 会计基本假设有哪些？它们之间的关系是什么？
6. 简述会计信息质量要求。
7. 简述会计核算基础。

第二章　会计要素与会计等式

学习目标

1. 掌握会计对象的概念；
2. 了解企业资金运动的过程；
3. 掌握会计要素的概念及分类；
4. 掌握各类会计要素的概念、特点和构成内容；
5. 了解会计要素确认；
6. 了解会计要素计量属性；
7. 掌握会计等式。

案例：

朋友是做杂货生意的，他向你提供了如下有关他企业的信息资料，旨在了解企业在年末的经营状况和当年的经营业绩。

单位：元

有关信息	金额
支付给雇工的工资	3 744
年末货车价值	4 800
销售成本	70 440
年末商店和土地的价值	62 100
钱柜里和存入银行的现金	110 820
电、水、电话等各项杂费	26 100
年末欠供应商款项	2 400

从朋友处你还获知当年该地区的地产已经升值。但是，由于房屋经过一般修缮后又被损坏了，所以总的来说它的价值仍维持在一年前的相同水平上。另外，货车一年前价值6 000元，但是，现在经过一年的折旧，价值比以前减少了。

案例要求：

1. 评价该杂货商一年来的经营业绩。
2. 告诉杂货商年末的财务状况。
3. 如果不计算折旧在内，该杂货商一年的净收益应该是多少？

案例提示：

该杂货商一年来的经营业绩是比较好的。

其净收益：

110 820−3 744−(6 000−4 800)−70 440−26 100＝9 336（元）

该杂货商年末的财务状况如下：

资产：4 800+62 100＝66 900（元）

负债：2 400（元）

业主权益：66 900−2 400＝64 500（元）

如果不计算折旧，该杂货商年末的净收益：

9 336+1 200＝10 536（元）

会计要素是会计核算的基础，会计要素在数量上存在特定的平衡关系，这种平衡关系用等式来表示就是会计等式，会计等式是设置账户、复式记账和编制会计报表的理论依据。本章主要介绍会计要素的定义、内容、特点、确认条件和会计等式及其经济业务的发生对会计等式的影响和经济业务的类型。

第一节　会计对象

一、会计的一般对象

（一）会计一般对象的含义

会计对象是会计管理的客体，是会计核算和监督的内容，是经济社会中能以货币表现的具有数量特征的经济活动。前面已述，会计是以货币为主要计量单位，对一定会计主体的经济活动进行核算与监督。因此，凡是特定会计主体的能够以货币表现的经济活动都是会计的对象。

所以，会计的一般对象就是社会再生产过程中能够用货币表现的经济活动即资金运动，这是会计对象的共性；会计对象的个性表现为各会计主体的经济活动相异而形成的具体资金运动的差异。如工业企业的会计对象是工业企业在供、产、销过程中的资金运动；而商品流通企业的会计对象是商品流通企业在购、存、销过程中的资金运动；行政事业单位的会计对象则是这些单位的预算资金和其他资金的运动。

（二）企业的资金运动

企业的资金运动包括资金的投入、资金循环与周转和资金退出等过程。

1. 资金的投入

企业资金的投入包括所有者投入资金和债权人投入资金两部分。前者属于企业的所有者权益，形成权益资本，后者属于企业的债权人权益，形成负债资本。所有者和债权人投入企业的资金可以是实物财产，比如设备、房屋和原材料等，也可以是货币资金，比如现金、银行存款等；可以是有形的财产物资，比如房屋建筑物、机器设备，也可以是无形的财产，比如专利权、专有技术等。

2. 资金的循环与周转

无论是所有者投入的资金，还是债权人投入的资金，一旦进入企业，就构成了企业的法人资金，这些法人资金总是处于不断的运动中。在企业再生产过程中，企业的资金从货币资金形态开始，顺次通过购买、生产、销售等环节，分别表现为固定资产、原材料、在产品、产成品等实物形态，然后又回到货币资金形态。这种从货币资金形态开始，经过若干阶段也回到货币资金形态的运动过程，就是企业的资金循环，周而复始的循环就是资金的周转。他们不仅是会计核算的对象，而且也是形成企业利润的源泉。

企业资金运动是企业生产经营过程中的财产物资的不断运动，其价值形态不断发生着变化。

（1）购买过程中的资金运动。企业用货币资金购买劳动对象，发生材料买价、运输费用、装卸费等材料采购费用，货币资金转化为存货储存资金；同时，企业也要购买机器设备等劳动手段，由货币资金转化为固定资产；企业还可以购买股票、债券等有价证券，将货币资金转化为投资资产。

（2）生产过程中的资金运动。企业在生产过程中，投入原材料、劳动力和机器设备，生产出产品，在这个过程中，发生了材料耗费、固定资产折旧费、工人的工资以及各种生产和管理费用，使得企业的资金从储备资金形态转化为生产资金和产成品资金。

（3）销售过程中的资金运动。企业在销售环节中将其产品销售出去，发生有关销售费用并收回货款、缴纳税金等，完成了实物资金向货币资金的转化。企业取得的销售收入扣除各项成本费用后就形成利润，并进行利润的分配。

销售过程的完结标志着本次资金运动的结束，下次资金运动的开始。

3. 资金的退出

企业资金的退出是指一部分资金离开本企业，退出了企业的资金循环与周转。它包括偿还各种债务、上交各项税金、向投资者分配利润等内容。

二、会计的具体对象——会计要素

会计要素是对会计对象进行的基本分类，是构成会计客体的必要因素，是会计对象的具体化。会计必须对资金运动过程中所确认的会计事项按不同的经济特征进行归类，并为每一个类别取一个相应的名称，这就是会计要素，它是会计核算的具体内容，也是会计报表的基本项目。我国的《企业会计准则——基本准则》列示了六类会计要素，即资产、负债、所有者权益、收入、成本费用和利润。按照他们各自反映的内容可分为两类，一类是从静态方面反映企业财务状况的会计要素——资产、负债和所有者权益，它们构成资产负债表的基本框架，所以又称为资产负债表要素；第二类是从动态方面反映企业经营成果的会计要素——收入、成本费用和利润，它们是构成利润表的基本框架，因此又称为利润表要素。

第二节　会计要素的含义及内容

一、资产

（一）资产含义及特征

资产是企业过去的交易或者事项形成的、由企业拥有或控制的、预期会给企业带来经济利益的资源。资产具有以下几个特征：

（1）资产的本质特征是能够预期给企业带来经济利益的资源。预期会给企业带来经济利益，是指直接或者间接导致现金和现金等价物流入企业的潜力，这种潜力在某些情况下可以单独产生净现金流入，而某些情况则需要与其他资产结合起来才能在将来直接或间接地产生净现金流入。按照这一基本特征判断，不具备可能给企业带来未来经济利益流入的资源，便不能确认为资产。

（2）作为企业资产的资源必须为企业现在所拥有或控制。这是指企业享有某项资源的所有权，或者虽然不享有某项资源的所有权，但该资源能被企业所控制。拥有即所有权归企业；而控制则是由企业支配使用，但不等于企业取得所有权。资产尽管有不同的来源渠道，但是，一旦进入企业并成为企业拥有或控制的财产，便置于企业的控制之下而失去了原来归属于不同所有者的属性，成为企业可以自主经营和运用、处置的法人财产。

（3）作为企业资产必须是由过去交易或事项形成的资源，企业过去的交易或者事项包括购买、生产、由企业建造行为或其他交易或者事项。预期在未来发生的交易或者事项不形成资产。

（4）作为资产的资源必须能够用货币计量其价值，从而表现为一定的货币额。

（5）资产包括各项财产、债权和其他权利，并不限于有形资产。也就是说，一项企业的资产，可以是货币形态的，也可以是非货币形态的；可以是有形的，也可以是无形的。只要是企业现在拥有或控制，并通过有效使用，能够为企业带来未来经济利益的一切资源，均属于企业的资产。

（二）资产的分类

企业的资产按流动性可分为流动资产和非流动资产两大类。

1. 流动资产

流动资产是指满足下列条件之一的资产：

（1）预计在一个正常营业周期中变现、出售或耗用。

（2）主要为交易目的而持有。

（3）预计在资产负债表日起一年内（含一年，下同）变现。

（4）在资产负债表日起一年内，交换其他资产或清偿负债的能力不受限制的现金或现金等价物。

以上条件中的正常营业周期通常是指企业从购买用于加工的资产起至实现现金或现金等价物的期间。正常营业周期通常短于一年，在一年内有几个营业周期。但是，也存在正常营业周期长于一年的情况，比如房地产开发企业开发用于出售的房地产开发产品，造船企业制造用于出售的大型船只等，往往超过一年的才能变现、出售或耗用，仍应划分为流动资产。

流动资产按其性质划分为库存现金、银行存款、交易性金融资产、应收及预付款项、存货等。

库存现金，是指存放于企业财会部门、由出纳人员经管的货币性资产，是企业流动性最强的资产。

银行存款，是指企业存放在银行或其他金融机构中的货币性资产，与库存现金一样是企业流动性最强的资产。

交易性金融资产主要是指企业为了近期出售而持有的金融资产。如企业以赚取差价为目的从二级市场购入的股票、债券、基金等。它属于现金等价物。

应收及预付款项，是指企业日常生产经营过程中发生的各种债权性资产，也属于货币性资产的范畴，包括各项应收款项和预付款项。

存货，是指企业在日常活动中持有以备出售的产成品或商品、处在生产过程中的在产品、在生产过程或提供劳务过程中耗用的材料和物料等。

2. 非流动资产

非流动资产是指流动资产以外的所有资产。非流动资产按其性质划分为持有至到期投资、可供出售金融资产、长期应收款、长期股权投资、投资性房地产、固定资产、无形资产、长期待摊费用等。

持有至到期投资，是指到期日固定、回收金额固定或可确定，且企业有明确意图和能力持有至到期的非衍生金融资产。比如企业从二级市场上购入的固定利率国债、浮动利率公司债券等，符合持有至到期投资条件的，可以划分为持有至到期投资。

可供出售金融资产，通常是指企业没有划分为以公允价值计量且其变动计入当期损益的金融资产、持有至到期投资、贷款和应收款项的金融资产。如企业购入的在活跃市场上有报价的股票、债券和基金等，没有划分为以公允价值计量且其变动计入当期损益的金融资产或持有至到期投资等金融资产的，可归为此类。

长期应收款，是指企业超过一年应当收回而尚未收回的款项，包括融资租赁产生的应收款项、采用递延方式具有融资性质的销售商品和提供劳务等产生的应收款项。

长期股权投资，是指企业持有的对子公司、合营企业及联营企业的权益性投资以及企业持有的对被投资单位不具有控制、共同控制或重大影响，且在活跃市场中没有报价、公允价值不能可靠计量的权益性投资。

投资性房地产，是指企业为赚取租金或资本增值，或两者兼有而持有的房地产。

固定资产，是指为生产商品、提供劳务、出租或经营管理而持有的、使用寿命超过一个会计期间的有形资产。

无形资产，是指企业拥有或者控制的没有实物形态的可辨认非货币性资产。无形资产包括专利权、非专利技术、商标权、著作权、土地使用权等。

长期待摊费用，是指企业已经发生但应由本期或以后各期负担的分摊期限在一年以上的各项费用，如以经营租赁方式租入固定资产发生的改良支出等。

二、负债

（一）负债的含义及特征

负债，是指企业过去的交易或者事项形成的、预期会导致经济利益流出企业的现时义务。负债具有三个基本特征：

（1）负债是企业承担的现时义务。现时义务是指企业在现行条件下已承担的义务，未来发生的交易或者事项形成的义务，不属于现时义务，不应当确认为负债。

（2）负债由过去的交易或者事项形成。只有过去的交易或者事项才能形成负债，企业在将在未来发生的承诺、签订的合同等交易或者事项不形成负债。

（3）负债预期会导致经济利益流出企业，这是负债的本质特征。企业在履行现时义务清偿负债时，导致经济利益流出企业的形式多种多样，比如用现金偿还或以实物偿还；以提供劳务形式偿还；以部分转移资产、部分提供劳务形式偿还，等等。

（二）负债的分类

负债按其流动性，分流动负债和非流动负债两大类。

1. 流动负债

流动负债是指满足下列条件之一的负债：

（1）预计在一个正常营业周期中清偿。

（2）主要为交易目的而持有。

（3）在资产负债表日起一年内到期应予以清偿。

（4）企业无权自主地将清偿推迟至资产负债表日后一年以上。

以上条件中的正常营业周期同流动资产中的解释内容一样。

流动负债按其性质分为短期借款、应付票据、应付账款、预收账款、应付职工薪酬、应付股利、应交税费、应付利息、应付股利、其他应付款以及一年内到期的非流动负债等。

2. 非流动负债

流动负债以外的负债应当归类为非流动负债，按其性质分为长期借款、应付债券、长期应付款、专项应付款、预计负债等。

三、所有者权益

所有者权益是指企业资产扣除负债后由所有者享有的剩余权益。所有者权益又称为股东权益。

所有者权益的来源包括所有者投入的资本、直接计入所有者权益的利得和损失、留存收益等。

（一）所有者投入的资本

所有者投入的资本是指企业的股东按照企业章程或者合同、协议，实际投入企业的资本。其中，以小于或等于注册资本部分作为企业的实收资本（股份公司为股本），超过注册资本部分的投入额计入资本公积。

（二）直接计入所有者权益的利得和损失

直接计入所有者权益的利得和损失，是指不应计入当期损益、会导致所有者权益发生增减变动的、与所有者投入资本或者向所有者分配利润无关的利得或者损失。

利得，是指由企业非日常活动所形成的、会导致所有者权益增加的、与所有者投入资本无关的经济利益的流入。

损失，是指由企业非日常活动所发生的、会导致所有者权益减少的、与向所有者分配利润无关的经济利益的流出。

（三）留存收益

留存收益，是指由企业利润转化而形成、归所有者共有的所有者权益，主要包括盈余公积和未分配利润。

盈余公积，是企业按规定的一定比例从净利润中提取的各种积累资金。一般又分为法定盈余公积金、任意盈余公积金。

未分配利润，是指企业进行各种分配以后，留在企业的未指定用途的那部分净利润。

上述三个反映企业财务状况的会计要素的数量关系构成了会计恒等式：

资产=负债+所有者权益

四、收入

（一）收入的定义及特征

收入是指企业在日常活动中形成的、会导致所有者权益增加的、与所有者投入资本无关的经济利益的总流入。根据收入的定义，收入具有以下三个特征：

（1）收入是企业在日常活动中形成的。日常活动是指企业为完成其经营目标而从事的经常性活动以及与之相关的活动。如工业企业制造并销售产品、商品流通企业销售商品、保险公司签发保单、安装公司提供安装业务、软件公司为客户开发软件、租赁公司出租资产、咨询公司提供咨询服务等都属于企业的日常活动。确定日常活动是为了将收入与利得区分开来。企业非日常活动形成的经济利益流入不能确认为收入，而应当确认为利得。

（2）收入会导致所有者权益增加。与收入相关的经济利益应当导致企业所有者权益的增加，但又不是所有者的投入。不会导致企业所有者权益增加的经济利益流入不符合收入的定义，不能确认为收入。例如，企业向银行借入款项，尽管也导致了经济利益流入企业，但该流入并不导致所有者权益的增加，不应当确认为收入，应当确认为一项负债。

（3）收入是与所有者投入资本无关的经济利益的总流入。收入应当导致经济利益流入企业，从而导致企业资产的增加。但是，并非所有的经济利益流入都是收入所致，比如投资者投入资本也会导致经济利益流入企业，但它只会增加所有者权益，而不能确认为收入。

（二）收入的分类

1. 企业的收入按内容分为销售商品收入、提供劳务收入、让渡资产使用权收入和建造合同收入。

（1）销售商品收入，是指企业销售产品或商品导致的经济利益流入企业所形成的收入，如工业企业制造并销售产品的收入、商品流通企业销售商品的收入。工业企业出售多余原材料、包装物等日常活动带来的经济利益流入也属于该类收入。

（2）提供劳务收入，是指企业提供各类劳务导致的经济利益流入企业所形成的收入，如安装公司提供安装服务、咨询公司提供咨询服务、广告公司提供广告服务、旅游公司提供旅游服务、运输公司提供运输服务等日常活动导致的经济利益流入企业而形成的收入。

（3）让渡资产使用权收入，是指企业通过让渡资产使用权导致的经济利益流入企业所形成的收入，包括利息收入、转让无形资产使用权形成的使用费收入、出租固定资产的租金收入；进行债权投资收取的利息、进行股权投资取得的现金股利等都属于让渡资产使用权收入。

（4）建造合同收入，是指为建造一项或数项在设计、技术、功能、最终用途等方面密切相关的资产而订立的合同形成的收入。它包括两个部分：一是合同规定的初始收入；二是因合同变更、索赔、奖励等形成的收入。

2. 企业的收入按经营业务的主次不同分为主营业务收入和其他业务收入。

（1）主营业务收入，是指企业为完成其经营目标所从事的主营业务活动实现的收入。一般应当占企业收入的绝大部分，对企业的经济效益产生较大的影响。由于各类企业的主营业务不同，因此各自的主营业务收入的内容也不尽相同。比如工业企业生产电梯并安装电梯，那么销售电梯的收入为主营业务收入，安装电梯业务不属于他们的主业，所以带来的收入为其他业务收入；而安装公司安装电梯则是公司的主营业务，其安装收入为这类公司的主营业务收入。

（2）其他业务收入，是指企业确认的除主营业务活动以外的其他经营活动实现的收入。其他业务收入占的比重较小。不同类型的企业的其他业务收入组成内容也不尽相同。比如工业企业对外销售原材料、包装物；出租包装物、商品或者固定资产、对外转让无形资产等都属于其他业务收入。

五、费用

（一）费用的定义及特征

费用是指企业在日常活动中发生的、会导致所有者权益减少的、与向所有者分配利润无关的经济利益的总流出。根据费用的定义，费用具有以下三个特征：

（1）费用是在日常活动中形成的。费用必须是企业在其日常活动中所形成的，这些日常活动与收入定义中涉及的日常活动的界定是一致的。将费用定义为日常活动形成的，其目的是为了将其与损失相区别，企业非日常活动所形成的经济利益流出企业不能确认为费用，而应当计入损失。

（2）费用会导致所有者权益减少。与费用相关的经济利益流出企业应当会导致所有者权益的减少，不会导致所有者权益减少的经济利益流出企业不符合费用定义，不应当确认费用。例如，企业用银行存款200万元购买原材料，该购买行为虽然使得企业的经济利益流出去了200万元，但是并不会导致企业的所有者权益减少，它使得企业的另外一项资产（存货）增加，所以在这种情况下，经济利益流出企业就不能确认为费用。

（3）费用是与向所有者分配利润无关的经济利益的总流出。费用的发生应当会导致经济利益流出企业，从而导致资产的减少或者负债的增加（最终也会导致资产的减少）。其表现形式包括现金或者现金等价物的流出，存货、固定资产和无形资产等的流出或者消耗等，鉴于企业向所有者分配利润也会导致经济利益流出企业，但是，该经济利益流出企业显然属于所有者权益的抵减项目，不应当确认为费用，应当排除在费用的名义之外。

（二）费用的内容

企业的费用主要包括生产成本、主营业务成本、其他业务成本、税金及附加、销售费用、管理费用和财务费用，后三种费用合称为期间费用。

（1）生产成本，是指企业为生产商品和提供劳务等而发生的各项生产耗费，包括直接费用和间接费用。直接费用是企业为生产商品和提供劳务等发生的各项直接支出，包括直接材料、直接人工及其他直接支出；间接费用是企业为生产商品和提供劳务而发生的各项间接费用，又叫制造费用，通过分配计入生产成本。

（2）主营业务成本，是指企业确认销售商品、提供劳务等主营业务收入时应当结转的成本。

（3）其他业务成本，是指企业确认的除主营业务收入以外的其他经营活动所发生的支出，包括销售材料的成本、出租固定资产的折旧额、出租无形资产的摊销额、出租包装物的成本或者摊销额等。

（4）税金及附加，是指企业的经营活动应当负担的相关税费，包括应当缴纳的营业税（自2016年5月1日起，我国开始全面实施“营改增”税收政策）、消费税、资源税、城市维护建设税和教育费附加等。

（5）管理费用，是指企业为组织和管理企业生产经营所发生的费用，包括企业在筹建期间内发生的开办费、董事会和行政管理部门在企业的经营管理中发生的或者应由企业统一负担的公司经费（包括行政管理部门职工工资及福利费、物料消耗、低值易耗品摊销、办公费和差旅费等）、工会经费、董事会费（包括董事会成员津贴、会议费和差旅费等）、聘请中介机构费、咨询费（含顾问费）、诉讼费、业务招待费、房产税、车船使用税、土地使用税、印花税、技术转让费、矿产资源补偿费、研究费用、排污费等。

（6）销售费用，是指企业销售商品和材料、提供劳务的过程中发生的各种费用，包括保险费、包装费、展览费和广告费、商品维修费、预计产品质量保证损失、运输费、装卸费等以及为销售本企业商品而专设的销售机构（含销售网点、售后服务网点等）的职工薪酬、业务费、折旧费等经营费用。企业发生的与专设销售机构相关的固定资产修理费用等后续支出也属于销售费用。

（7）财务费用是指企业为筹集生产经营所需资金等而发生的筹资费用，包括利息支出（减利息收入）、汇兑损益以及相关的手续费、企业发生的现金折扣或收到的现金折扣等。

六、利润

（一）利润的定义

利润是指企业在一定会计期间的经营成果。利润的大小代表了企业的经济效益高低。通常情况下，企业实现了利润，表明企业的所有者权益将增加，业绩得到了提升；反之，企业发生了亏损（利润为负），表明企业的所有者权益将减少，业绩滑坡。

（二）利润的来源构成

利润包括收入减去费用后的净额、直接计入当期利润的利得和损失等。

（1）收入减去费用后的净额，就是企业的营业利润，反映的是企业日常经营活动的经营业绩。

（2）直接计入当期利润的利得和损失，反映的是企业非经营活动的业绩。它是指应当计入当期损益、最终会导致所有者权益发生增减变动的、与所有者投入资本或者向所有者分配利润无关的利得或者损失。

（三）利润的内容

企业利润包括营业利润、利润总额和净利润。

（1）营业利润，是指企业日常活动创造的经营成果，它等于营业收入减去营业成本、营业税金、营业税金及附加、销售费用、管理费用、财务费用、资产减值损失，再加上公允价值变动收益、投资净收益后的金额。

（2）利润总额，是指企业包括日常活动和非日常活动在内的全部业务活动所创造的经营成果，它是在营业利润的基础上加上营业外收入、减去营业外支出后的金额。

（3）净利润，是指利润总额扣除所得税费用后的余额。

反映企业经营成果的上述三个会计要素的数量关系构成了会计的另外一个等式：

收入－费用＝利润

七、利得和损失

利得是指由企业非日常活动所形成的、会导致所有者权益增加的、与所有者投入资本无关的经济利益的流入。

损失是指由企业非日常活动所发生的、会导致所有者权益减少的、与向所有者分配利润无关的经济利益的流出。

利得和损失在会计处理中有两种计入方式。

（1）直接计入所有者权益的利得和损失，是指不应计入当期损益、会导致所有者权益发生增减变动的、与所有者投入资本或者向所有者分配利润无关的利得或者损失。如可供出售金融资产发生公允价值变动，计入“其他综合收益”账户，从而导致所有者权益的增加和减少。直接计入所有者权益的利得和损失一般都是通过“其他综合收益”账户进行核算的。

（2）直接计入当期利润的利得和损失，是指应当计入当期损益、会导致所有者权益发生增减变动的、与所有者投入资本或者向所有者分配利润无关的利得或者损失。如企业接受的财产捐赠、债务重组收益等计入营业外收入，导致利润的上升，最终导致所有者权益增加；而税收罚款、滞纳金等支出计入营业外支出，导致利润降低，从而减少企业的所有者权益。直接计入当期利润的利得和损失，是通过“营业外收入”和“营业外支出”账户核算的。

第三节　会计要素的确认与计量属性

企业会计是由确认、计量、记录和报告构成的一个有机整体。所以确认与计量是财务会计的两个重要内容，企业在对会计要素进行确认和计量时必须遵循一定的规则与要求。

一、会计要素的确认

（一）确认的含义

确认是指确定将交易或事项中的某一项目作为一项会计要素加以记录和列入财务报表的过程，是财务会计的一项重要程序。确认主要解决某一个项目应否确认、如何确认和何时确认三个问题，它包括在会计记录中的初始确认和在会计报表中的最终确认。我国的《企业会计准则——基本准则》采用了国际会计准则的确认标准。

（二）初始确认条件

初始确认条件包括以下几个方面：

（1）符合会计要素的定义。有关项目要确认为一项会计要素，首先必须符合该会计要素的定义。

（2）与该项目有关的任何未来经济利益很可能会流入或流出企业，这里的“很可能”表示经济利益流入或流出的可能性在50%以上。

（3）该项目具有的成本和价值以及流入或流出的经济利益能够可靠计量。如果不能可靠计量，确认就没有任何意义了。

满足了以上三个条件的项目就能够确认为某一会计要素。

（三）最终确认条件

经过确认和计量后，会计要素必须在财务报表中列示。而在报表中列示的条件是，符合会计要素定义和会计要素确认条件的项目，才能列示在报表中，仅仅符合会计要素定义，而不符合要素确认条件的项目，是不能在报表中列示的。资产、负债、所有者权益要素列入资产负债表；收入、费用、利润要素列入利润表。

（四）各会计要素的确认条件及报表列示

1. 资产要素的确认条件及列示。符合前述资产定义的资源，在同时满足以下条件时确认为资产：

（1）与该资源有关的经济利益很可能流入企业；

（2）该资源的成本或者价值能够可靠计量。

符合资产定义和资产确认条件的项目，应当列入资产负债表；符合资产定义、但不符合资产确认件的项目，不应当列入资产负债表。

2. 负债要素的确认条件及列示。符合前述负债定义的义务、在同时满足以下条件时，确认为负债：

（1）与该义务有关的经济利益很可能流出企业；

（2）未来流出的经济利益的金额能够可靠计量。

符合负债定义和负债确认条件的项目，应当列入资产负债表；符合负债定义、但不符合负债确认条件的项目，不应当列入资产负债表。

3. 所有者权益要素的确认条件及列示。所有者权益体现的是所有者在企业中的剩余权益，因此，所有者权益的确认主要依赖与其他会计要素，尤其是资产和负债的确认；所有者权益金额的确定也取决于资产和负债的计量。如企业接受投资者投入的资产，在该资产符合资产定义且满足确认条件确认为资产后，就相应地符合了所有者权益的确认条件；当该资产的价值能够可靠地计量，所有者权益的金额也就可以确定了。

所有者权益项目应当列入资产负债表。

4. 收入的确认条件及列示。企业收入的来源渠道很多，不同收入来源的特征有所不同，其收入确认条件也就存在差异。一般而言，收入只有在经济利益很可能流入从而导致企业资产增加或者负债减少、经济利益的流入额能够可靠计量时才能予以确认。即收入的确认至少要符合以下条件：

（1）符合收入的定义；

（2）与收入相关的经济利益应当很可能流入企业；

（3）经济利益流入企业的结果会导致资产的增加或者负债的减少；

（4）经济利益的流入额能够可靠计量。

符合收入定义和收入确认条件的项目，应当列入利润表。

5. 费用的确认及列示。费用的确认除了应当符合费用的定义外，只有在经济利益很可能流出从而导致企业资产减少或者负债增加，且经济利益的流出额能够可靠计量时才能予以确认。因此费用的确认条件是：

（1）符合费用的定义；

（2）与费用相关的经济利益很可能流出企业；

（3）经济利益流出企业的结果是导致资产的减少或者负债的增加；

（4）经济利益的流出额能够可靠计量。

企业为生产产品、提供劳务等发生的可归属于产品成本、劳务成本等的费用，应当在确认产品销售收入、劳务收入等时，将已销售产品、已提供劳务的成本等予以确认并计入当期损益。

企业发生的支出不产生经济利益的，或者即使能够产生经济利益但不符合或者不再符合资产确认条件的，应当在发生时确认为费用，计入当期损益。

企业发生的交易或者事项导致其承担了一项负债而又不确认为一项资产的，应当在发生时确认为费用，计入当期损益。

符合费用定义和费用确认条件的项目，应当列入利润表。

6. 利润的确认与列示。利润是收入减去费用、利得减去损失后的净额，因此利润的确认主要依赖于收入、费用、利得、损失的确认；利润金额取决于收入和费用、直接计入当期利润的利得和损失金额的计量。

利润项目应当列入利润表。

二、会计要素计量属性

（一）会计计量及计量属性的含义

1. 会计计量

会计计量是指为了在会计账户记录和财务报表中确认、计列有关会计要素，而以货币或其他度量单位确定其货币金额或其他数量的过程，它主要解决记录多少的问题，主要由计量单位和计量属性两个要素构成，这两个要素的不同组合形成了不同的计量模式。企业必须按照会计准则规定的会计计量属性对会计要素进行计量，确定相关金额。

2. 计量属性

计量属性是指所予计量的某一要素的特性方面，如原材料的重量、厂房的面积、道路的长度等。从会计角度讲，计量属性反映的是会计要素的确定基础。在基本会计准则中规定了五种计量属性，即历史成本、重置成本、可变现净值、现值和公允价值。

（二）会计计量属性的种类

1. 历史成本

历史成本又称为实际成本，就是企业取得或制造某项财产时所实际支付的现金或现金等价物。在历史成本计量下，资产按照购置时支付的现金或者现金等价物的金额，或者按照购置资产时所付出的对价的公允价值计量。负债按照因承担现时义务而实际收到的款项或者资产的金额，或者承担现时义务的合同金额，或者按照日常活动中为偿还负债预期需要支付的现金或者现金等价物的金额计量。

2. 重置成本

重置成本又称为现行成本，是指在当期市场条件下，重新取得同样一项资产所需支付的现金或现金等价物金额。在重置成本计量下，资产按照现在购买相同或者相似资产所需支付的现金或者现金等价物的金额计量，负债按照现在偿付该项债务所需支付的现金或者现金等价物的金额计量。在现实中，重置成本多用于固定资产盘盈的计量等。

3. 可变现净值

可变现净值是指在正常生产经营过程中，以预计售价减去进一步加工成本和预计销售费用以及相关税费后的净值。在可变现净值计量下，资产按照其正常对外销售所能收到现金或者现金等价物的金额扣减该资产至完工时估计将要发生的成本、估计的销售费用以及相关税费后的金额计量。可表现净值通常应用于存货资产减值情况下的后续计量。

4. 现值

现值是指对未来的现金流量以恰当的折现率进行折现后的价值，它是考虑了货币时间价值的一种计量属性。在现值计量下，资产按照预计从其持续使用和最终处置中所产生的未来净现金流入量的折现金额计量，负债按照预计期限内需要偿还的未来净现金流出量的折现金额计量。现值通常应用于非流动资产可回收金额和以摊余成本计量的金融资产价值的确定等。

5. 公允价值

公允价值是指在公平交易中，熟悉情况的交易双方自愿进行资产交换或者债务清偿的金额。在公允价值计量下，资产和负债按照在公平交易中，熟悉情况的交易双方自愿进行资产交换或者债务清偿的金额计量。

（三）计量属性的应用原则

《企业会计准则——基本准则》第四十三条明确规定：企业在对会计要素进行计量时，一般应当采用历史成本，采用重置成本、可变现净值、现值、公允价值计量的，应当保证所确定的会计要素金额能够取得并可靠计量。这就是会计准则对企业应用计量属性的原则性规范。

第四节 会计等式

一、会计恒等式的意义

会计等式也称为会计恒等式或会计方程式，它是一切会计核算的出发点和基础。它实际上是六大会计要素的数量关系表达式。如前所述，资产、负债、所有者权益、收入、费用、利润六大会计要素是会计的具体对象，然而，这六个会计要素并不是孤立地反映企业的经济活动，它们是紧密联系在一起共同对企业的财务状况和经营成果加以反映的。但是，六大要素是如何联系在一起的？它们彼此之间存在什么样的数量关系呢？

从企业生产经营活动过程的价值运动去考察，这些关系表现在三个方面：

一是在相对静止状态下，资产、负债、所有者权益之间的数量关系，构成静态的会计基本等式。

二是在显著变动状态下，收入、费用、利润之间的数量关系，构成动态会计等式。

三是在静态和动态结合的价值运动中，六个会计要素之间的综合数量关系，构成会计等式的扩展式。

二、资产、负债、所有者权益之间的数量关系——构成会计基本等式

（一）会计基本等式的含义

任何企业要进行生产经营活动，必须首先拥有或者控制一定数量的、预期能够给企业带来经济利益的资源即资产。尽管各企业的资产在数量和结构上各不相同，但是企业资产的来源只有两个：一是所有者投入的；二是债权人提供的。只有当企业把所有者投入的资本和债权人提供的资金运用到生产经营活动中，才形成了企业所持有的各种形态的法人资产。但是，无论是所有者投入资本还是债权人提供的资金都不是无偿的，前者要求企业按投资比例从所获净利润中支付其投资所得；后者要求企业在一定的时点上，支付利息并归还本金。这种对企业资产的要求权，在会计上称为“权益”。“权益”既反映了资产的两大来源；又表明企业的各种资产以及运用资产产生的收益的归属即归属于资产的提供者。资产不能脱离权益存在，没有无资产的权益，也没有无权益的资产，从数量上看，有一定数额的资产，就必定有一定数额的权益；反之，有一定数额的权益，也必定有一定数额的资产，从任何一个时点看，企业所拥有的资产总额与权益总额必然是相等的，保持着数量上的平衡关系。资产与权益的这种关系，可以用下面的公式表示：

资产=权益

在企业拥有和控制的资产总额中，一部分归属于企业的债权人，另外一部分归属于企业所有者。债权人对企业资产的要求权，从权益持有者来讲，是债权人权益，而从企业角度讲，则是企业的债务，因此会计上将债权人权益称为负债。所有者对企业资产的要求权，从权益持有者角度，是所有者对企业的投资；而从企业的角度，则表现为投资者对企业净资产的要求权，会计上把这种要求权称为所有者权益。所以，企业的权益就分为负债和所有者权益两项，上述公式演变为：

资产=负债+所有者权益

上式称为“会计恒等式”，也称“会计等式或会计方程式”，它反映了会计基本要素（资产、负债与所有者权益）之间的基本数量关系，是复式记账法的理论依据，也是设置账户和编制资产负债表的理论基础。

上式之所以称为恒等式，是因为无论企业的经济业务如何变化，都不会改变三者之间的平衡关系，亦即会计恒等式在任何情况下都不会被破坏。

（二）企业经济业务对会计基本等式的影响分析

企业在生产经营过程中，会发生各种各样的经济业务，进而引起各项资产、负债、所有者权益的变动。但是，这些经济业务的发生，只会影响它们各自数量的增减变动，不会改变三者之间的平衡关系。下面通过实例说明企业的经济业务变化对资产、负债、所有者权益的数量关系变化以及会计基本等式的恒等关系的影响情况。

［例2-1］大华有限责任公司（以下简称大华公司）由张三和李四两个人共同组建，各占50%的股份。已经在工商行政管理局注册登记，注册资本1 500 000元。2011年1月2日，张三投入现金1 000 000元，李四投入现金400 000元，另投入设备一台，双方认定价值600 000元，大华公司将现金1 300 000元存入银行。

分析：该项经济业务的发生，使得大华公司这一会计主体拥有2 000 000元的资产，其中银行存款1 300 000元，库存现金100 000元，固定资产600 000元；张三和李四作为企业的投资者，对这2 000 000元的资产具有要求权即形成企业的所有者权益2 000 000元。该业务的发生引起了公司的资产和所有者权益同时增加。此时，大华公司的资产、负债、所有者权益以及它们的数量关系如表2-1所示。

表2-1　　大华公司资产、负债、所有者权益及其数量关系

资产		权益（负债+所有者权益）	
项目	金额(单位:元)	项目	金额(单位:元)
库存现金	100 000	负债	0
银行存款	1 300 000	所有者权益	2 000 000
固定资产	600 000	实收资本	1 500 000
		资本公积	500 000
资产总计	2 000 000	负债及所有者权益总计	2 000 000

会计基本等式：

资产（2 000 000）= 负债（0）+所有者权益（2 000 000）

［例2-2］1月3日，大华公司向银行取得短期借款500 000元。

分析：该业务使得公司的资产（银行存款）增加了500 000元，同时，公司的负债（银行借款）也增加了500 000元。该业务引起资产和负债同时增加。1月3日，大华公司的资产、负债、所有者权益以及它们的数量关系如表2-2所示。

表2-2　　大华公司资产、负债、所有者权益及其数量关系

资产		权益（负债+所有者权益）	
项目	金额(单位:元)	项目	金额(单位:元)
库存现金	100 000	负债	500 000
银行存款	1 800 000	短期借款	500 000
固定资产	600 000	所有者权益	2 000 000
		实收资本	1 500 000
		资本公积	500 000
资产总计	2 500 000	负债及所有者权益总计	2 500 000

会计基本等式：

资产（2 500 000）= 负债（500 000）+所有者权益（2 000 000）

可以看出，会计等式的两端，总额发生了变化，同时增加了500 000元，但等式的平衡关系并没有遭到破坏。

［例 2-3］ 1 月 4 日，大华公司购买的一批原材料已经入库，价款 1 500 000 元，款项尚未支付（暂不考虑增值税）。

分析：该业务与例 2 性质相同，引起资产和负债同时增加。使得公司的资产（原材料存货）增加了 1 500 000 元；同时，公司的负债（应付账款）也增加了 1 500 000 元。1 月 4 日，大华公司的资产、负债、所有者权益以及它们的数量关系如表 2-3 所示。

表 2-3　　大华公司资产、负债、所有者权益及其数量关系

资产		权益（负债+所有者权益）	
项目	金额（单位:元）	项目	金额（单位:元）
库存现金	100 000	负债	2 000 000
银行存款	1 800 000	短期借款	500 000
原材料	1 500 000	应付账款	1 500 000
固定资产	600 000	所有者权益	2 000 000
		实收资本	1 500 000
		资本公积	500 000
资产总计	4 000 000	负债及所有者权益总计	4 000 000

会计基本等式：

资产（4 000 000）= 负债（2 000 000）+所有者权益（2 000 000）

可以看出，会计等式的两端，总额发生了变化，同时增加了 1 500 000 元，但等式的平衡关系并没有遭到破坏。

［例 2-4］ 1 月 10 日，大华公司用银行存款支付前欠部分材料款 1 000 000 元。

分析：该业务引起资产和负债同时减少。公司的资产（银行存款）减少了 1 000 000 元，同时，公司的负债（应付账款）也减少了 1 000 000 元。1 月 10 日，大华公司的资产、负债、所有者权益以及它们的数量关系如表 2-4 所示。

表 2-4　　大华公司资产、负债、所有者权益及其数量关系

资产		权益（负债+所有者权益）	
项目	金额（单位:元）	项目	金额（单位:元）
库存现金	100 000	负债	1 000 000
银行存款	800 000	短期借款	500 000
原材料	1 500 000	应付账款	500 000
固定资产	600 000	所有者权益	2 000 000
		实收资本	1 500 000
		资本公积	500 000
资产总计	3 000 000	负债及所有者权益总计	3 000 000

会计基本等式：

资产（3 000 000）= 负债（1 000 000）+所有者权益（2 000 000）

可以看出，会计等式的两端，总额发生了变化，同时减少了 1 000 000 元，但等式的平衡关系并没有遭到破坏。

［例 2-5］1 月 15 日，大华公司开出金额为 500 000 元，期限为 3 个月的无息商业承兑汇票，用来抵偿前欠材料款。

分析：该业务只引起公司负债内部两个项目的一增一减。即将应付账款转化为应付票据。公司的应付账款负债减少了 500 000 元；同时，公司另一负债（应付票据）却增加了 500 000 元。1 月 15 日，大华公司的资产、负债、所有者权益以及它们的数量关系如表 2-5 所示。

表 2-5　　　　大华公司资产、负债、所有者权益及其数量关系

资产		权益（负债+所有者权益）	
项目	金额（单位：元）	项目	金额（单位：元）
库存现金	100 000	负债	1 000 000
银行存款	800 000	短期借款	500 000
原材料	1 500 000	应付账款	0
固定资产	600 000	应付票据	500 000
		所有者权益	2 000 000
		实收资本	1 500 000
		资本公积	500 000
资产总计	3 000 000	负债及所有者权益总计	3 000 000

会计基本等式：

资产（3 000 000）= 负债（1 000 000）+所有者权益（2 000 000）

可以看出，会计等式的两端，总额没有发生变化，仍然是平衡的。

［例 2-6］1 月 25 日，张三用现金追加投资 500 000 元，直接用于归还银行借款（暂时不考虑利息支出）。

分析：该业务引起公司权益内部两个项目的一增一减，即所有者权益项目（资本公积）增加 500 000 元，同时负债项目（短期借款）减少 500 000 元。1 月 25 日，大华公司的资产、负债、所有者权益以及它们的数量关系如表 2-6 所示。

表 2-6　　　　大华公司资产、负债、所有者权益及其数量关系

资产		权益（负债+所有者权益）	
项目	金额（单位：元）	项目	金额（单位：元）
库存现金	100 000	负债	500 000
银行存款	800 000	短期借款	0
原材料	1 500 000	应付账款	0
固定资产	600 000	应付票据	500 000
		所有者权益	2 500 000
		实收资本	1 500 000
		资本公积	1 000 000
资产总计	3 000 000	负债及所有者权益总计	3 000 000

会计基本等式：

资产（3 000 000）= 负债（500 000）+所有者权益（2 500 000）

可以看出，会计等式的两端，总额没有发生变化，仍然是平衡的。

［例 2-7］1 月 26 日，公司用资本公积 500 000 元转增资本，使得注册资本达到 2 000 000 元，已在工商行政管理局变更。

分析：该业务引起公司所有者权益内部两个项目的一增一减，实收资本增加 500 000 元，资本公积减少 500 000 元，不影响会计等式的平衡关系。1 月 26 日，大华公司的资产、负债、所有者权益以及它们的数量关系如表 2-7 所示。

表 2-7　　大华公司资产、负债、所有者权益及其数量关系

资产		权益（负债+所有者权益）	
项目	金额(单位:元)	项目	金额(单位:元)
库存现金	100 000	负债	500 000
银行存款	800 000	短期借款	0
原材料	1 500 000	应付账款	0
固定资产	600 000	应付票据	500 000
		所有者权益	2 500 000
		实收资本	2 000 000
		资本公积	500 000
资产总计	3 000 000	负债及所有者权益总计	3 000 000

会计基本等式：

资产（3 000 000）= 负债（500 000）+所有者权益（2 500 000）

可以看出，会计等式的两端，总额没有发生变化，仍然是平衡的。

［例 2-8］1 月 27 日，公司用 10 000 元现金购买原材料。

分析：该业务引起公司资产内部两个项目的一增一减，原材料增加 10 000 元，库存现金减少 10 000 元，不影响会计等式的平衡关系。1 月 27 日，大华公司的资产、负债、所有者权益以及它们的数量关系如表 2-8 所示。

表 2-8　　大华公司资产、负债、所有者权益及其数量关系

资产		权益（负债+所有者权益）	
项目	金额(单位:元)	项目	金额(单位:元)
库存现金	90 000	负债	500 000
银行存款	800 000	短期借款	0
原材料	1 510 000	应付账款	0
固定资产	600 000	应付票据	500 000
		所有者权益	2 500 000
		实收资本	2 000 000
		资本公积	500 000
资产总计	3 000 000	负债及所有者权益总计	3 000 000

会计基本等式：

资产（3 000 000）= 负债（500 000）+所有者权益（2 500 000）

可以看出，会计等式的两端，总额没有发生变化，仍然是平衡的。

［例 2-9］1 月 28 日，公司用银行存款购买机器 1 台，价值 300 000 元（暂不考虑增值税）。

分析：该业务与例 8 一样引起公司资产内部两个项目的一增一减，固定资产增加 300 000 元，银行存款减少 300 000 元，不影响会计等式的平衡关系。1 月 28 日，大华公司的资产、负债、所有者权益以及它们的数量关系如表 2-9 所示。

表 2-9　大华公司资产、负债、所有者权益及其数量关系

资产		权益（负债+所有者权益）	
项目	金额(单位:元)	项目	金额(单位:元)
		负债	500 000
		短期借款	0
库存现金	90 000	应付账款	0
银行存款	500 000	应付票据	500 000
原材料	1 510 000	所有者权益	2 500 000
固定资产	900 000	实收资本	2 000 000
		资本公积	500 000
资产总计	3 000 000	负债及所有者权益总计	3 000 000

会计基本等式：

资产（3 000 000）= 负债（500 000）+所有者权益（2 500 000）

可以看出，会计等式的两端，总额没有发生变化，仍然是平衡的。

从以上几个例子可以看出，大华公司发生的任何经济业务，都没有破坏资产与权益的平衡关系，我们将企业所有经济业务的发生对资产、负债、所有者权益的数量变化即对会计恒等式的影响归纳为四种类型的若干种情况：

第一类经济业务引起资产和权益同时增加，且两者增加的金额相等，从而使得会计等式左右两边的总额等量增加，平衡关系不会被破坏。

（1）资产和所有者权益同时等量增加（如例 2-1）。

（2）资产和负债同时等量增加（如例 2-2 和例 2-3）。

第二类经济业务引起资产和权益同时减少，且两者减少的金额相等，从而使得会计等式左右两边的总额等量减少，平衡关系不会被破坏。

（1）资产减少的同时，负债也等量减少（如例 2-4）。

（2）一般情况下，资产和所有者权益不会同时减少。因为在现代企业制度下，企业投入资本在经营期内，投资者只能依法转让，不得以任何方式抽回。转让只是所有者的变更，公司的所有者权益总额没有发生变化。

第三类经济业务只会引起资产内部项目的此增彼减，而且增减的金额相等，资产和权益总额保持不变，当然会计等式的平衡关系不会被破坏。

（1）流动资产内部项目的此增彼减（如例 2-8）。

（2）流动资产与非流动资产项目的此增彼减（如例 2-9）。

（3）非流动资产内部项目的此增彼减。（如在建工程完工转为固定资产）

第四类经济业务只会引起权益内部项目的此增彼减，而且增减的金额相等，资产和权益总额保持不变，当然会计等式的平衡关系不会被破坏。

（1）负债内部项目的此增彼减（如例 2-5）。

（2）负债与所有者权益项目的此增彼减（如例 2-6）。

（3）所有者权益内部项目的此增彼减。（如例 2-7）。

上述四种类型的变化图示如图 2-1 所示：

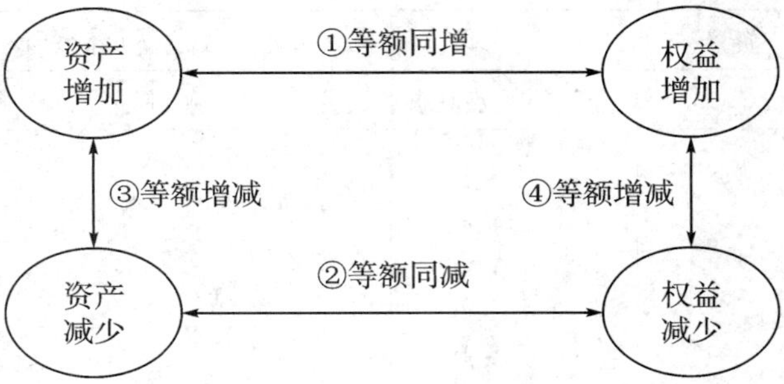

图 2-1　四种类型的变化情况

三、收入、费用与利润之间的数量关系——构成动态会计等式

企业拥有或控制了一定数量的资产后，就可以从事生产经营活动了。在生产经营活动过程中，企业一方面要生产出商品或者提供劳务，以满足其各种需要；当商品被销售出去或者提供了劳务后，就会发生现金（广义上的现金）流入企业或者现金要求权的增加，在会计上称为“收入”。另一方面，生产商品或提供劳务，又要发生各种资产的耗费，即发生了“费用”。当实现的收入大于发生的费用，其差额就是企业获得的利润；反之，收入小于费用，企业就发生亏损。收入、费用、利润这三个基本会计要素在一定时期就形成了下列公式表示的关系：

收入-费用=利润

这个等式是计算企业经营成果的直接依据，也是编制利润表的理论基础。

四、六大会计要素之间的数量关系——构成会计等式的开展式

从前面的分析可知，“资产=负债+所有者权益”是从企业资金运动的相对静止状态去研究这三个会计要素的数量关系而得出的数量表达式，它反映的是企业在某一时点上的财务状况；而“收入-费用=利润”则是从资金运动的显著变化状态去研究这三个会计要素之间的数量关系得出的数量表达式，反映了企业在某一时期的经营状态。企业的资金运动是静止与动态的辩证统一，以某一时点，如 1 月 1 日去考查，资金运动处于相对静止状态，企业从所有者和债权人两个来源获得了资产后，形成了最初的会计等式“资产=负债+所有者权益”，反映该时点上三个会计要素的平衡关系；但从

某一时期，比如从1月1日至1月31日这个期间去观察，企业资金发生了显著变化，企业利用其资产进行生产经营活动产生了收入，发生了成本费用，创造了利润，必然引起了资产、负债和所有者权益的变动，但是不会改变它们之间的平衡关系，只是在新的时点上，形成了在数量上与期初不同的、新的会计等式。所以当我们在1月31日这个时点再去观察时，资金运动又处于相对静止状态，但资产、负债和所有者权益的内容已经不同于1月1日的资产、负债和所有者权益了，即旧的平衡关系被打破，新的平衡关系也随之建立。因此，资产、负债、所有者权益、收入、费用、利润的数量关系存在着一种内在的有机联系，这种联系的综合反映，表现为会计等式的扩展式：

资产=负债+所有者权益+利润（分配前）

资产=负债+所有者权益+（收入-费用）

企业所获得的利润即为企业的纯收入，按一定比例在国家、企业和企业所有者之间进行分配，一部分以所得税形式上缴国家，一部分分配给投资者，一部分留给企业，作为企业扩大生产、改善职工福利的资金来源。这时所有者权益就不仅是指所有者投入的资本，还包括企业规定从利润中提留的盈余公积、未分配利润以及利得和损失形成的资本公积；相应的资产中也包括一部分企业新创造价值。这样，资产、负债、所有者权益又建立了数量发生了变化，但平衡关系依旧的新的会计等式：

资产＊ = 负债＊ + 所有权益＊

（＊表示经过一个会计期间后，资产、负债和所有者权益的数量与期初的不同）

从上式中可以看出各会计要素之间的增减对应关系：

（1）某项资产增加，将可能引起其他资产的减少、负债的增加、所有者权益的增加、收入的增加或费用的减少；

（2）某项负债减少，将引起其他负债的增加、资产的减少、所有者权益的增加、收入的增加或费用的减少；

（3）某项所有者权益减少，将引起其他所有者权益的增加、资产的减少、负债的增加、收入的增加或费用的减少；

（4）某项收入减少，将引起其他收入的增加、资产的减少、负债的增加、所有者权益的增加或费用的减少；

（5）某项费用增加，将引起其他费用的减少、资产的减少、负债的增加、所有者权益的增加、收入的增加。

本章小结

会计对象是指会计核算和监督的内容，是企业再生产过程中能以货币表现的资金运动。不同会计主体具有不同的经济业务，其会计对象的具体内容也就有所不同。生产型企业的资金运动过程主要包括资金的投入、资金的循环周转和资金的退出三个环节。

会计要素是会计对象的具体化，是设定会计报表的结构和内容，也是进行确认和计量的依据。会计要素包括资产、负债、所有者权益三大静态要素和收入、费用和利润三大动态要素。资产是指企业过去的交易或事项形成的、由企业拥有或控制的、预期会给企业带来经济利益的资源；负债是指过去的交易、事项形成的现时义务，履行该义务预期将会导致经济利益流出企业；所有者权益是指企业资产扣除负债后，由所有者享有的剩余权益；收入是企业在日常活动中形成的、会导致所有者权益增加的、与所有者投入资本无关的经济利益的总流入；费用是指企业在日常活动中发生的、会导致所有者权益减少的、与向所有者分配利润无关的经济利益的总流出；利润是企业在一定会计期间的经营成果。

会计要素在数量上的关系可用会计等式来描述。“资产=负债+所有者权益”是静态的会计等式，也是基本的会计等式；“收入-费用=利润”是动态的会计等式；“资产+费用=负债+所有者权益+收入”是扩展的会计等式。任何经济业务的发生，都会引起会计要素项目的增减变动，但均不会破坏会计等式的平衡关系，因此会计等式又称为会计方程式或会计恒等式。

思考题

1. 什么是会计对象？包括哪些？
2. 什么是会计要素？我国企业的会计要素有哪些？
3. 简述各会计要素的定义、特点、分类及其确认条件。
4. 基本的会计等式是什么？它有何作用？
5. 经济业务的发生对会计等式有何影响？
6. 简述经济业务的类型。

第三章　账户与复式记账

学习目标

1. 掌握会计科目的概念；
2. 了解会计科目设置的意义及原则；
3. 掌握会计科目的分类；
4. 掌握账户的概念；
5. 了解会计科目与账户的联系及区别；
6. 掌握账户的分类；
7. 掌握复式记账法与借贷记账法的概念；
8. 掌握会计分录的概念与编制方法；
9. 掌握借贷记账法的试算平衡。

案例：

小魏从某财经大学会计系毕业后被聘任为广发公司的会计员。今天是他来公司上班的第一天。会计科里的那些同事们忙得不可开交，一问才知道，大家正在忙于月末结账。“我能做些什么?”会计科长看他急于投入工作的表情，也想检验一下他的工作能力，就问：“试算平衡表编制的方法在学校学过了吧?”“学过。”小魏很自然地回答。“那好吧，趁大家忙于其他工作的时候，你先编一下咱公司这个月的试算平衡表。”科长帮他找到了本公司的总账账簿，让他在早已为他准备的办公桌上开始工作。

不到一个小时，一张“总分类账户发生额及余额试算平衡表”就被完整地编制出来了。看到表格上那三组相互平衡的数字，小魏激动的心情无以言表。他兴冲冲地向科长交差。

“呀，昨天销售的那批产品的单据还没有记到账上去呢，这也是这个月的业务啊!”会计员李丽说道。还没等小魏缓过神来，会计员小王手里又拿着一些凭证凑了过来，对科长说：“这笔账我核对过了，应计入应交税费和银行存款账户的金额是 10 000 元，而不是 9 000 元；已经入账的那部分数字还得改一下。”

“试算平衡表不是已经平衡了吗？怎么还有错账呢?”小魏不解地问。

科长看他满脸疑惑的神情，就耐心地开导说：“试算平衡表也不是万能的，如在账户中把有些业务漏记或者重记了，借贷金额记账方向彼此颠倒了，还有记账方向正确但记错了账户等，这些都不会影响试算平衡表的平衡。小李发现的漏记了经济业务、小王发现的把两个账户的金额同时记少了，也不会影响试算表的平衡。”

小魏边听边点头，心里想：这些内容好像老师在“基础会计”课的时候也讲过。以后在实践中还得好好琢磨呀。

经过调整，一张真实反映公司本月全部经济业务的试算平衡表又在小魏的手里完成了。

案例要求：

结合上述案例，运用学过的试算平衡表的有关知识谈谈你的感受。

案例提示：

本案例中的事例表明，“总分类账户发生额及余额试算平衡表”只是用来检查一定会计期间全部账户的登记是否正确的一种基本方法，只有在所试算期间的经济业务全部登记入账的基础上才能利用该表进行试算平衡。但试算平衡表并不是万能的，试算表编制完毕，如果期初余额、本期发生额和期末余额三组数字是相互平衡的，只能说明账务处理过程基本正确，而不能保证账户处理过程万无一失。这是由于通过编制“总分类账户发生额及余额试算平衡表”可能会发现账务处理过程中的某些问题，如在登记账户过程中漏记了一笔经济业务的借方或者贷方某一方的发生额，将借方或贷方某一方的发生额写多或写少，以及在记账或从账户向试算平衡表抄列金额的过程中将数字的位置搞颠倒，等等。但有些在账户处理过程发生的错账，如把整笔经济业务漏记或重记了，在登记账户过程中将借方、贷方金额的记账方向彼此颠倒了，或者记账方向正确但记错了账户等情况，并不会影响试算平衡表的平衡关系。因此，一定要细心地处理好每一笔经济业务，只有保证每一笔经济业务处理的准确性，才有可能保证“总分类账户发生额及余额试算平衡表”编制的正确性。

为了全面、系统地反映和监督企业资金运动的来龙去脉，一方面要通过设置会计科目和会计账户来核算各项会计要素的具体内容及各个会计要素增减变化的情况和结果；另一方面要使用一定的记账方法在账簿中记录交易或事项。本章主要介绍会计科目、会计账户以及借贷记账法的相关内容。

第一节　会计科目

一、会计科目的定义及设置意义

（一）会计科目的定义

如前所述，会计对象是某一特定对象所发生的能够用货币表现的经济业务，即资金运动；而会计要素是对会计对象所做的基本分类，如我国会计准则将会计对象分为六大会计要素，即资产、负债、所有者权益、收入、费用 、利润。但是，在会计核算中，如果仅仅将会计要素作为会计数据的归类标准，未免过于笼统，难以满足会计信息使用者的要求。这是因为，企业的经营业务错综复杂，即使涉及同一种会计要素，也往往反映的是具有不同性质和内容的对象，如资产要素包括货币资金、存货、应收账款、固定资产、无形资产等；负债要素包括从银行或其他金融机构取得的借款，还包括由于购进存货从购货方取得的应付款项等。因此，为了全面、系统地核算和监督企业单位所发生的经济活动，分门别类地为经济管理提供会计核算资料，就需要对每一类会计要素做进一步详细的分类。

会计科目就是对会计要素所做的进一步分类，是对每一会计要素所包括的具体内容按其一定的特点和管理要求进行分类所形成的项目或名称。例如，企业的机器设备、房屋和建筑物，作为劳动手段，具有使用时间较长、单位价值较大、实物形态相对不变的特点，将其归为一类，设置“固定资产”会计科目；生产产品用的原材料、辅助材料、燃料等，作为劳动对象，具有在生产中被一次消耗，其价值一次转移的特点，将其归为一类，设置“原材料”会计科目；为了满足管理上费用预算和控制的要求，在企业生产车间范围内发生的物料消耗、办公费、管理人员的工资、修理费等，具有间接费用的特点，将其归为一类，设置“制造费用”会计科目。

（二）设置会计科目的意义

设置会计科目，对会计核算和管理有着非常重大的意义。首先，设置会计科目，是反映资金运动的重要手段。每一个会计科目反映一类相关的经济业务，所以各个会计科目可从不同的方面反映资金运动的总体状况。其次，设置会计科目，是组织会计核算的依据，是进行各项会计记录和提供各项会计信息的基础。为了连续、系统、全面地反映和监督经济业务发生所引起的会计要素的增减变动，便于向会计信息的使用者提供所需的会计信息，企业应根据自身的生产经营特点设置相应的账户。要想科学、合理地设置企业会计核算的账户，其前提条件是确定相应的会计科目。会计科目是账户开设的依据，是账户的名称。因此，设置会计科目是正确组织会计核算的一个重要条件，是复式记账、编制记账凭证、登记账簿、成本计算、财产清查、编制报表等会计核算方法的基础。

二、设置会计科目的原则

会计科目是进行会计核算的起点，会计科目较之于会计要素能更为具体地反映企业的资金运动状况，为相关会计信息使用者提供更为具体的会计信息。会计科目的设置是否合理，对于系统地提供会计信息，提高会计工作的效率以及有条不紊地组织会计工作都有很大影响。鉴于此，在其设置过程中应努力做到科学、合理、实用，因此在设置会计科目时应遵循下列基本原则：

（一）应结合会计要素的特点，全面、系统地反映会计要素的内容

会计主体的会计科目及其体系应能够全面、系统地反映会计对象的全部内容，不能有任何遗漏。就单个会计科目而言，每个会计科目都应具备独特的内容，能独立地说明会计要素的某一方面。换句话说，各个科目之间的核算内容是互相排斥的，不同的会计科目反映不同的核算内容，不同的会计科目之间具有互斥性；就会计科目的整体性而言，会计科目及其体系应能够全面、系统地反映会计对象的全部内容，要使设置的整套会计科目能够反映所有的经济业务，所有经济业务都由特定的会计科目来反

映。同时，会计科目的设置还应结合会计要素的特点来完成。也就是说设置会计科目时，除了各行各业共性的会计科目外，还应根据各行各业会计要素的具体特点，设置相应的会计科目。如工业企业的主要经营活动是制造工业产品，因而就必须设置反映生产耗费、成本计算的会计科目，如“制造费用”“生产成本”等科目；商品流通企业不从事产品生产加工，其基本经营活动是购进和销售商品，因此必须设置反映和监督商品流通业务的会计科目，如“库存商品”“商品进销差价”等科目；而行政事业单位既不从事产品加工生产，也不从事商品流通，其会计核算主要是对国家拨付的预算资金的运动情况进行反映和监督，因此必须设置反映和监督经费收入和经费支出情况的会计科目，如“事业收入”“事业支出”等科目。

（二）应结合会计目标的要求，满足信息使用者的需要

会计的目标，是向信息使用者提供有用的会计信息，不同的信息使用者对企业提供的会计信息要求有所不同。因此，设置会计科目时既要满足企业内部加强经营管理并提高经济效益的需要，要求尽可能提供详细、具体的资料；还要满足政府部门加强宏观调控并制定方针政策的需要，满足投资人、债权人及有关方面对企业经营和财务状况做出准确判断的需要，要求提供比较综合的数据。为满足上述要求以及便于会计资料整理和汇总的需要，在设置会计科目时要适当分设总分类科目和明细科目，总分类科目提供总括核算指标，主要满足企业外部有关方面的需要；明细分类科目是对总分类科目的进一步分类，提供明细核算指标，主要满足加强内部经营管理的需要。

（三）应做到统一性和灵活性相结合

统一性是指企业必须根据国家统一的会计制度或会计准则的规定设置会计科目（一级科目），并力求在时间上保持前后一致。灵活性是指企业在不影响会计核算要求和会计报表的汇总，以及对外提供统一的财务会计报告的前提下，可以根据实际情况自行增设、减少或者合并某些会计科目；企业在不违背会计科目使用原则的基础上确定适合本企业的会计科目名称；明细科目的设置，除会计制度或会计准则规定以外，企业可自行确定，以此来保证会计核算指标在一个部门、乃至全国范围内综合汇总以及满足本单位经营管理的需要。多年以来，我国通常由财政部在会计制度中统一规定会计科目的名称、编号和内容。2006 年月 2 月我国新发布了《企业会计准则》，与此配套，2006 年 10 月发布了《企业会计准则——应用指南》，该《应用指南》提供了企业会计科目设置的指引，提供了每一个会计科目的核算范围、核算内容和核算方法。企业可根据自身的经营特点和管理需要从中选择并确定本企业会计核算所需的会计科目。

（四）应保持适应性与稳定性相结合

适应性是指会计科目的设置要随着社会经济环境和本单位经济活动的变化而变化，如随着金融工具的创新，为了核算企业衍生金融工具的公允价值及其变动形成的资产或负债，企业要相应设置“衍生工具”或“套期工具”等会计科目；稳定性是指会计科目的设置为便于会计资料的汇总及在不同时期的对比分析应保持相对的稳定。会计科目的稳定性主要表现为会计科目的名称、含义及所包含的内容应保持相对稳定，只

有会计科目具有相对稳定性，会计核算资料才具有可比性。会计科目的设置，是由会计制度和会计准则加以规定的，因此，为了保证会计科目设置的相对稳定性，会计制度和会计准则的制定也应保持相对稳定。

（五）会计科目名称要言简意赅，并进行适当的分类和编号

所谓言简意赅是指每一会计科目所涵盖的范围和内容要有明确的界定，其名称要名副其实并具有高度的概括性；所谓适当的分类和编号是指为便于把握会计科目所反映的经济业务内容和主要满足会计电算化的需要，会计科目要按其经济内容进行适当的分类，并按照项目的流动性或主次以及级次进行编号。

三、会计科目的分类

会计科目由于分类标准不同可以分为不同的类型。一般按会计科目的内容和级次两种标准分类，科目的内容反映各科目之间的横向联系，科目的级次反映科目内部的纵向联系。

（一）会计科目按其内容分类

会计科目是会计要素的具体分类项目，按会计科目所反映的会计要素的内容分类，是会计科目基本的分类之一。我国自 2007 年 1 月 1 日起在上市公司范围内执行的《企业会计准则——应用指南》将会计科目分为资产类科目、负债类科目、所有者权益类科目、共同类科目、成本类科目和损益类科目六大类。

1. 资产类科目。资产类科目按其流动性，具体又可分为以下两类科目。

（1）流动资产类科目。这类科目的特点是资产的变现周期在一年以内或不超过一个营业周期，例如“库存现金”“银行存款”“应收账款”“原材料”等科目。

（2）非流动资产类科目。这类科目的特点是资产的变现周期超过一年或一个营业周期，例如“固定资产”“无形资产”“长期股权投资”等科目。

2. 负债类科目。负债类科目按其流动性，具体又可分为以下两类科目。

（1）流动负债类科目。这类科目的特点是负债的偿还期在一年以内，如“短期借款”“应付职工薪酬”“应付账款”等科目。

（2）非流动负债类科目。这类科目的特点是负债的偿还期超过一年，如“长期借款”“应付债券”等科目。

3. 共同类科目。此类科目既可核算资产，也可核算负债，如“衍生工具”“套期工具”“被套期项目”等科目。

4. 所有者权益类科目。所有者权益类科目具体又可分为以下四类科目。

（1）投入资本类科目，如“实收资本”科目。

（2）非经营因素形成的所有者权益类科目，如“资本公积”科目。

（3）经营因素形成的所有者权益类科目，如“盈余公积”等科目。

（4）反映利润会计要素的会计科目，如“本年利润”及“利润分配”，用于反映企业实现的利润及分配情况，由于企业实现的利润或发生的亏损，其最终承担者是所有者，所以将其归并到所有者权益类科目。

5. 成本类科目。这类科目的特点是所发生的费用要计入产品成本，具体来说可分为以下两类。

（1）直接计入产品成本类科目，如“生产成本”“研发支出”等科目。

（2）分配计入产品成本类科目，如“制造费用”科目。

6. 损益类科目。这类科目的特点是其项目均是形成利润的要素。损益类科目具体来说可分为以下两类。

（1）反映收入类科目，如“主营业务收入”“其他业务收入”等科目。

（2）反映费用类科目，如“主营业务成本”“管理费用”“销售费用”等科目。

为了便于编制会计凭证、登记账簿、查阅账目，适应会计信息电算化处理的需要，还应在会计科目分类的基础上，为每个会计科目编一个固定的号码，这些号码称为会计科目编号，简称科目编号。科目编号能清楚地表示会计科目所属的类别及其在类别中的位置。财政部通常在会计制度和会计准则中，统一编制会计科目的编号、类别和名称，企业可结合实际情况自行确认会计科目编号。企业在填制记账凭证、登记账簿时，应填制会计科目的名称，或者同时填写会计科目的名称和编号，但不准只填写会计科目的编号而不填写会计科目的名称。在会计信息系统中，应在账套设置中建立“会计科目名称及编码表”，在凭证输入时只输入科目代码，科目名称由系统自动产生，以适应电算化的会计处理。

表 3-1 为 2006 年 10 月颁布的《企业会计准则——应用指南》会计科目名称和编号的简要列表。

表 3-1　　会计科目表

编号	会计科目名称	编号	会计科目名称
一、资产类		二、负债类	
1001	库存现金	2001	短期借款
1002	银行存款	2201	应付票据
1012	其他货币资金	2202	应付账款
1101	交易性金融资产	2203	预收账款
1121	应收票据	2211	应付职工薪酬
1122	应收账款	2221	应交税费
1123	预收账款	2231	应付利息
1131	应收股利	2232	应付股利
1132	应收利息	2241	其他应付款
1221	其他应收款	2501	长期借款
1231	坏账准备	2502	应付债券
1401	材料采购	2701	长期应付款
1402	在途物资	三、共同类	
1403	原材料	3001	清算资金往来

表3-1(续)

编号	会计科目名称	编号	会计科目名称
1404	材料成本差异	3101	衍生工具
1405	库存商品	四、所有者权益类	
1406	发出商品	4001	实收资本
1408	委托加工物资	4002	资本公积
1411	周转材料	4101	盈余公积
1471	存货跌价准备	4103	本年利润
1501	持有至到期投资	4104	利润分配
1502	持有至到期投资减值准备	五、成本类	
1503	可供出售金融资产	5001	生产成本
1511	长期股权投资	5101	制造费用
1512	长期股权投资减值准备	5202	劳务成本
1521	投资性房地产	六、损益类	
1531	长期应收款	6001	主营业务收入
1601	固定资产	6051	其他业务收入
1602	累计折旧	6111	投资收益
1603	固定资产减值准备	6301	营业外收入
1604	在建工程	6401	主营业务成本
1605	工程物资	6402	其他业务成本
1606	固定资产清理	6403	税金及附加
1701	无形资产	6601	销售费用
1702	累计摊销	6602	管理费用
1703	无形资产减值准备	6603	财务费用
1711	商誉	6701	资产减值损失
1801	长期待摊费用	6711	营业外支出
1901	待处理财产损溢	6801	所得税费用

（二）会计科目按级次分类

会计科目按级次分类，就是按会计科目提供核算指标的详细程度进行分类，分为总分类科目和明细分类科目。

1. 总分类科目

总分类科目也称为一级科目或总账科目，它是对会计要素的具体内容进行总括分类，提供总括核算指标信息的会计科目，如“固定资产”“原材料”“应交税费”“实收资本”等科目。为了满足国家宏观经济管理的需要，一级科目原则上由国家财政部或主管部门统一制定。表 3-1 所列示的会计科目都是一级科目。

2. 明细分类科目

明细分类科目简称明细科目，是对总分类科目进一步分类的科目，以便提供更详细、更具体的会计信息。如有些总分类科目反映的经济内容比较广泛，可以在总分类科目下，先设置二级科目（也称为子目），在二级科目下再设置三级科目（也称细目），二级科目和三级科目都统称为明细科目。在手工会计核算下，企业一般设置到二级、三级科目。应该说明的是，并不是所有的一级科目都需要分设二级科目和三级科目，科目设置到第几级，应根据会计信息使用者所需信息的详细程度来决定。此外，随着会计信息处理的电算化，有的企业如果业务较复杂，出于管理上的需要，也可以在三级科目下再设置四级科目，甚至五级科目，一级以下的会计科目都统称为明细科目。有一些明细科目是国家统一规定设置的，如国家统一规定应在“应交税费”一级会计科目下应设置“应交增值税”“未交增值税”“应交消费税”等二级会计科目，在“应交增值税”二级科目下还应设置“进项税额”“已交税金”“销项税额”等专栏。明细科目除会计准则规定设置的以外，多数明细科目由企业根据自身的实际情况自行设置。例如，某些钢铁冶炼企业的原材料数量品种繁多，为了满足会计核算的需要，先设“原材料”为一级科目，再按原材料类别开设“原料及主要材料”“辅助材料”等二级会计科目，再在“原料及主要材料”下设“金属材料”和“非金属材料”为三级科目，最后设“黑色金属材料”“有色金属材料”等为四级科目。在教学过程中，为了简单明了地表现不同级别的会计科目之间的关系，通常用“——”连接来说明各级别科目之间的所属关系，明细分类科目的写法如“原材料——原料及主要材料——金属材料——黑色金属材料”：先写一级科目的名称“原材料”，在其后划一破折号“——”，再写上明细分类科目的名称即可。

会计科目按提供指标详细程度的分类如表 3-2 所示。

表 3-2　　会计科目按级次分类

总分类科目（一级科目）	明细分类科目	
	二级科目（子目）	明细科目（细目）
生产成本	基本生产成本	A 产品
		B 产品
		C 产品
	辅助生产成本	供水车间
		供电车间
		机修车间

第二节　账户

一、账户的概念及设置的意义

（一）账户的定义

会计科目只是对会计对象的具体内容进行分类核算的项目名称，这些项目的本身仅表示其所反映的会计要素的内容，如果只有分类的项目，而没有具有一定格式的记账实体，还不能把发生的经济业务连续、系统、完整地记录下来。因此，要进行会计核算，还必须根据设置的会计科目开设相应的账户，在账户上记录会计对象具体内容的增减变动及结存情况。

账户是指根据会计科目开设的，具有一定格式和结构，用来连续地分类记录和反映会计要素增减变动情况及其结果的一种工具。

（二）设置的意义

由于账户能够反映会计要素的增减变动及结余情况，设置账户对于企业进行会计核算具有重要作用。首先，设置账户能按照经营管理的要求分类地记载和反映企业所发生的经济业务。通过设置和运用账户，对企业发生的经济业务进行整理分类、科学归纳，再分门别类地记录，可以提供各类会计要素的动态和静态指标。其次，设置账户能为编制财务会计报告提供重要依据。财务会计报告是定期地对企业日常核算资料进行汇总、综合，以全面、系统地反映企业财务状况和经营成果的重要信息文件。财务会计报告的信息是否准确，在很大程度上取决于账户的记录结果是否正确，因为财务会计报告是以账户的期末余额和本期发生额为基础进行编制的。账户的记录发生错误将直接影响会计报表的信息准确性。因此，合理地设置账户，正确地将经济业务记入账户，是会计核算工作最基本、最重要的环节。

（三）会计科目与账户的联系和区别

账户是根据会计科目设置的，会计科目是账户的名称，但账户与会计科目是两个不同的概念，它们之间既有联系又有区别。账户与会计科目之间的联系表现在：二者都是对会计对象的具体内容即对会计要素进行的分类，故二者的名称和反映的内容是一致的，二者的性质与分类也是一致的；它们之间的本质区别是：会计科目仅仅是对会计要素具体内容进行分类的项目名称，会计科目只表明某项经济内容，而账户不仅表明相同的经济内容，而且还具有一定的结构格式，并通过其结构反映某项经济内容的增减变动情况。由于账户是根据会计科目设置的，并按照会计科目命名，两者的称谓及核算内容完全一致，因而在实际工作中，会计科目与账户往往作为同义语来理解，互相通用，不严格加以区分。

二、账户的格式和结构

账户与会计科目的区别在于账户具有一定的格式和结构，用来分类连续地记录和反映会计要素增减变动情况及其结果。账户的格式和结构是指账户的组成部分，以及如何在账户中记录会计要素的增加、减少及其余额。由于经济业务所引起的各项会计要素的变动，从数量上看不外是增加和减少两种情况，因此，账户的结构也相应地分为两个基本部分，用来分别记录各会计要素的增加额和减少额。账户的基本结构通常划分为左、右两方，一方登记增加额，另一方登记减少额。至于哪一方登记增加额，哪一方登记减少额，则由所采用的记账方法和所记录的经济内容决定。账户的基本结构不会因企业实际所使用的账户具体格式不同而发生变化。通常用一条水平线和一条将水平线平分的垂直线来表示账户的基本结构，这种被简化的账户格式称为“T 型账户”（亦称“丁字形账户”），其格式如图 3-3 所示。

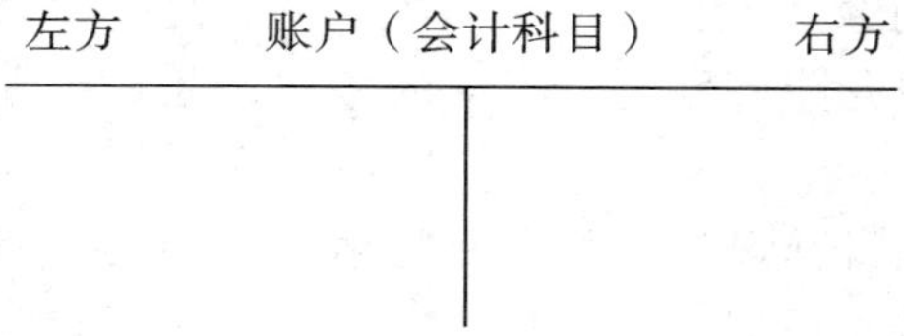

图 3-3　T 型账户

把账户的基本结构具体地做成固定格式，就形成了账簿中的账页。当然对于一个完整的账户而言，除了必须有反映增加额和减少额两栏外，还应包括其他栏目，以反映其他相关内容，这些内容都体现在账簿中。因此，账簿中一个完整的账户结构一般应包括以下内容（见表 3-3）：①账户的名称，即会计科目；②日期，即经济业务发生的日期；③凭证编号，即账户记录的来源和依据；④摘要，即经济业务的简要说明；⑤金额，即增加额、减少额和余额。

表 3-3　　**账户名称（会计科目）**　　单位：元

日期	凭证编号	摘要	增加额	减少额	余额

上述账户格式是手工记账经常采用的格式，其中有专设的两栏，分别记录经济业务的增加额和减少额。增减相抵后的差额，称为账户的余额。余额按其表示的时间不同，分为期初余额和期末余额。一个会计期间开始时记录的余额称为期初余额，结束时记录的余额称为期末余额。在连续登记账户的情况下，账户的本期期末余额即为下期期初余额。因此，每个账户一般有四个金额要素，即期初余额、本期增加发生额、本期减少发生额和期末余额。账户如有期初余额，首先应当在记录增加额的那一方登记，经济业务发生后，要将增减内容记录在相应的栏内。将一定期间记录的账户增加方的金额进行合计，称为增加发生额；将一定期间记录的账户减少方的金额进行合计，称为减少发生额。正常情况下，账户这四个金额要素之间的关系如下：

本期期末余额＝本期期初余额+本期增加发生额－本期减少发生额

每个账户的本期发生额反映的是该类经济内容在本期内变动的情况，而期末余额则反映的是变动的结果。在教学过程中，通常将每类经济业务的本期增加发生额、本期减少发生额和期末（期初）余额都分别记入T型账户左右两方来表示。如某企业某一期间“银行存款”账户的记录如图3-5所示。

左方	银行存款		右方
期初余额	100 000		
本期增加	50 000	本期减少	30 000
	80 000		60 000
本期增加发生额	130 000	本期减少发生额	90 000
期末余额	140 000		

图3-5　T型账户记录

根据图3-5所示的账户记录，可以清楚了解到银行存款账户期初余额为100 000元，本期增加发生额合计130 000元，本期减少发生额合计90 000元，期末余额140 000元。

三、账户的分类

为了核算复杂的经济业务，需要设置一系列的账户。每个账户都有不同的核算内容，其用途和结构也不尽相同，但彼此间却存在着密切的联系，构成一个完整的账户体系。通过了解账户在不同标准下的具体分类，掌握账户的用途、结构及其反映的经济内容，以便能更好地运用账户进行经济业务核算。

（一）账户按其内容分类

账户最本质的特征在于它所能反映的经济内容，账户按经济内容分类是账户分类的基础。由于我国《企业会计准则——应用指南》将会计科目分为资产类科目、负债类科目、所有者权益类科目、共同类科目、成本类科目和损益类科目六大类，因此根据会计科目开设的账户也分为六大类：资产类账户、负债类账户、所有者权益类账户、共同类账户、成本类账户和损益类账户。

1. 资产类账户

根据资产类会计科目开设的账户，这类账户是用来反映当期企业资产的增减变动及其期初期末结存情况。

2. 负债类账户

根据负债类会计科目开设的账户，这类账户是用来反映当期企业债务的增减变动及其期初期末结存情况的账户。

3. 所有者权益类账户

根据所有者权益科目开设的账户，是用来反映企业所有者权益增减变动及其结存情况的账户。

4. 共同类账户

根据共同类会计科目开设的账户，这类账户兼有资产类和负债类账户的特点，其性质视账户的余额而定，在借贷记账法下，余额在借方表示为资产，余额在贷方表示为负债，如“衍生工具”“套期工具”“被套期项目”等账户。

5. 成本类账户

根据成本类会计科目开设的账户，是用来归集在生产产品和提供劳务过程中发生的各项成本费用。该类账户主要用来计算产品和劳务的成本，如“生产成本”“制造费用”“劳务成本”等。成本类账户与资产类账户的关系十分密切，企业各项资源在耗费之前表现为资产，资产一经生产耗用就转化为成本费用。因此，成本类账户的期末余额属于资产。

6. 损益类账户

根据损益类会计科目开设的账户，这类账户与损益的计算直接相关，包括那些用来反映各项收入和各类费用支出的账户。按损益的性质和内容不同，可以分为以下三类：①反映营业损益的账户，如“主营业务收入”“主营业务成本”“其他业务收入”“其他业务成本”“销售费用”等账户。②反映营业外收支的账户，如“营业外收入”“营业外支出”等账户。③反映所得税的账户，如“所得税费用”账户。这类账户的期末必须将相关数据结转到“本年利润”的借方或贷方，因此，期末没有余额。

（二）账户按提供信息的详细程度分类

账户是根据会计科目设置的，会计科目分为总分类科目和明细科目，相应地，账户按所提供信息的详细程度和统驭关系分为总分类账户和明细分类账户。

1. 总分类账户

根据总分类会计科目开设总分类账户，用以提供总括分类的核算指标，总分类账户一般只用货币作为计量单位，如“原材料”总分类账户提供有关材料增减变动及其结存总额等总括资料，但它只能总括地反映材料的总和，不能详细地说明每一种材料的数量及金额的增减变化及其结存情况。

2. 明细分类账户

根据明细分类会计科目开设的账户，明细分类账户除了用货币作为计量单位外，有的还用实物量度（如件、千克、吨等）来满足明细核算的需要。如在“原材料”账户下，按照每一种材料分别设置明细分类账户，详细、具体地反映每种材料的数量及金额的增减变化及其结存情况。

总分类账户和所属的明细分类账户的核算内容是相同的，只是反映经济业务的详细程度不同。总分类账户是所属明细分类账户的总括资料，明细分类账户是总分类账户的具体详细的说明，因此，有时又把总分类账户称为“统驭账户”，而把明细分类账户称为“辅助账户”。

（三）账户按与会计报表的关系分类

账户按与会计报表的关系分类，可以分为资产负债表账户和损益表账户。

1. 资产负债表账户

资产负债表账户是指编制资产负债表所要依据的账户。资产负债表账户包括资产类账户、负债类账户、所有者权益类账户和共同类账户四类，分别与资产负债表中的资产、负债和所有者权益项目相对应。如果“生产成本”账户期末有借方余额，表示在产品的成本，也应列入资产负债表的存货项目。

2. 损益表账户

损益表账户，也称为利润表账户，是指编制利润表所依据的账户。利润表账户包括收入类账户和费用支出类账户两类，这类账户是根据利润表的项目设置的。

研究账户按列入会计报表的分类，目的在于通过这些账户的具体核算，提供编制会计报表所需要的数据资料。

（四）账户按期末余额分类

账户按期末余额分类，分为实账户和虚账户两类。

1. 实账户

实账户，又称为永久性账户，通常是指期末结账后有余额的账户。实账户的期末余额代表着企业的资产、负债和所有者权益。在借贷记账法下，实账户按期末余额的方向，又可以分为借方余额账户和贷方余额账户。借方余额账户是指账户的借方发生额表示增加，贷方发生额表示减少，期末余额一定在借方的账户。资产类账户一般都是借方余额。贷方余额账户是指账户的贷方发生额表示增加，借方发生额表示减少，期末余额一定在贷方的账户。负债类和所有者权益类账户的期末余额一般都在贷方。

2. 虚账户

虚账户，又称为临时性账户，通常是指期末结账后无余额的账户。因为它们只在经营期间存在发生额，而在期末因结转而余额不存在，所以称为临时性账户。虚账户的发生额反映企业的损益情况，通常损益表账户都是虚账户。

第三节 借贷记账法

一、记账方法

（一）记账方法及其种类

记账方法，就是登记交易或事项的方法，即根据一定的记账原则、记账符号、记账规则，采用一定的计量单位，利用文字和数字记录交易或事项的一种专门方法。交易或事项的发生必然会引起会计要素的增减变动，如何将这些交易或事项记录到有关的账户中，在会计的历史发展过程中曾采用过两种典型的记账方法：单式记账法和复式记账法。

（二）单式记账法

单式记账法是指对发生的每一笔交易或事项，只在一个账户中进行登记的记账方法。这种记账方法只对主要方面设置账户进行登记，而对次要方面则不单独设置账户进行登记或只作备查记录。如用银行存款购买固定资产，只在“银行存款”账户中登记银行存款的减少，而对这笔交易或事项引起的固定资产的增加，却不设“固定资产”

账户予以记录。

（三）复式记账法

复式记账法是指对发生的每一笔交易或事项，都要用相等的金额，在两个或两个以上相互联系的账户中进行记录的记账方法。如上述用银行存款购买固定资产业务，在记账时，应以相等的金额，一方面在“银行存款”账户中登记银行存款的减少，另一方面同时在“固定资产”账户中登记固定资产的增加。可见，在复式记账法下，对发生的每一笔交易或事项，通过在相关账户中的双重等额记录，可以清晰地表明交易或事项的来龙去脉，同时也便于运用账户体系的平衡关系进行试算平衡和检查账户记录的正确性。所以，复式记账法作为科学的记账方法，与单式记账法相比较，具有不可比拟的优越性，因此，被世界各国广泛地运用。目前，我国的企业和行政、事业单位所采用的记账方法，都属于复式记账法。

复式记账法根据记账符号、记账规则等的不同，又可分为借贷记账法、增减记账法和收付记账法，等等。其中，借贷记账法是世界各国普遍采用的一种复式记账方法，在我国也是应用最广泛的一种记账方法。我国《企业会计准则》明文规定：“我国境内的所有企业都应该采用借贷记账法记账。”

二、借贷记账法

借贷记账法是以“借”“贷”二字作为记账符号，以“有借必有贷，借贷必相等”为记账规则，在两个或两个以上相互联系的账户中记录会计要素增减变动情况的一种复式记账法。

（一）借贷记账法的理论基础

借贷记账法的对象是会计要素的增减变动过程及其结果。这个过程及结果可用“资产=负债+所有者权益”这一恒等式来表示。这一恒等式揭示了以下三个方面的内容：

第一，会计主体各要素之间的数字平衡关系。有一定数量的资产，就必然有相应数量的负债和所有者权益与之相对应，任何交易或事项所引起的会计要素增减变动，都不会破坏这个等式的平衡关系。如果把等式的“左”“右”两方，用“借”“贷”两方来表示的话，就是说每一次记账的借方和贷方是平衡的；一定时期内账户的借方、贷方的金额是平衡的；所有账户的借方、贷方余额的合计数是平衡的。

第二，各会计要素增减变化的相互联系。从上一章可以看出，任何交易或事项的发生都会引起两个或两个以上相关会计要素项目发生金额的变动，因此，当交易或事项发生后，在一个账户中记录的同时必然要有另一个或一个以上账户的记录与之相对应。

第三，等式有关因素之间是对立统一的。资产在等式的左边，当想移到等式右边时，就要以“-”表示，负债和所有者权益也具有同样的情况。也就是说，当我们用左方（借方）表示资产类项目增加时，就要用右方（贷方）来记录资产类项目减少。与之相反，当我们用右方（贷方）记录负债和所有者权益增加额时，我们就需要通过左方（借方）来记录负债和所有者权益的减少额。

这三个方面的内容贯穿了借贷记账法的始终。会计等式对记账方法的要求决定了借贷记账法的账户结构、记账规则、试算平衡的基本理论，因此说会计恒等式是建立借贷记账法的理论基础。

（二）借贷记账法的记账符号和账户结构

1. 记账符号

“借”和“贷”是借贷记账法的记账符号，也是借贷记账法区别于其他复式记账法的主要标志。对账户来说，它们是账户的两个部位，分别代表左方和右方，即左方为借方，右方为贷方。借贷记账法的记账符号，要同具体的账户结合起来应用，才能真正反映出它们分别代表的不同内容：

（1）代表账户中两个固定的部位：左方为借方，右方为贷方，用以记录账户金额的增减变动。

（2）与不同类型的账户相结合，分别表示增加或减少。借和贷本身不等于增加或减少，只有当其与具体的账户相结合，才可以表示增加或减少。如对于资产类账户，借方表示增加，贷方表示减少；对于负债及所有者权益类账户，贷方表示增加，借方表示减少。

（3）表示余额的方向。一般情况下，资产、负债和所有者权益类账户期末都有余额。其中，资产类账户的余额在借方，负债及所有者权益类账户的余额在贷方。

2. 账户结构

在借贷记账法下，账户按其所反映经济内容的不同，可分为资产类账户、负债类账户、所有者权益类账户、成本类账户和损益类账户五类。账户的记账符号与各类具体的账户相结合，才能真正反映交易或事项的发生所引起的会计要素的增减变动。对于不同类型的账户，由于所反映的经济内容不同就有不同的结构。

（1）资产类账户

资产类账户的结构是：借方记录资产的增加，贷方记录资产的减少，余额一般在借方。资产类账户的发生额和余额之间的数量关系表示为：

资产类账户的期末余额=期初余额+本期借方发生额-本期贷方发生额

资产类账户的“丁”字形结构如图 3-6 所示。

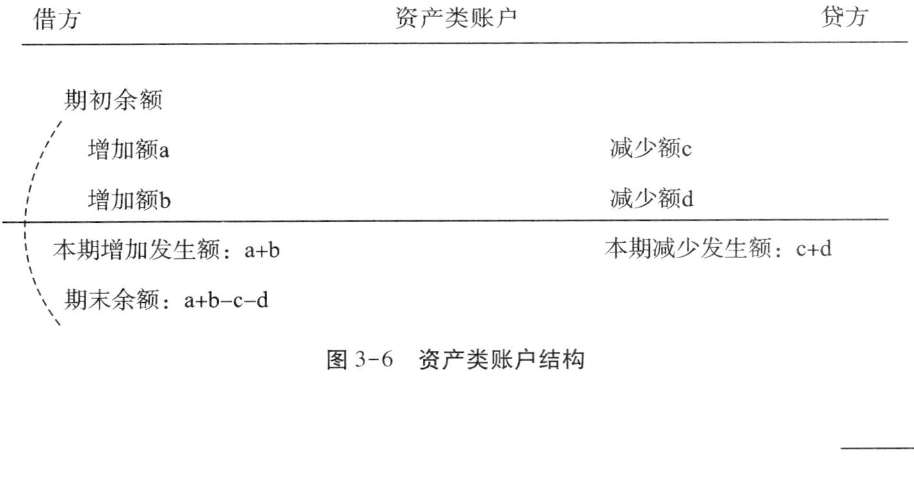

图 3-6　资产类账户结构

（2）负债及所有者权益类账户

由于负债及所有者权益，与资产分别处于会计等式的两边，为了保持会计恒等式的平衡，必须从相反的方向来登记它们的增加和减少。因此，负债及所有者权益类账户的结构是：贷方记录增加，借方记录减少，余额一般在贷方。该类账户的发生额和余额之间的数量关系表示为：

负债及所有者类账户的期末余额=期初余额+本期贷方发生额-本期借方发生额

负债及所有者类账户的“丁”字形结构如图 3-7 所示。

借方	负债及所有者权益账户　　　　贷方
	期初余额
减少额c	增加额a
减少额d	增加额b
本期减少发生额：c+d	本期增加发生额：a+b
	期末余额：a+b–c–d

图 3-7　负债及所有者类账户的结构

（3）费用成本类账户

企业在生产经营过程中会发生各种耗费，产生成本费用。在费用成本抵消收入以前，可以将其看作一项资产，理解为资产耗费的转化形态。如成本类账户中的“生产成本”账户是用来归集在生产过程中为生产某种产品所发生的所有耗费，但在尚未完工结转入库前，其反映的是企业在产品这项资产的金额。同时费用成本与资产同处于等式的左方，因此其结构与资产类账户的结构基本相同，借方记录增加，贷方记录减少，只是由于借方记录的费用成本的增加额在期末一般都要通过贷方转出，所以该类账户通常没有期末余额。如果因某种情况有余额，也表现为借方余额。如“生产成本”账户，如有余额，余额在借方，表示期末在产品的生产成本。费用成本类账户的“丁”字形结构如图 3-8 所示。

借方　　　　成本费用类账户	贷方
增加额a	减少额c
增加额b	转出额a+b–c
本期增加发生额：a+b	本期减少发生额：a+b

图 3-8　费用成本类账户的结构

（4）收入类账户

由于收入的增加必然引起所有者权益的增加，因此，收入类账户的结构与负债及所有者权益的结构一致，贷方记录收入的增加，借方记录收入的减少，由于贷方记录的收入增加额在期末一般都要通过借方转出，所以该类账户通常也没有期末余额。收入类账户的“丁”字形结构如图 3-9 所示。

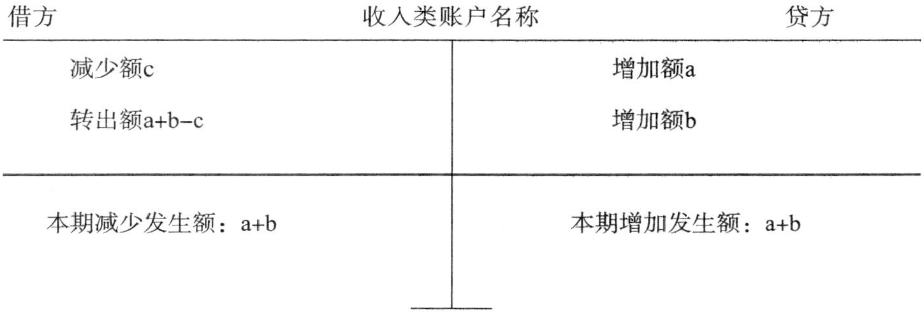

图 3-9　收入类账户的结构

综上所述可以看出，“借”“贷”二字作为记账符号所表示的经济含义是不一样的。各类账户的结构如表 3-4 所示。

表 3-4　借贷记账法下各类账户的结构

借　方	贷　方
资产增加	资产减少
负债及所有者权益减少	负债及所有者权益增加
费用成本增加	费用成本转出或减少
收入转出或减少	收入增加

（三）借贷记账法的记账规则

记账规则是进行会计记录和检查账簿登记是否正确的依据和规律。不同的记账方法，具有不同的记账规则。借贷记账法的记账规则可以概括为：“有借必有贷，借贷必相等”。

根据复式记账原理和借贷记账法的理论基础，在借贷记账法下，对发生的任何一笔交易或事项，都应以相等的金额，在两个或两个以上相互联系的账户中进行记录。所记入的账户可以是会计等式同一方向的，也可以是不同方向的，但每一笔交易或事项发生后，必须至少记入一个账户的借方和另一个账户的贷方，即“一借一贷”；如果交易或事项的发生同时涉及三个以上账户的，则需要至少记入一个账户的借方和多个账户的贷方，即“一借多贷”；或者至少记入一个账户的贷方和多个账户的借方，即“多借一贷”；还可以是记入多个账户的借方和多个账户的贷方，即“多借多贷”。亦即“有借必有贷”。但不管怎样登记，记入账户借方的总金额与记入账户贷方的总金额必须相等，即“借贷必相等”。

三、借贷记账法的运用

（一）运用方法

在实际运用借贷记账法的记账规则登记交易或事项时，一般要按三个步骤进行：

首先，根据发生的交易或事项，确定所涉及的会计要素项目及应设置的会计科目和账户，并判断会计要素项目是增加还是减少。

其次，确定所涉及账户的性质，是资产、负债还是所有者权益，是收入还是费用，哪些要素增加，哪些要素减少。

最后，根据账户的结构，确定应计入各账户的方向，是借方还是贷方以及应计各账户的金额。凡涉及资产、费用成本的增加，负债、所有者权益的减少及收入的减少或转出，都应记入各对应账户的借方；凡是涉及资产、费用成本的减少，负债、所有者权益的增加及收入的增加，都应记入各对应账户的贷方。现举例说明借贷记账法记账规则的运用。

[例 3-1] 讯达公司 2009 年 12 月 31 日的资产、负债及所有者权益各账户的余额如表 3-5 所示（金额单位：元）。

表 3-5　　讯达公司资产、负债及所有者权益各账户余额

资产类账户	金　额	负债及所有者权益类账户	金　额
库存现金	1 000	短期借款	150 000
银行存款	49 000	应付账款	100 000
应收账款	80 000	应付职工薪酬	30 000
原材料	220 000	应付利润	40 000
固定资产	230 000	实收资本	180 000
		资本公积	80 000
总计	580 000	总计	580 000

从表 3-5 中，可以看到：

该公司 2009 年 12 月 31 日资产 580 000=负债 320 000+所有者权益 260 000。

讯达公司 2010 年 1 月份，发生以下交易或事项：

（1）3 日，投资者继续投入货币资金 200 000 元，手续已办妥，款项已转入本公司的存款账户。

这项交易或事项的发生说明，讯达公司在拥有 260 000 元资本金的前提下，继续扩大规模，投入货币资金 200 000 元。这样对于讯达公司来讲，一方面使公司的“银行存款”增加 200 000 元，“银行存款”属于资产类账户，资产的增加，记入对应“银行存款”账户的借方；另一方面使公司的“实收资本”增加 200 000 元，“实收资本”属于所有者权益账户，所有者权益的增加，记入对应“实收资本”账户的贷方。该笔交易或事项的发生引起会计等式两边资产项目和所有者权益项目同时等额增加。其登记如图 3-10 所示。

借	银行存款 贷	借	实收资本 贷
（1）200 000元			（1）200 000元

图 3-10 讯达公司交易或事项登记

（2）5 日，向新乐公司购买原材料，但由于资金周转紧张，料款 70 000 元尚未支付。

这项交易或事项的发生，一方面使公司的“原材料”增加 70 000 元，“原材料”属于资产类账户，资产的增加，记入对应“原材料”账户的借方；另一方面使公司的“应付账款”增加 70 000 元，“应付账款”属于负债类账户，负债的增加，记入对应账户“应付账款”的贷方。该笔交易或事项的发生引起会计等式两边资产项目与负债项目同时等额增加。其登记如图 3-11 所示。

借	原材料 贷	借	应付账款 贷
（2）70 000元			（2）70 000元

图 3-11 讯达公司交易或事项登记

（3）6 日，归还将于本月到期的银行短期借款 80 000 元。

这项交易或事项的发生，一方面使公司的“银行存款”减少 80 000 元，“银行存款”属于资产类账户，资产的减少，记入对应“银行存款”账户的贷方；另一方面使公司的“短期借款”减少 80 000 元，“短期借款”属于负债类账户，负债的减少，记入对应账户“短期借款”的借方。该笔交易或事项的发生引起会计等式两边资产项目与负债项目同时等额减少。其登记如图 3-12 所示。

借	短期借款 贷	借	银行存款 贷
（3）80 000元			（3）80 000元

图 3-12 讯达公司交易或事项登记

（4）10 日，上级主管部门按法定程序将一台价值 100 000 元的设备调出，以抽回国家对该公司的投资。

这项交易或事项的发生，一方面使公司的“固定资产”减少 100 000 元，“固定资产”属于资产类账户，资产的减少，记入对应“固定资产”账户的贷方；另一方面使国家对讯达公司的投资减少，即公司的“实收资本”减少 100 000 元，实收资本属于所有者权益账户，所有者权益的减少，记入对应“实收资本”账户的借方。该笔交易或事项的发生引起会计等式两边资产项目与所有者权益项目同时等额减少。其登记如图 3-13 所示。

借　　实收资本　　贷

（4）100 000元	

借　　固定资产　　贷

	（4）100 000元

图 3-13　讯达公司交易或事项登记

（5）13 日，开出转账支票 40 000 元，购买 1 台电子仪器。

这项交易或事项的发生，一方面使公司的“固定资产”增加 40 000 元，“固定资产”属于资产类账户，资产的增加，记入对应“固定资产”账户的借方；另一方面使公司的“银行存款”减少 40 000 元，“银行存款”属于资产类账户，资产的减少，记入对应“银行存款”账户的贷方。该笔交易或事项的发生引起会计等式左边资产内部项目的一增一减。其登记如图 3-14 所示。

借　　固定资产　　贷

（5）40 000元	

借　　银行存款　　贷

	（5）40 000元

图 3-14　讯达公司交易或事项登记

（6）24 日，开出一张面值为 50 000 元的商业汇票，以抵偿原欠新乐公司的购料款。

这项交易或事项的发生，一方面使公司的“应付票据”增加 50 000 元，另一方面使公司的“应付账款”减少 50 000 元。“应付票据”和“应付账款”都属于负债类账户，负债的增加，记入对应“应付票据”账户的贷方，负债的减少，记入对应“应付账款”账户的借方。该笔交易或事项的发生引起会计等式右边负债内部项目的一增一减。其登记如图 3-15 所示。

借　　应付账款　　贷

（6）50 000元	

借　　应付票据　　贷

	（6）50 000元

图 3-15　讯达公司交易或事项登记

（7）27 日，公司按法定程序将资本公积 60 000 元转增资本金。

这项交易或事项的发生，一方面使公司的“实收资本”增加 60 000 元，另一方面使公司的“资本公积”减少 60 000 元。资本公积和实收资本都属于所有者权益类账户，所有者权益的增加，记入对应“实收资本”账户的贷方，所有者权益的减少，记入对应“资本公积”账户的借方。该笔交易或事项的发生引起会计等式右边所有者权益内部项目的一增一减。其登记如图 3-16 所示。

借　　资本公积　　贷

借方	贷方
（7）60 000元	

借　　实收资本　　贷

借方	贷方
	（7）60 000元

图 3-16　讯达公司交易或事项登记

（8）29 日，讯达公司按法定程序将应支付给投资者的利润 20 000 元转增资本金。

这项交易或事项的发生，一方面使公司“实收资本”增加 20 000 元，另一方面使公司的“应付利润”减少 20 000 元。实收资本属于所有者权益类账户，应付利润属于负债类账户。实收资本的增加，记入对应“实收资本”账户的贷方，应付利润的减少，记入对应“应付利润”账户的借方。该笔交易或事项的发生引起会计等式右边的所有者权益项目增加和负债项目同时等额减少。其登记如图 3-17 所示。

借　　应付利润　　贷

借方	贷方
（8）20 000元	

借　　实收资本　　贷

借方	贷方
	（8）20 000元

图 3-17　讯达公司交易或事项登记

（9）30 日，讯达公司承诺代红中公司偿还红中公司前欠乐凯公司的货款 90 000 元，但款项尚未支付。与此同时，办妥相关手续，冲减红中公司在讯达公司的投资。

这项交易或事项的发生，一方面使讯达公司的“应付账款”增加 90 000 元，另一方面由于代甲公司支付此项欠款的同时减少甲公司在本公司的投资，使本公司的“实收资本”减少 90 000 元。实收资本属于所有者权益类账户，应付账款属于负债类账户。应付账款的增加，记入对应“应付账款”账户的贷方，实收资本的减少，记入对应“实收资本”账户的借方。该笔交易或事项的发生引起会计等式右边负债项目增加和所有者权益项目同时等额减少。其登记如图 3-18 所示。

借	实收资本	贷
（9）90 000元		

借	应付账款	贷
		（9）90 000元

图3-18　讯达公司交易或事项登记

从以上案例可以看出，在借贷记账法下，对发生的每一笔交易或事项，都应以相等的金额，按借贷相反的方向同时记入有关账户的借方和相应账户的贷方，且记入借贷双方的总金额始终相等。即在借贷记账法下，对发生的任何交易或事项的登记均应满足“有借必有贷，借贷必相等”的记账规则。

（二）借贷记账法下的会计分录

1. 账户的对应关系和对应账户

从以上案例可以看出，在运用借贷记账法对交易或事项进行会计核算时，在有关账户之间存在着应借、应贷的相互依存关系，账户之间的这种相互关系称为账户的对应关系。存在对应关系的账户互称为对应账户。如用现金500元购买原材料，该笔交易的发生，导致原材料的增加和库存现金的减少，“原材料”账户与“库存现金”账户均属于资产类账户，原材料的增加记入“原材料”账户的借方，库存现金的减少记入“库存现金”账户的贷方。这样“原材料”账户与“库存现金”账户就形成了一种对应关系，两个账户也就成了对应账户。通过账户的对应关系可以了解交易或事项的内容，检查交易或事项的处理是否合理合法。

2. 会计分录

在明确了借贷记账法的记账规则以后，就可以运用记账规则，对发生的交易或事项编制会计分录。会计分录简称为分录，是指按照借贷记账法记账规则的要求，对每一笔交易或事项用来标明应借、应贷账户的名称、方向和金额的记录。即会计分录应具备三要素：账户名称、记账方向和记账金额。

会计分录有简单会计分录与复合会计分录两种。只涉及两个账户的会计分录就是简单会计分录，即“一借一贷”分录。以上列举的几笔交易或事项的会计分录都是简单会计分录。将以上列举的几笔交易或事项用会计分录表示为：

（1）借：银行存款　200 000
　　贷：实收资本　200 000

（2）借：原材料　70 000
　　贷：应付账款　70 000

（3）借：短期借款　80 000
　　贷：银行存款　80 000

（4）借：实收资本　100 000
　　贷：固定资产　100 000

（5）借：固定资产　40 000

贷：银行存款 40 000

（6）借：应付账款 50 000

贷：应付票据 50 000

（7）借：资本公积 60 000

贷：实收资本 60 000

（8）借：应付利润 20 000

贷：实收资本 20 000

（9）借：实收资本 90 000

贷：应付账款 90 000

凡涉及两个以上账户的会计分录就是复合会计分录。包括“一借多贷”分录、“多借一贷”分录和“多借多贷”分录。对复合分录举例如下：

[例3-2] 某公司购买原材料一批，价值98 000元，其中用银行存款支付48 000元，其余款项尚未支付。

该项交易或事项涉及资产类账户：“原材料”账户、“银行存款”账户和负债类账户中的“应付账款”账户。该项交易或事项的发生，引起原材料增加98 000元，记入“原材料”账户的借方，引起银行存款减少48 000元，记入“银行存款”账户的贷方，以及引起应付账款增加50 000元，记入“应付账款”账户的贷方。编制复合会计分录如下：

借：原材料 98 000

贷：银行存款 48 000

应付账款 50 000

[例3-3] 某公司购买一批原材料支付60 000元，购买一项专利支付30 000元，均以银行存款支付。

该项交易或事项涉及“原材料”“无形资产”和“银行存款”三个资产类账户。该项交易或事项的发生，引起原材料增加60 000元、无形资产增加30 000元，分别记入“原材料”账户的借方和“无形资产”账户的借方，引起银行存款减少90 000元，记入“银行存款”账户的贷方。编制复合会计分录如下：

借：原材料 60 000

无形资产 30 000

贷：银行存款 90 000

从上述会计分录可知，在编制会计分录时，应注意以下几个问题：

（1）会计分录应该是借上贷下，借左贷右。即借方账户在上行，贷方账户在下行；贷方账户的记账符号、名称和金额都要比借方账户退后一格或两格，复合会计分录中的借方或贷方的账户名称和金额要分别对齐。

（2）为了反映资金运动的来龙去脉，保持账户之间的对应关系，《会计学基础》中尽量避免使用多个借方账户和多个贷方账户，即编制多借多贷复合会计分录。同时，在实际工作中，不允许将多项不同的交易或事项合并在一起编制一张复合会计分录，但若是一项交易或事项是可以编制复合会计分录的。

（3）初学者在编制会计分录时，最好按照以下步骤进行：

第一，分析交易或事项的内容，确定所涉及账户的名称及其性质；

第二，判断所涉及的账户是增加还是减少，进而确定记入账户的方向和金额；

第三，根据借贷记账法的记账规则和编制会计分录的格式，编制会计分录。

（三）过账

各项交易或事项编制会计分录以后，应根据会计分录记入有关总账和明细账，这个记账的过程通常称为“过账”或“登账”。过账以后，一般要在月末进行结账，即结算出各账户的本期发生额合计和期末余额。过账的一般步骤如下：

（1）开设T型账户，并登记期初余额。

（2）根据会计分录中所确定的账户名称、方向和金额，逐笔逐日记入有关账户的借方和贷方。

（3）期末，计算并登记各账户的本期借、贷方发生额和期末余额。

现将［例3-1］中，讯达公司2010年1月发生的交易或事项的会计分录记入如图3-19所示的各账户中。

库存现金

借	贷
期初余额1 000元	
本期发生额 — 期末余额1 000元	本期发生额 —

应付职工薪酬

借	贷
	期初余额30 000元
本期发生额 —	本期发生额 — 期末余额30 000元

银行存款

借	贷
期初余额 49 000元	
（1）200 000元	（3）80 000元 （5）40 000元
本期发生额200 000元 期末余额 129 000元	本期发生额120 000元

应付账款

借	贷
	期初余额100 000元
（6）50 000元	（2）70 000元 （9）90 000元
本期发生额50 000元	本期发生额160 000元 期末余额210 000元

原材料

借	贷
期初余额 220 000元	
（2）70 000元	
本期发生额70 000元 期末余额 290 000元	本期发生额 —

短期借款

借	贷
	期初余额150 000元
（3）80 000元	
本期发生额80 000元	本期发生额 — 期末余额70 000元

借	固定资产　　贷
期初余额230 000元	
（5）40 000元	（4）100 000元
本期发生额40 000元	本期发生额100 000元
期末余额170 000元	

借	应付票据　　贷
	期初余额 0元
	（6）50 000元
本期发生额—	本期发生额50 000元
	期末余额50 000元

借	应付利润　　贷
	期初余额40 000元
（8）20 000元	
本期发生额20 000元	本期发生额—
	期末余额20 000元

借	资本公积　　贷
	期初余额80 000元
（7）60 000元	
本期发生额60 000元	本期发生额 —
	期末余额20 000元

借	应收账款　　贷
期初余额80 000元	
本期发生额—	本期发生额—
期末余额80 000元	

借	实收资本　　贷
	期初余额180 000元
（4）100 000元	（1）200 000元
（9）90 000元	（7）60 000元
	（8）20 000元
本期发生额190 000元	本期发生额280 000元
	期末余额270 000元

图 3-19　讯达公司 2010 年 1 月会计分录账户

四、借贷记账法的试算平衡

企业对日常发生的交易或事项都要记入有关账户，内容庞杂，次数繁多，记账稍有疏忽，便有可能发生差错。因此，对全部账户的记录必须定期进行试算，借以验证账户记录是否正确。根据会计等式“资产=负债+所有者权益”以及借贷记账法的记账规则，通过汇总、检查和验算确定所有账户记录正确性和完整性的过程就称为试算平衡。试算平衡包括发生额试算平衡和余额试算平衡。

（一）发生额试算平衡

发生额试算平衡包括两方面的内容：一是每笔会计分录的发生额平衡，即每笔会计分录的借方发生额必须等于贷方发生额，这是由借贷记账法的记账规则决定的；二是本期发生额的平衡，即本期所有账户的借方发生额合计必须等于所有账户的贷方发生额合计。因为本期所有账户的借方发生额合计，相当于把复式记账的借方发生额相加；所有账户的贷方发生额合计，相当于把复式记账的贷方发生额相加，二者必然相等。这种平衡关系用公式表示为：

$$\begin{cases}\text{第一笔会计分录的借方发生额} \\ \vdots \\ \text{第 n 笔会计分录的借方发生额}\end{cases} = \begin{cases}\text{第一笔会计分录的贷方发生额} \\ \vdots \\ \text{第 n 笔会计分录的贷方发生额}\end{cases}$$

$\sum$所有会计分录的借方发生额 = $\sum$所有会计分录的贷方发生额

本期全部账户的借方发生额合计数=本期全部账户的贷方发生额合计数

发生额试算平衡是根据上面两种发生额平衡关系，来检验本期发生额记录是否正确的方法。在实际工作中，发生额试算平衡是通过编制“总分类账户本期发生额试算平衡表”来进行的。仍以上述讯达公司 2010 年 1 月发生的交易或事项为例，将其编制的“总分类账户本期发生额试算平衡表”列示如表 3-6 所示。

表 3-6 **总分类账户本期发生额试算平衡表** 单位：元

会计科目	本期发生额	
	借 方	贷 方
库存现金		
银行存款	200 000	120 000
应收账款		
原材料	70 000	
固定资产	40 000	100 000
短期借款	80 000	
应付票据		50 000
应付账款	50 000	160 000
应付职工薪酬		
应付利润	20 000	
实收资本	190 000	280 000
资本公积	60 000	
合计	710 000	710 000

（二）余额试算平衡

余额试算平衡是指所有账户的借方余额之和与所有账户的贷方余额之和相等。余额试算平衡是用来检验本期账户记录是否正确的方法。这是由“资产=负债+所有者权益”的恒等关系决定的。在某一时点上，有借方余额的账户应是资产类账户，有贷方余额的账户应是权益类账户，分别合计其金额，即是具有相等关系的资产与权益总额。根据余额的时间不同，可分为期初余额平衡和期末余额平衡。本期的期末余额平衡，结转到下一期，就成为下一期的期初余额平衡。这种关系可用下列公式表示：

全部资产账户期末借方余额=全部负债账户期末贷方余额+全部所有者权益账户期末贷方余额

即：全部账户期末借方余额合计数=全部账户期末贷方余额合计数

在实际工作中，余额试算平衡是通过编制“总分类账户余额试算平衡表”来进行的。讯达公司2010年1月末编制的“总分类账户余额试算平衡表”，如表3-7所示。

表3-7 **总分类账户余额试算平衡表** 单位：元

账户名称	借方余额	贷方余额
库存现金	1 000	
银行存款	129 000	
应收账款	80 000	
原材料	290 000	
固定资产	170 000	
短期借款		70 000
应付票据		50 000
应付账款		210 000
应付职工薪酬		30 000
应付利润		20 000
实收资本		270 000
资本公积		20 000
合计	670 000	670 000

在实际工作中，也可将“总分类账户本期发生额试算平衡表”和“总分类账户余额试算平衡表”合并编制一张试算平衡表。讯达公司2010年1月末编制的“总分类账户本期发生额及余额试算平衡表”，如表3-8所示。

表3-8 **总分类账户本期发生额及余额试算平衡表** 单位：元

账户名称	期初余额		本期发生额		期末余额	
	借方	贷方	借方	贷方	借方	贷方
库存现金	1 000				1 000	
银行存款	49 000		200 000	120 000	129 000	
应收账款	80 000				80 000	
原材料	220 000		70 000		290 000	
固定资产	230 000		40 000	100 000	170 000	
短期借款		150 000	80 000			70 000
应付票据				50 000		50 000
应付账款		100 000	50 000	160 000		210 000
应付职工薪酬		30 000				30 000
应付利润		40 000	20 000			20 000
实收资本		180 000	190 000		280 000	270 000
资本公积		80 000	60 000			20 000
合计	580 000	580 000	710 000	710 000	670 000	670 000

应该看到，试算平衡表只是通过借贷金额是否平衡来检查账户记录是否正确，而有些错误对于借贷双方的平衡并不会产生影响。因此，在编制试算平衡表时应注意以下问题：

（1）必须保证所有账户的余额均已记入试算平衡表。因为会计等式是对六项会计要素整体而言的，缺少任何一个账户的余额，都会造成期初或期末借方与贷方余额合计不相等。

（2）如果借贷不平衡，可以肯定账户记录有错误，应认真查找，直到实现平衡为止。

（3）如果借贷平衡，并不能说明账户记录绝对正确，因为有些错误对借贷双方的平衡并不会产生影响。例如：

①漏记某项交易或事项，将使本期借贷双方的发生额等额减少，借贷仍然平衡。

②重记某项交易或事项，将使本期借贷双方的发生额等额增加，借贷仍然平衡。

③某项交易或事项记错有关账户，借贷仍然平衡。如应记入“库存现金”账户的，却误记入“银行存款”账户中。

④某项交易或事项颠倒了记账方向，借贷仍然平衡。如从银行提取现金，应记入“库存现金”账户的借方和“银行存款”账户的贷方，但记账时却误记为“库存现金”账户的贷方和“银行存款”账户的借方。

⑤借方或贷方发生额中，偶然一多一少并相互抵销，借贷仍然平衡。如企业购入材料 10 000 元，用银行存款支付 4 000 元，其余 6 000 元暂欠。这笔经济业务发生后，应计入“原材料”账户的借方 10 000 元，“银行存款”账户的贷方 4 000 元和“应付账款”账户的贷方 6 000 元；但记账时却记入“银行存款”账户的贷方 6 000 元和“应付账款”账户的贷方 4 000 元。“银行存款”账户贷方多记的金额刚好和“应付账款”账户贷方少记的金额相互抵销。

因此，在编制试算平衡表之前，应仔细核对有关账户记录，以消除上述错误。一般来说，除上述几种情况以外，如果实现了发生额和余额的平衡关系，说明账户记录正确。

本章小结

会计科目是对会计对象具体内容进行分类核算的项目，是复式记账中编制会计凭证和设置账簿的基础。企业应根据自身交易或事项的内容和特点以及经营管理的要求设置会计科目。设置会计科目既要坚持统一性和灵活性相结合，又要做到简明扼要、通俗易懂，且保持相对稳定。

会计账户是指根据会计科目设置的，具有一定格式和结构，用来分类、连续地记录交易或事项，反映会计要素增减变动及其结果的一种核算工具。会计科目与账户是两个既相互区别，又相互联系的不同概念。会计科目和会计账户所反映的经济内容相同，会计科目是会计账户的名称，也是设置会计账户的依据，会计账户是会计科目的具体运用。没有会计科目，账户就失去了设置的依据；没有账户，就无法发挥会计科目的作用。但会计科目只有名称，没有结构；账户既有名称，又有结构。

借贷记账法是以“借”“贷”为记账符号，按照“有借必有贷，借贷必相等”的记账规则，对每笔经济业务都要在两个或两个以上相互关联的账户中进行登记的一种复式记账法。借贷记账法是应用最为广泛的一种复式记账法。在借贷记账法下，账户的性质不同，其结构也不相同。任何一笔经济业务所涉及的两个或两个以上账户之间必然存在着某种相互依存的关系，这种关系称为账户的对应关系。存在着对应关系的账户称为对应账户。账户的对应关系是通过编制会计分录来完成的。会计分录由会计科目、记账符号（方向）和记账金额三个要素构成。会计分录分为简单会计分录和复合会计分录。在实际工作中，编制会计分录的工作是通过编制记账凭证来完成的。为了检查账户记录的正确性和完整性还必须进行试算平衡。试算平衡包括发生额试算平衡和余额试算平衡。在实际工作中，试算平衡是通过编制“总分类账户本期发生额及余额试算平衡表”完成的。

思考题

1. 什么是会计科目？设置会计科目的原则有哪些？
2. 会计科目按其所反映的经济内容分类可分为哪几类？
3. 什么是会计账户？会计科目与账户有何区别和联系？
4. 什么是借贷记账法？
5. 简述借贷记账法的记账符号、记账规则、账户结构和试算平衡。
6. 在借贷记账法下，编制会计分录时，应注意哪些问题？
7. 在借贷记账法下，编制试算平衡表时，应注意哪些问题？
8. 什么是过账？过账的一般步骤如何？

第四章　会计凭证

学习目标

1. 了解会计凭证的概念、意义；
2. 掌握会计的凭证的种类；
3. 了解原始凭证的概念；
4. 掌握原始凭证按不同的标准所进行的种类划分；
5. 掌握原始凭证的基本内容；
6. 掌握原始凭证的填制要求；
7. 掌握原始凭证的审核内容及其结果的处理；
8. 了解记账凭证的概念；
9. 掌握记账凭证按不同的标准所进行的种类划分；
10. 掌握记账凭证的基本内容；
11. 掌握记账凭证的编制要求；
12. 掌握记账凭证的审核内容及其结果的处理；
13. 了解会计凭证的传递和保管。

案例：

嘉禾股份公司所属的大明公司 2013 年 9 月 1 日有关账户（全部且为正常方向）余额如下：

库存现金：2 000 元
银行存款：52 600 元
原材料：158 000 元
库存商品：?
应收账款：12 000 元
固定资产：275 000 元
其他应收款：3 000 元
短期借款：80 000 元
应付账款：24 000 元
资本公积：?
盈余公积：46 000 元
实收资本：?

大明公司9月份发生的全部经济业务如下：

1. 1日，从银行取得期限为6个月的借款100 000元，存入银行。

2. 5日，用银行存款25 000元购入一台全新设备，直接交付使用。

3. 7日，公司的公出人员出差预借差旅费1 000元，付给现金。

4. 24日，经公司的董事会批准将资本公积金转增资本100 000元。

5. 25日，收回某单位所欠本公司的货款10 000元存入银行。

6. 27日，用银行存款50 000元偿还到期的银行临时借款。

7. 29日，购入一批原材料价款为22 000元（不考虑增值税），其中20 000元开出支票付款，余款用现金支付。

8. 30日，接受某投资人的投资600 000元，其中一台全新设备150 000元投入使用，一项专利权作价380 000元，剩余部分通过银行划转。

9. 30日，开出现金支票从银行提取现金5 000元备用。

大明公司的会计对本月发生的经济业务进行了相关的处理，并编制了月末的总分类账户试算平衡表，但由于时间仓促，加之会计对制造业企业有关经济业务的处理不是很熟练，因而发生了某些账务处理的错误，并编制了一张不平衡的试算平衡表，如表4-1所示。

表4-1　**总分类账户本期发生额及余额表**　单位：元

会计科目	期初余额		本期发生额		期末余额	
	借方	贷方	借方	贷方	借方	贷方
库存现金	2 000		5 000	1 000	6 000	
银行存款	52 600		180 000	77 000	155 600	
原材料	158 000		2 000		160 000	
库存商品						
应收账款	12 000		10 000		22 000	
固定资产	275 000		245 000		520 000	
无形资产			380 000		380 000	
其他应收款	3 000		1 000		4 000	
短期借款		80 000	50 000	100 000		130 000
应付账款		24 000		25 000		49 000
资本公积			100 000			
盈余公积		46 000				46 000
实收资本				700 000		700 000
合计	502 600	150 000	973 000	903 000	1 247 600	925 000

面对不平衡的试算表，会计对其核算过程进行了全面检查，针对其错误和其他资料一并提供了以下信息：本公司月初的净资产为446 000元；有关错误包括余额的计算和账务处理的错误。其中本月业务在处理过程中共发生四处错误，涉及“库存现金”“银行存款”“原材料”“应收账款”“固定资产”和“应付账款”账户。由于账务处理的错误影响到账户记录的错误，进而造成上述的试算表不平衡。

案例要求：

1. 编制本月的会计分录，注明每笔业务应编制的记账凭证。
2. 计算“库存商品”“资本公积”和“实收资本”账户的月初余额。
3. 指出其错误所在并编制正确的试算平衡表。

案例提示：

首先编制本月业务的会计分录，同时标明每笔业务涉及的记账凭证：

1. 借：银行存款　　100 000
　　贷：短期借款　　100 000（编制银行存款收款凭证）
2. 借：固定资产　　25 000
　　贷：银行存款　　25 000（编制银行存款付款凭证）
3. 借：其他应收款　　1 000
　　贷：库存现金　　1 000（编制库存现金付款凭证）
4. 借：资本公积　　100 000
　　贷：实收资本　　100 000（编制转账凭证）
5. 借：银行存款　　10 000
　　贷：应收账款　　10 000（编制银行存款收款凭证）
6. 借：短期借款　　50 000
　　贷：银行存款　　50 000（编制银行存款付款凭证）
7. 借：原材料　　22 000
　　贷：银行存款　　20 000（编制银行存款付款凭证）
　　　　库存现金　　2 000（编制库存现金付款凭证）
8. 借：固定资产　　150 000
　　　　无形资产　　380 000　　（编制转账凭证）
　　　　银行存款　　70 000　　（编制银行存款收款凭证）
　　贷：实收资本　　600 000
9. 借：库存现金　　5 000
　　贷：银行存款　　5 000（编制银行存款付款凭证）

其次，根据给定的月初资料，结合本月的业务处理可知，“资本公积”账户的本月记录没有错误，其本期借方发生额为100 000元，而本期期末余额为0元，则“资本公积”期初余额为100 000元。而已知月初净资产为446 000元，所以“实收资本”和“资本公积”两个账户的月初余额之和为400 000（446 000−46 000）元，而“资本公积”账户的期初余额为100 000元，据此可以计算出“实收资本”账户的月初余额为300 000（400 000−100 000）元。根据“资产总额=负债总额+所有者权益总额”的会计等式，就可以计算出“库存商品”账户的月初余额为47 400（446 000+80 000+24 000−502 600）元。

编制正确的试算平衡表如表4-2所示。

表 4-2　　总分类账户本期发生额及余额表　　单位：元

会计科目	期初余额		本期发生额		期末余额	
	借方	贷方	借方	贷方	借方	贷方
库存现金	2 000		5 000	3 000	4 000	
银行存款	52 600		180 000	100 000	132 600	
原材料	158 000		22 000		180 000	
库存商品	47 400				47 400	
应收账款	12 000			10 000	2 000	
固定资产	275 000		175 000		450 000	
无形资产			380 000		380 000	
其他应收款	3 000		1 000		4 000	
短期借款		80 000	50 000	100 000		130 000
应付账款		24 000				24 000
资本公积		100 000	100 000			
盈余公积		46 000				46 000
实收资本		300 000		700 000		1 000 000
合计	550 000	550 000	913 000	913 000	1 200 000	1 200 000

说明：该公司会计编制的试算平衡表之所以不平衡，其原因有两个方面：一是在"库存商品""资本公积"和"实收资本"账户的月初余额没有计算出来的情况下，编制试算表自然不平衡；二是根据本月有关业务记录进行账务处理乃至编制试算平衡表时发生错误，导致在试算表中将某些账户的发生额和余额确定错误，即①将"库存现金"账户贷方发生额的 2 000 元误记入"银行存款"账户；②将"银行存款"账户贷方发生额的 25 000 元误记入"应付账款"账户；③将"应收账款"账户贷方发生额的 10 000 元误计入其借方；④将"原材料"账户的借方发生额中的 20 000 元误记入"固定资产"账户。

会计凭证是会计核算的重要依据；填制和审核会计凭证是会计核算的一种专门方法，也是会计工作的起点和基础。本章主要介绍会计凭证的意义和种类，原始凭证、记账凭证的填制和审核以及会计凭证的传递和保管等内容。

第一节　会计凭证的意义和种类

一、会计凭证及意义

（一）会计凭证的含义

会计凭证简称凭证，是在会计工作中用来记录经济业务、明确经济责任，并据以登记账簿的依据，且具有一定法律效力的书面证明。

任何单位办理一切经济业务，都要经办人员或有关部门填制或取得能证明经济业务内容、数量、金额的凭证。正确地填制和审核会计凭证，是会计核算的基本方法之一，是进行会计核算工作的起点和基本环节，也是对经济业务进行日常监督的重要环节。

会计管理工作要求会计核算提供真实的会计资料，强调记录的经济业务必须有根有据。因此，任何企业、事业和行政单位，每发生一笔经济业务，都必须由执行或完成该项经济业务的有关人员取得或填制会计凭证，并在凭证上签名或盖章，以对凭证上所记载的内容负责。例如，购买商品、材料由供货方开出发票；支出款项由收款方开出收据；接收商品、材料入库要有收货单；发出商品要有发货单；发出材料要有领料单等。这些发票、收据、发货单、领料单都是会计凭证。任何会计凭证都必须经过有关人员的严格审核，确认无误后，才能作为记账的依据。

（二）会计凭证的意义

填制和审核会计凭证是会计核算方法之一，是会计核算的初始阶段和基本环节，是一项重要的基础性会计工作。做好这一工作对于实现会计的职能，保证会计资料的真实性、客观性、正确性，提高会计核算的质量，加强财产物资的管理等，都具有十分重要的意义。主要体现在以下三个方面：

1. 记录经济业务，提供记账依据

企业发生的每一笔经济业务，按规定都应由经办单位和个人，将经济业务发生的内容、时间、地点和条件等，填写在会计凭证上，如实反映经济业务。如产品销售，经办单位和个人将产品销售的名称、数量、单价、金额、销售日期、凭证号数、经手人签字、销售单位公章和购货单位名称等都填写在发货票上，以便如实反映销售业务情况。会计凭证上记载了经济业务发生的时间和内容，从而为会计核算提供了原始凭据，保证了会计核算的客观性与真实性，克服了主观随意性，使会计信息的质量得到了可靠保障。

2. 明确经济责任，强化内部控制

经济业务发生后，经办单位和个人都要填写会计凭证，由经办人员和有关人员签名或盖章，从而明确了有关部门和人员的责任，这必然增强经办人员以及其他有关人员的责任感，促使其严格按照有关法律法规和制度的规定办事，在其职权范围内各负其责，相互控制，同时也有利于今后发现问题时查明责任归属。而且通过会计凭证审核还可以及时发现经营管理上的薄弱环节，总结经验教训，以便采取措施，改进工作。

3. 监督经济活动，控制经济运行

经济业务发生时，会计主管人员或其他会计人员根据会计凭证的记录对经济业务进行会计监督，检查经济业务是否符合有关国家的方针、政策、法律和制度，防止不合理、不合法的经济业务发生。通过对会计凭证的检查从而发现存在的问题，及时采取措施纠正，以便改进日常会计核算工作，加强会计管理。

根据审核无误的会计凭证才能登记会计账簿，没有会计凭证不能登记账簿。根据会计凭证登记会计账簿，表明经济业务发生的时间、内容和金额（或数量、金额），保证账簿记录的正确性；将全部会计凭证的记录不重不漏地登记在账簿上，保证账簿记录的完整性。

二、会计凭证的种类

经济业务的纷繁复杂决定了会计凭证是多种多样的。为了正确地使用和填制会计凭证，必须对会计凭证进行分类。按其填制的程序和用途的不同来划分，可以分为原始凭证和记账凭证两类。

原始凭证又称单据，是指在经济业务发生或完成时取得或填制的，用以记录或证明经济业务的发生或完成情况，明确经济责任的原始凭据。原始凭证是进行会计核算的原始资料和重要依据。如发货票、委托银行收款结算凭证、借款单、差旅费报销单、收料单和领料单等。

记账凭证又称记账凭单，是会计人员根据审核无误的原始凭证或汇总原始凭证，按照经济业务的内容加以归类，并据以确定会计分录后所填制的会计凭证，它是登记账簿的直接依据。如收款凭证、付款凭证和转账凭证等。

第二节　原始凭证

一、原始凭证的含义及内容

（一）原始凭证的含义

原始凭证又称单据，是在经济业务发生或完成时取得或填制的，用以记录或证明经济业务的发生或完成情况的原始凭据。

原始凭证是证明经济业务发生的原始依据，具有较强的法律效力，是一种很重要的会计凭证。凡不能证明经济业务发生或完成情况的各种单据，不能作为原始凭证并据以记账，如购销合同、购料申请单等。因此，原始凭证是会计核算的重要原始资料。原始凭证的质量决定了会计信息的真实性和可靠性。会计人员对不真实、不合法的原始凭证，不予受理；对记载不准确、不完整的原始凭证，应予以退回，要求更正、补充。

各单位在办理库存现金收付、款项结算、财产收发、成本计算、产品生产、产品销售等各项经营业务时，都必须取得或填制原始凭证来证明经济业务已经发生或完成，并作为会计核算的依据。例如，企业采购材料时取得由供货单位提供的发票，运输单位的运货凭证和银行的结算凭证等可以用来证明经济业务已经实际发生的单据就属于原始凭证，并作为会计核算的原始资料。

（二）原始凭证的基本内容

由于经济业务的种类和内容不同，经营管理的要求不同，原始凭证的格式和内容也千差万别。但无论何种原始凭证，都必须做到所载明的经济业务清晰，经济责任明确。原始凭证一般应具备以下基本内容（也称为原始凭证要素）：

（1）原始凭证的名称；

（2）填制原始凭证的日期和编号；

（3）填制凭证单位的名称或填制人的姓名；

（4）接受凭证单位的名称；

（5）经济业务的内容；

（6）经济业务的实物数量、单价和金额；

（7）经办单位或人员盖章或签名。

有些原始凭证，不仅要满足会计工作的需要，还应满足其他管理工作的需要。因此，在有些凭证上，除具备上述内容外，还应具备其他一些项目，如与业务有关的经济合同、结算方式、费用预算等，以更加完整、清晰地反映经济业务。

在实际工作中，各单位根据会计核算和管理的需要，可自行设计印制适合本单位需要的各种原始凭证。但是对于在一个地区范围内经常发生的大量同类经济业务，应由各主管部门统一设计印制原始凭证。如银行统一印制的银行汇票、转账支票和现金支票等，由铁路部门统一印制的火车票，由税务部门统一印制的有税务登记的发票，财政部门统一印制的收款收据等。这样，不但可以使原始凭证的内容格式统一，而且便于加强监督管理。

二、原始凭证的种类

原始凭证可以根据不同的标准进行分类。

（一）按来源不同分类

原始凭证按其来源的不同，可以分为外来原始凭证和自制原始凭证。

1. 外来原始凭证

外来原始凭证亦称外部原始凭证，是本单位在同其他单位发生经济业务时，收到外部单位填制的原始凭证。如购买材料时取得的增值税专用发票、银行转来的各种结算凭证、对外支付款项时取得的收据、职工出差取得的飞机票、车船票等。如图 4-1、图 4-2 所示。

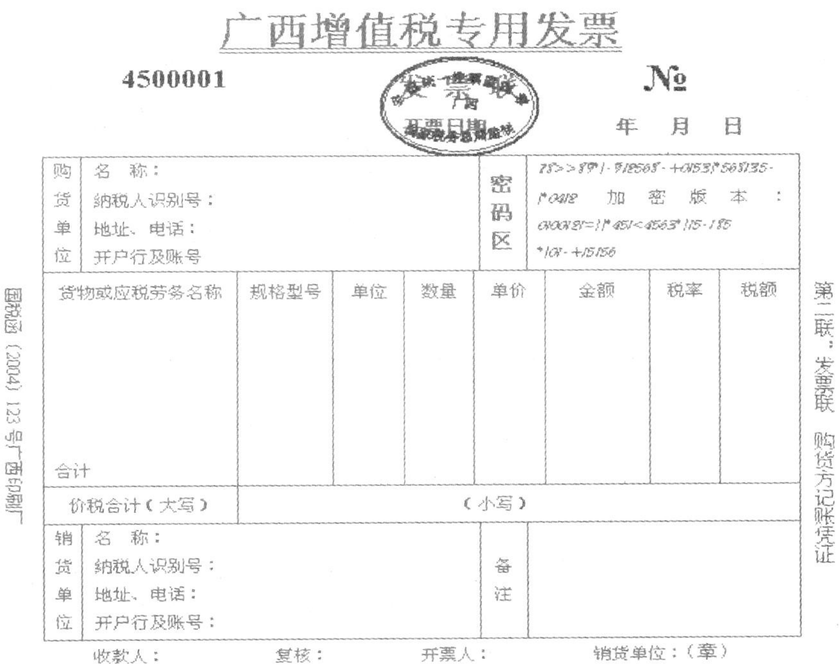

广西增值税专用发票

4500001 №

开票日期： 年 月 日

购货单位	名 称： 纳税人识别号： 地址、电话： 开户行及账号				密码区	78>>3?9*1-9/8568-+0153*563135-*0418 加密版本：0100181=1*451<4563*/15-185*/01-+15156		
货物或应税劳务名称	规格型号	单位	数量	单价	金额	税率	税额	
合计								
价税合计（大写）	（小写）							
销货单位	名 称： 纳税人识别号： 地址、电话： 开户行及账号：				备注			

收款人： 复核： 开票人： 销货单位：（章）

国税函（2004）123号广西印制厂

第二联：发票联 购货方记账凭证

图 4-1 广西增值税专用发票

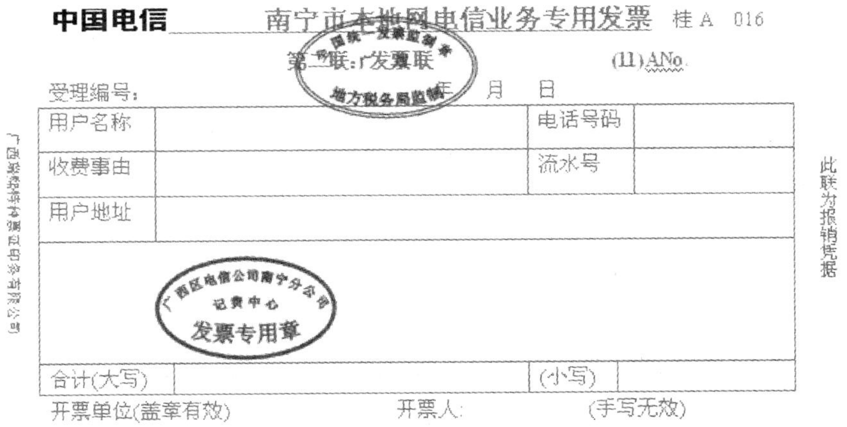

中国电信 南宁市本地网电信业务专用发票 桂A 016

第二联：发票联 (11)ANo.

受理编号： 年 月 日

用户名称		电话号码	
收费事由		流水号	
用户地址			
合计(大写)		(小写)	

开票单位(盖章有效) 开票人: (手写无效)

此联为报销凭据

图 4-2 南宁市本地网电信业务专用发票

2. 自制原始凭证

自制原始凭证亦称内部原始凭证，是指由本单位内部经办业务的部门或个人，在执行或完成某项经济业务时自行填制的、仅供本单位内部使用的原始凭证，如收料单、领料单、限额领料单、产品入库单、产品出库单、职工借款单、工资发放明细表、折旧计算表等。如表 4-3 所示。

表 4-3　　领料单

领料部门　　领料编号

领料用途　　年　月　日　　发料仓库

材料编号	材料名称及规格	计量单位	数量		单价	金额
			请领	实领		
备注					合计	

第　联

审批人　　领料人　　记账

（二）按照填制手续不同分类

原始凭证按照填制手续不同，可以分为一次凭证、累计凭证和汇总凭证。

1. 一次凭证

一次凭证是指一次填制完成、只记录一笔经济业务的原始凭证。所有的外来原始凭证和大部分的自制原始凭证都属于一次凭证。如购货发票、销货发票、收据、领料单、借款单、银行结算凭证等。一次凭证是一次有效的凭证。这种凭证单一，便于分类保管和使用，核算简单。借款单格式如表 4-4 所示。

表 4-4　　借款单

借款理由：	
借款数额（大写）______ ¥ 借款人签章　　年　月　日	
单位负责人意见：	会计主管人员意见：

2. 累计凭证

累计凭证是指在一定时期内多次记录发生的同类型经济业务的原始凭证。其特点是，在一张凭证内可以连续登记相同性质的经济业务，随时结出累计数及结余数，并按照费用限额进行费用控制，期末按实际发生额记账。累计凭证是多次有效的原始凭证。这类凭证的填制手续是多次进行才能完成的。它一般为自制原始凭证，最具有代表性的累计凭证是“限额领料单”，如表 4-5 所示。

表 4-5　　**限额领料单**

领料部门　　　　　　　　　　　　领料编号

领料用途　　　　年　月　日　　　　发料仓库

<table>
<tr><td>材料类别</td><td>材料编号</td><td>材料名称及规格</td><td>计量单位</td><td>领用限额</td><td>实际领用</td><td>单价</td><td>金额</td><td>备注</td></tr>
<tr><td></td><td></td><td></td><td></td><td></td><td></td><td></td><td></td><td></td></tr>
<tr><td colspan="9">供应部门负责人：　　　　　　　生产计划部门负责人：</td></tr>
<tr><td rowspan="2">日　期</td><td colspan="4">领　用</td><td colspan="3">退　料</td><td rowspan="2">限额结余</td></tr>
<tr><td>请领数量</td><td>实发数量</td><td>发料人签章</td><td>领料人签章</td><td>退料数量</td><td>退料人签章</td><td>收料人签章</td></tr>
<tr><td></td><td></td><td></td><td></td><td></td><td></td><td></td><td></td><td></td></tr>
<tr><td></td><td></td><td></td><td></td><td></td><td></td><td></td><td></td><td></td></tr>
<tr><td></td><td></td><td></td><td></td><td></td><td></td><td></td><td></td><td></td></tr>
<tr><td></td><td></td><td></td><td></td><td></td><td></td><td></td><td></td><td></td></tr>
</table>

3. 汇总凭证

汇总凭证也称原始凭证汇总表，是指对一定时期内反映经济业务内容相同的若干张原始凭证，按照一定标准综合填制的原始凭证。它合并了同类型经济业务，简化了记账工作量。

常用的汇总原始凭证有：发出材料汇总表、工资结算汇总表、销售日报、差旅费报销单等。汇总凭证如表 4-6 所示。

表 4-6　　**发出材料汇总表**

年　月　日

<table>
<tr><td rowspan="2">会计科目</td><td rowspan="2">领料部门</td><td colspan="4">领　用　材　料</td></tr>
<tr><td>原材料</td><td>包装物</td><td>低值易耗品</td><td>合计</td></tr>
<tr><td rowspan="4">生产成本</td><td>一车间
二车间</td><td></td><td></td><td></td><td></td></tr>
<tr><td>小计</td><td></td><td></td><td></td><td></td></tr>
<tr><td>供电车间
供水车间</td><td></td><td></td><td></td><td></td></tr>
<tr><td>小计</td><td></td><td></td><td></td><td></td></tr>
<tr><td rowspan="2">制造费用</td><td>一车间
二车间</td><td></td><td></td><td></td><td></td></tr>
<tr><td>小计</td><td></td><td></td><td></td><td></td></tr>
<tr><td>管理费用</td><td>行政部门</td><td></td><td></td><td></td><td></td></tr>
<tr><td>合　计</td><td></td><td></td><td></td><td></td><td></td></tr>
</table>

会计主管　　　　　　复核　　　　　　制表

（三）按原始凭证格式不同分类

原始凭证按照格式不同，可以分为通用凭证和专用凭证。

1. 通用凭证

通用凭证是指由有关部门统一印制、在一定范围内使用的具有统一格式和使用方法的原始凭证。通用凭证的使用范围，因制作部门不同而异。可以是某一地区、某一行业，也可以是全国通用。如全国统一的异地结算银行凭证，部门统一规定的收料单、领料单，地区统一规定的发货单等。这种凭证格式标准，内容规范，便于比较；统一负责印制，可以降低核算费用。

2. 专用凭证

专用凭证是指由单位自行印制、仅在本单位内部使用的原始凭证。如领料单、差旅费报销单、折旧计算表、借款单、工资费用分配表等。

三、原始凭证的填制要求

为了充分发挥会计凭证的作用，如实地反映经济活动，在会计核算工作中，对原始凭证不仅规定其必须具备的基本内容和格式，而且原始凭证的填制和处理也必须依据一定的规则，在规定的凭证格式中，按照要求的内容填写。为做好这项工作，首先，要使有关人员都能够充分认识到原始凭证在核算和经营管理上的重要作用；其次，要加强经济管理上的责任制，使有关人员能够明确本职工作，认真负责办理凭证手续，严格遵照制度办事。在此基础上按照下列具体要求做好原始凭证的填制工作。

（1）记录要合法、真实。即原始凭证所反映的经济业务必须符合国家有关政策、法令、法规、制度的要求；原始凭证所填列的经济业务内容和数字，必须真实可靠，符合实际情况。不得弄虚作假，更不得伪造凭证。

（2）内容要完整。原始凭证所要求填列的项目必须逐项填列齐全，不得遗漏和省略。需要注意的是，年、月、日要按照填制原始凭证的实际日期填写；名称要齐全，不能简化；品名或用途要填写明确，不能含糊不清；有关人员的签章必须齐全，以示对凭证的真实性和合法性负完全责任。

（3）手续要完备。单位自制的原始凭证必须有经办单位领导人或者其他指定的人员签名盖章；对外开出的原始凭证必须加盖本单位公章；从外部取得的原始凭证，必须盖有填制单位的公章；从个人取得的原始凭证，必须有填制人员的签名盖章。总之，取得的原始凭证必须符合手续完备的要求，以明确经济责任，确保凭证的合法性、真实性。

（4）书写要清楚、规范。原始凭证要按规定填写，文字要简要，字迹要清楚，易于辨认，不得使用未经国务院公布的简化汉字。

（5）凡填有大写和小写金额的原始凭证，大、小写金额必须相符，且金额书写必须符合以下规范要求：

①小写金额用阿拉伯数字逐个书写，不得写连笔字，在金额前要填写人民币符号“¥”，人民币符号“¥”与阿拉伯数字之间不得留有空白。

②所有以元为单位（其他货币种类为货币基本单位，下同）的阿拉伯数字，除表示单价等情况外，一律填写到角分；无角分的，角位和分位可写“00”或符号“——”，有角无分的，分位应写“0”，不得用符号“——”代替。

③汉字大写金额一律用壹、贰、叁、肆、伍、陆、柒、捌、玖、拾、佰、仟、万、亿、元、角、分、零、整等，用正楷或行书体书写，不得乱造简化字，不得用0、一、二、三、四、五、六、七、八、九、十等代替。大写金额前未印有“人民币”字样的，应加写“人民币”三个字，“人民币”字样和大写金额之间不得留有空白，大写金额到元或角为止的，后面要写“整”或“正”字，有分的，不写“整”或“正”字。阿拉伯数字金额中间有“0”，汉字大写金额要写“零”字；阿拉伯数字金额中间连续有几个“0”时，汉字大写金额中可以只写一个“零”字；阿拉伯数字金额元位是“0”，或者数字中间连续有几个“0”时，或元位是“0”，但角位不是“0”时，汉字大写金额可以只写一个“零”字，也可以不写“零”字。如小写金额为￥5 006.00，大写金额应写成“人民币伍仟零陆元整”。如小写金额为￥9 900.15，大写金额应写成“人民币玖仟玖佰零壹角伍分或人民币玖仟玖佰壹角伍分”。

（6）编号要连续。各种凭证要连续编号，以便查考。如果凭证已预先印定编号，如发票、支票等重要凭证，在写坏作废时，应加盖“作废”戳记，妥善保管，不得撕毁。

（7）不得涂改、刮擦、挖补。原始凭证有错误的，应当由出具单位重开或更正，更正处应当加盖出具单位印章。原始凭证金额有错误的，应当由出具单位重开，不得在原始凭证上更正。

（8）填制要及时。各种原始凭证一定要及时填写，并按规定的程序及时送交会计机构、会计人员进行审核，并据以填制记账凭证。

四、原始凭证的审核

为了如实反映经济业务的发生和完成情况，充分发挥会计的监督职能，保证会计信息的真实性、可靠性和正确性，会计机构、会计人员必须对原始凭证进行严格审核。具体包括：

（1）审核原始凭证的合法性和真实性。审核原始凭证所记录经济业务是否有违反国家法律法规的情况，是否履行了规定的凭证传递和审核程序，是否有贪污腐化等行为。原始凭证作为会计信息的基本信息源，其真实性对会计信息的质量具有至关重要的影响。其真实性的审核包括凭证日期是否真实、业务内容是否真实、数据是否真实等内容的审查。对外来原始凭证，必须有填制单位公章和填制人员签章；对自制原始凭证，必须有经办部门和经办人员的签名或盖章。此外，对通用原始凭证，还应审核凭证本身的真实性，以防假冒。

（2）审核原始凭证的正确性。审核原始凭证各项金额的计算及填写是否正确，包括：阿拉伯数字分位填写，不得连写；小写金额前要标明“￥”字样，中间不能留有空位；大写金额前要加“人民币”字样，大写金额与小写金额要相符；凭证中有书写错误的，应采用正确的方法更正，不能采用涂改、刮擦、挖补等不正确方法。

（3）审核原始凭证的完整性。审核原始凭证各项基本要素是否齐全，是否有漏项情况，日期是否完整，数字是否清晰，文字是否工整，有关人员签章是否齐全，凭证联次是否正确等。

（4）审核原始凭证的合理性。审核原始凭证所记录经济业务是否符合企业生产经营活动的需要、是否符合有关的计划和预算等。

（5）审核原始凭证的及时性。原始凭证的及时性是保证会计信息及时性的基础。为此，要求在经济业务发生或完成时及时填制有关原始凭证，及时进行凭证的传递。审核时应注意审查凭证的填制日期，尤其是支票、银行汇票、银行本票等时效性较强的原始凭证，更应仔细验证其签发日期。

经审核的原始凭证应根据不同情况处理：

（1）对于完全符合要求的原始凭证，应及时据以编制记账凭证入账。

（2）对于真实、合法、合理但内容不够完整、填写有错误的原始凭证，应退回给有关经办人员，由其负责将有关凭证补充完整、更正错误或重开后，再办理正式会计手续。

（3）对于不真实、不合法的原始凭证，会计机构、会计人员有权不予接受，并向单位负责人报告。

原始凭证的审核是一项严肃细致的重要工作，会计人员必须熟悉国家有关法规和制度以及本单位的有关规定，这样，才能掌握审核和判断是非的标准，确定经济业务是否合理、合法，从而做好原始凭证的审核工作，实现正确有效的会计监督。另外，审核人员还必须做好宣传解释工作，因为原始凭证所证明的经济业务需要由有关领导和职工去经办，只有对他们做好宣传解释工作，才能避免发生违法违规的经济业务。

第三节　记账凭证

一、记账凭证含义及基本内容

（一）记账凭证的含义

记账凭证又称记账凭单，是会计人员根据审核无误的原始凭证，按照经济业务事项的内容加以归类，并据以确定会计分录后所填制的会计凭证，它是登记账簿的直接依据。

在实际工作中，由于原始凭证来自不同的单位，种类繁多，数量庞大，格式大小不一，不便于填列应借、应贷的会计科目和金额，不便于记账和查账。为了便于登记账簿，需将原始凭证加以归类、整理，填制具有统一格式的记账凭证，确定会计分录并将相关的原始凭证附在记账凭证的后面。这样不但简化了记账工作，避免记账发生差错，还有利于原始凭证的保管，便于对账和查账，提高了会计工作的质量。所以，记账凭证具有分类归纳原始凭证和满足登记会计账簿的作用。

记账凭证根据复式记账法的基本原理，确定了应借、应贷的会计科目及其金额，将原始凭证中的一般数据转化为会计语言。因此，记账凭证是介于原始凭证与账簿之间的中间环节，是登记明细分类账户和总分类账户的依据。

记账凭证和原始凭证同属于会计凭证，但二者之间存在着以下差别：

（1）原始凭证由经办人员填制，而记账凭证一律由会计人员填制。

（2）原始凭证是根据发生或完成的经济业务填制的，而记账凭证则是根据审核后的原始凭证填制。

（3）原始凭证仅用以记录、证明经济业务已经发生或完成，而记账凭证则要依据会计科目对已经发生或完成的经济业务进行归类、整理编制。

（4）原始凭证是记账凭证的附件和填制记账凭证的依据，而记账凭证则是登记账簿的依据。

（二）记账凭证的基本内容

记账凭证的种类、格式不一，但其主要作用都是对原始凭证进行归类、整理，确定会计科目，据以登记账簿。因此记账凭证应具备以下基本内容或要素：

（1）记账凭证的名称。记账凭证的名称通常分为收款凭证、付款凭证和转账凭证。

（2）填制记账凭证的日期。记账凭证是在哪一天编制的，就写上哪一天。记账凭证的填制日期与原始凭证的填制日期可能相同，也可能不同。记账凭证应及时填制，但一般稍后于原始凭证的填制。

（3）记账凭证的编号。记账凭证要根据经济业务发生的先后顺序按月连续编号，按编号顺序记账。企业既可以按收款、付款、转账三类业务分收、付、转三类编号，也可细分为现收、现付、银收、银付、转账五类编号。例如，本月有库存现金收款凭证 20 张，编号即从“现收字第 1 号”编至“现收字第 20 号”止，其余类推。这种编号，也是出纳登记库存现金和银行存款日记账的依据。如一张凭证涉及两张记账凭证的，可以分数表示其分号，如“1/2”“2/2”等。凭证编了号，便于装订保管和登记账簿，也便于日后检查。

（4）经济业务事项的内容摘要。摘要应能清晰地揭示经济业务的内容，同时要简明扼要。

（5）经济业务事项所涉及的会计科目及其记账方向。

（6）经济业务事项的金额。

（7）记账标记。

（8）所附原始凭证张数。原始凭证是编制记账凭证的根据，缺少它就无从审核记账凭证正确与否。

（9）会计主管、记账、审核、出纳、制单等有关人员签章。

二、记账凭证的种类

（一）按内容分类

记账凭证按其反映经济业务的内容不同，可以分为收款凭证、付款凭证和转账凭证。收款凭证、付款凭证和转账凭证也称为专用记账凭证。

1. 收款凭证

收款凭证是指用于记录现金和银行存款收款业务的会计凭证。收款凭证又可分为现金收款凭证和银行收款凭证。它是出纳人员根据现金收入业务和银行存款收入业务的原始凭证编制的专用凭证，据以作为登记库存现金和银行存款等有关账户（账簿）的依据。其格式如表4-7所示。

表4-7 **收 款 凭 证**

借方科目： ____字第____号

摘 要	贷方科目		金 额										记账
	总账科目	明细科目	千	百	十	万	千	百	十	元	角	分	
合 计													

附单据 张

会计主管 记账 出纳 审核 制表

2. 付款凭证

付款凭证是指用于记录库存现金和银行存款付款业务的会计凭证。付款凭证又可分为现金付款凭证和银行存款付款凭证。它是出纳人员根据现金和银行存款付出业务的原始凭证编制的专用凭证，作为登记库存现金和银行存款等有关账户（账簿）的依据。付款凭证的格式如表4-8所示。

表4-8 **付 款 凭 证**

贷方科目： ____字第____号

摘 要	借方科目		金 额										记账
	总账科目	明细科目	千	百	十	万	千	百	十	元	角	分	
合 计													

附单据 张

会计主管 记账 出纳 审核 制表

3. 转账凭证

转账凭证是指用于记录不涉及库存现金和银行存款业务的会计凭证。在经济业务中，凡是不涉及库存现金和银行存款收付的业务，称之为转账业务，如计提固定资产折旧、车间领用原材料、期末结转成本等。会计人员根据有关转账业务的原始凭证编制的，作为记账依据的专用凭证。其格式如表 4-9 所示。

表 4-9　　转 账 凭 证

年　月　日　　　　____字第____号

摘　要	会计科目		借　方										贷　方										√
	总账科目	明细科目	千	百	十	万	千	百	十	元	角	分	千	百	十	万	千	百	十	元	角	分	
合　计																							

附单据　张

会计主管　　记账　　出纳　　审核　　制表

将记账凭证划分为收款凭证、付款凭证和转账凭证三种，便于按经济业务对会计人员进行分工，也便于提供分类核算数据，为记账工作带来方便，但工作量较大。此种做法为大多数企事业单位所采用，适用于规模较大、收付业务较多的单位。但是，对于经济业务较简单、规模较小、收付业务较少的单位，为了简化核算，还可采用通用记账凭证来记录所有经济业务。通用记账凭证是指对全部业务不再区分收款、付款及转账业务，而将所有经济业务统一编号，在同一格式的凭证中进行记录。通用记账凭证的格式与转账凭证基本相同。

（二）按照填列方式分类

记账凭证按其填列方式，可分为复式凭证和单式凭证两种。

1. 复式凭证

复式凭证亦称多项记账凭证，是指将每一笔经济业务事项所涉及的全部会计科目及其发生额均在同一张记账凭证中反映的一种凭证。它是实际工作中应用最普遍的记账凭证。复式凭证可以集中反映账户的对应关系，便于了解经济业务的来龙去脉；可以减少记账凭证的张数。但不便于汇总计算每一会计科目的发生额，不便于分工记账。以上所举收款凭证、付款凭证和转账凭证，以及通用记账凭证均为复式凭证。

2. 单式凭证

单式凭证亦称单项记账凭证，是指每一张记账凭证只填列经济业务事项所涉及的一个会计科目及其金额的记账凭证。填列借方科目的称为借项凭证，填列贷方科目的称为贷项凭证。某项经济业务涉及几个会计科目，就编制几张单式凭证。单式凭证反映内容单一，便于分工记账，便于按会计科目汇总，但一张凭证不能反映每一笔经济业务的全貌，不便于检验会计分录的正确性，而且记账凭证数量多，填制工作量大。

由于单式凭证的使用范围较窄，以下不再做专门介绍。

三、记账凭证的编制要求

（一）基本要求

记账凭证的主要作用是将经济信息资料转化为会计信息。由于记账凭证是登记账簿的直接依据，它的填制是否正确将直接关系着账簿登记的质量。因此，编制记账凭证要按照有关规定进行，其基本要求如下：

（1）记账凭证各项内容必须完整。

（2）记账凭证应连续编号。一笔经济业务需要填制两张以上记账凭证的，可以采用分数编号法编号。

例如，一笔经济业务需编制四张转账凭证，该转账凭证的顺序号为第 8 号，则这笔业务可编制转字第 $8\frac{1}{4}$号，第 $8\frac{2}{4}$号，第 $8\frac{3}{4}$号和第 $8\frac{4}{4}$号四张凭证。每月最后一张记账凭证的编号旁边可加注“全”字，以防凭证发生散失。

（3）记账凭证的书写应清楚、规范。相关要求同原始凭证。

（4）记账凭证可以根据每一张原始凭证填制，或根据若干张同类原始凭证汇总编制，也可以根据原始凭证汇总表填制。但不得将不同内容和类别的原始凭证汇总填制在一张记账凭证上。

（5）除结账和更正错误的记账凭证可以不附原始凭证外，其他记账凭证必须附有原始凭证。所附原始凭证张数的计算，一般以原始凭证的自然张数为准。与记账凭证中的经济业务事项记录有关的每一张证据都应当作为原始凭证的附件。如果记账凭证中附有原始凭证汇总表，则应该把所附原始凭证和原始凭证汇总表的张数一起计入附件的张数之内。但报销差旅费等零散票券，可以粘贴在一张纸上，作为一张原始凭证。一张原始凭证如涉及几张记账凭证的，可以把原始凭证附在一张主要的记账凭证后面，并在其他记账凭证上注明附有该原始凭证的记账凭证的编号或者附上该原始凭证的复印件。

一张原始凭证所列的支出需要由几个单位共同负担时，应当由保存该原始凭证的单位开具原始凭证分割单给其他应负担的单位。原始凭证分割单必须具备原始凭证的基本内容：如凭证的名称、填制凭证的日期、填制凭证单位的名称或填制人的姓名、经办人员的签名或盖章、接受凭证单位的名称、经济业务的内容、数量、单价、金额和费用的分摊情况等。

（6）填制记账凭证时若发生错误应当重新填制。已登记入账的记账凭证在当年内发现填写错误时，可以用红字填写一张与原内容相同的记账凭证，在摘要栏注明“注销某月某日某号凭证”字样，同时再用蓝字重新填制一张正确的记账凭证，注明“订正某月某日某号凭证”字样。如果会计科目没有错误，只是金额错误，也可将正确数字与错误数字之间的差额，另编一张调整的记账凭证，调增金额用蓝字、调减金额用红字。发现以前年度记账凭证有错误的，应当用蓝字填制一张更正的记账凭证。

（7）记账凭证填制完经济业务事项后，如有空行，应当自金额栏最后一笔金额数字下的空行处至合计数上的空行处划线注销。

（二）收款凭证的编制要求

收款凭证左上角的“借方科目”按收款的性质填写“库存现金”或“银行存款”；日期填写的是编制本凭证的日期；右上角填写编制收款凭证的顺序号；“摘要”填写对所记录的经济业务的简要说明；“贷方科目”填写与收入现金或银行存款相对应的会计科目；“记账”是指该凭证已登记账簿的标记，防止经济业务事项重记或漏记；“金额”是指该项经济业务事项的发生额；该凭证右边“附单据　张”是指本记账凭证所附原始凭证的张数；最下边分别由有关人员签章，以明确经济责任。

［例 4-1］宏达公司 20×8 年 1 月 15 日，收到上月长林公司所欠销货款 78 060 元，存入银行。应编制收款凭证如表 4-10 所示。

表 4-10　　　　收　款　凭　证

借方科目：银行存款　　　　20×8 年 1 月 15 日　　　　银收 字第 1 号

摘　要	贷方科目		金　额										记账
	总账科目	明细科目	千	百	十	万	千	百	十	元	角	分	
收前欠款存银行	应收账款	长林公司				7	8	0	6	0	0	0	
合　计					¥	7	8	0	6	0	0	0	

附单据　张

会计主管　　记账　　出纳　　审核　　制单：毛乐

（三）付款凭证的编制要求

付款凭证的编制方法与收款凭证基本相同，只是左上角为“贷方科目”，凭证中间为“借方科目”。

［例 4-2］20×8 年 1 月 15 日，刘彬出差预支现金 3 400 元。应编制付款凭证如表 4-11 所示。

表 4-11　　　　　　　　　　　　　**付　款　凭　证**

贷方科目：库存现金　　　　　　　　20×8 年 1 月 15 日　　　　　　　　现付 字第 1 号

摘　要	借方科目		金　　额										记账
	总账科目	明细科目	千	百	十	万	千	百	十	元	角	分	
出差预支库存现金	其他应收款	刘彬					3	4	0	0	0	0	
合　计						¥	3	4	0	0	0	0	

附单据壹张

会计主管　　　　记账　　　　出纳　　　　审核　　　　制单：毛乐

对于涉及现金和银行存款之间的经济业务，为了避免重复记账，一般只编制付款凭证，不编制收款凭证。出纳人员应根据会计人员审核无误的付款凭证办理相关收付款业务。例如，企业为了发放工资从银行提取现金时或者在销售材料收到现金存入银行时应编制付款凭证。这时，每一笔经济业务按理应当分别编制银行和现金的收款和付款凭证。但是在现实中，为了避免发生重复记账的问题，一般遇到这类业务时只以货币资金的付出方编制付款凭证，而不再编制收款凭证。如上例的第一笔从银行提取现金就只编制银行付款凭证，而不编制现金收款凭证；第二笔将现金存入银行则只编制现金付款凭证，而不编制银行收款凭证。

［例 4-3］20×8 年 1 月 15 日，将当日多余的现金 32 000 元存入银行。此时，应编制一张现金付款凭证如表 4-12 所示。

表 4-12　　　　　　　　　　　　　**付　款　凭　证**

贷方科目：库存现金　　　　　　　　20×8 年 1 月 15 日　　　　　　　　现付 字第 2 号

摘　要	借方科目		金　　额										记账
	总账科目	明细科目	千	百	十	万	千	百	十	元	角	分	
库存现金存银行	银行存款					3	2	0	0	0	0	0	
合　计					¥	3	2	0	0	0	0	0	

附单据壹张

会计主管　　　　记账　　　　出纳　　　　审核　　　　制单：毛乐

（四）转账凭证的编制要求

对转账业务应填制转账凭证，转账凭证的填制与收、付款凭证略有不同，它的应借、应贷会计科目全部列入记账凭证之内。转账凭证将经济业务事项中所涉及的全部会计科目，按照先借后贷的顺序记入“会计科目”栏中的“一级科目”和“明细科目”，并按应借、应贷方向分别记入“借方金额”或“贷方金额”栏。其他项目的填列与收、付款凭证相同。

［例 4-4］20×8 年 1 月 31 日，计提本月固定资产折旧费用 360 000 元。其中：生产部门 200 000 元，管理部门 160 000 元。应编制转账凭证如表 4-13 所示。

表 4-13

转　账　凭　证

20×8 年 1 月 31 日　　　　转字第 1 号

摘　要	会计科目		借　方										贷　方										√
	总账科目	明细科目	千	百	十	万	千	百	十	元	角	分	千	百	十	万	千	百	十	元	角	分	
计提本月折旧	制造费用				2	0	0	0	0	0	0	0											
	管理费用				1	6	0	0	0	0	0	0											
	累计折旧														3	6	0	0	0	0	0	0	
合　计				¥	3	6	0	0	0	0	0	0		¥	3	6	0	0	0	0	0	0	

附单据贰张

会计主管　　记账　　出纳　　审核　　制单：毛雯

当一项经济业务既涉及现金和银行存款收付的业务，又涉及转账业务时，需要分别编制记账凭证。

［例 4-5］20×8 年 1 月 15 日，购买生产设备一台，价值 500 000 元，用银行存款支付 300 000 元，余款签发三个月商业汇票一张。此时，应分别编制付款凭证和转账凭证，如表 4-14、表 4-15 所示。

表 4-14　　　　**付　款　凭　证**

贷方科目：银行存款　　　　20×8 年 1 月 15 日　　　　银付字第 2 号

摘　要	借方科目		金　　额										记账
	总账科目	明细科目	千	百	十	万	千	百	十	元	角	分	
购买设备一台	固定资产	生产设备			3	0	0	0	0	0	0	0	
合　　计				¥	3	0	0	0	0	0	0	0	

附单据贰张

会计主管　　　记账　　　出纳　　　审核　　　制单：毛雯

表 4-15　　　　**转　账　凭　证**

20×8 年 1 月 15 日　　　　转字第 2 号

摘　要	会计科目		借　　方										贷　　方										√
	总账科目	明细科目	千	百	十	万	千	百	十	元	角	分	千	百	十	万	千	百	十	元	角	分	
购买设备一台	固定资产	生产设备			2	0	0	0	0	0	0	0											
	应付票据														2	0	0	0	0	0	0	0	
合　　计				¥	2	0	0	0	0	0	0	0		¥	2	0	0	0	0	0	0	0	

附单据贰张

会计主管　　　记账　　　出纳　　　审核　　　制单：毛雯

四、记账凭证的审核

为了保证会计信息的质量，在记账之前应由有关稽核人员对记账凭证进行严格的审核。记账凭证的审核内容主要包括：

（1）内容是否真实，项目是否齐全。审核记账凭证是否有原始凭证为依据，所附原始凭证的内容与记账凭证的内容是否一致，记账凭证汇总表的内容与其所依据的记账凭证的内容是否一致等。审核记账凭证各项目的填写是否齐全，如日期、凭证编号、摘要、会计科目、金额、所附原始凭证张数及有关人员签章等。

（2）科目是否正确。审核记账凭证的应借、应贷科目是否正确，是否有明确的账户对应关系，所使用的会计科目是否符合国家统一的会计准则的规定等。

（3）金额是否正确。审核记账凭证所记录的金额与原始凭证的有关金额是否一致、计算是否正确，记账凭证汇总表的金额与记账凭证的金额合计是否相符等。

（4）书写是否正确。审核记账凭证中的记录是否文字工整、数字清晰，是否按规定进行更正等。

在审核中，如果发现所填列的记账凭证有差错或遗漏，应按规定的办法及时更正、补充或重制。只有经过审核无误的记账凭证，才能据以登记入账。

第四节　会计凭证的传递与保管

一、会计凭证的传递

会计凭证的传递是指从会计凭证的取得或填制时起至归档保管过程中，在单位内部有关部门和人员之间的传送程序。会计凭证的传递，要求能够满足内部控制制度的要求，使传递程序合理有效，同时尽量节约传递时间，减少传递的工作量。单位应根据具体情况制定每一种凭证的传递程序和方法。正确实行会计凭证的传递，对于及时核算和监督经济业务，协调有关部门和人员完成本职工作，加强企业管理都有重要意义。

会计凭证的传递一般包括传递程序和传递时间两个方面。

各种会计凭证，它们所记载的经济业务各不同，涉及的部门和人员不同，据以办理的业务手续也不同。因此，应当为各种会计凭证规定一个合理的传递程序。即一张会计凭证，填制后应交到哪个部门、哪个岗位、由谁办理业务手续，直至归档保管为止。如凭证有一式数联的，还应规定每一联传到哪几个部门，有什么用途，等等。

各种会计凭证还应根据其办理业务手续所需的时间，规定它的传递时间。其目的是使各个工作环节环环相扣，相互督促，以提高工作效率。

正确组织会计凭证的传递，对及时处理业务和加强会计监督具有重要作用。在制定合理的凭证传递程序和时间时，通常要考虑以下几点：

（1）要根据经济业务的特点、企业内部的机构设置和人员分工情况以及管理上的要求等，具体规定各种凭证的联数和传递程序。使有关部门既能按规定手续处理业务，又能利用凭证资料掌握情况，提供数据，协调一致。同时还要注意流程合理，避免不必要的环节，以加快传递速度。

（2）要根据有关部门和人员办理业务的必要手续时间，确定凭证的传递时间。时间过紧，会影响工作质量，过松则影响工作效率。

（3）要通过调查研究和协商来制定会计凭证的传递程序和传递时间。原始凭证大多涉及本单位内部各个部门和经办人员，因此，会计部门应会同有关部门和人员共同协商其传递程序和时间。记账凭证是会计部门的内部凭证，可由会计主管会同制证、审核、出纳、记账等有关人员商定其传递程序和时间。

会计凭证的传递程序和传递时间确定后，可分别为若干主要业务绘成流程图或流程表，通知有关人员遵守执行。执行中如有不合理的地方，可随时根据实际情况加以修改。

二、会计凭证的保管

会计凭证的保管是指会计凭证记账后的整理、装订、归档和存查工作。

会计凭证作为记账的依据，是重要的会计档案和经济资料。本单位以及有关部门、单位，可能会因各种需要查阅会计凭证。特别是发生贪污、盗窃、违法乱纪行为时，会计凭证还是依法处理这类行为的有效证据。因此，任何单位在完成经济业务手续和记账之后，必须将会计凭证按规定的立卷归档制度建成会计档案资料，妥善保管，防止丢失，不得任意销毁，以便日后随时查阅。

对会计凭证的保管，既要做到完整无缺，又要便于翻阅查找。其主要要求有：

（1）会计凭证应定期装订成册，防止散失。会计部门在依据会计凭证记账以后，应定期（每天、每旬或每月）对各种会计凭证进行分类整理，将各种记账凭证按照编号顺序，连同所附的原始凭证一起加具封面、封底，装订成册，并在装订线上加贴封签，由装订人员在装订线封签处签名或盖章。

从外单位取得的原始凭证遗失时，应取得原签发单位盖有公章的证明，并注明原始凭证的号码、金额、内容等，由经办单位会计机构负责人、会计主管人员和单位负责人批准后，才能代作原始凭证。若确实无法取得证明的，如车票丢失，则应由当事人写明详细情况，由经办单位会计机构负责人、会计主管人员和单位负责人批准后，代作原始凭证。

（2）会计凭证封面应注明单位名称、凭证种类、凭证张数、起止号数、年度、月份、会计主管人员、装订人员等有关事项，会计主管人员和保管人员应在封面上签章。

（3）会计凭证应加贴封条，防止抽换凭证。原始凭证不得外借，其他单位如有特殊原因确实需要使用时，经本单位会计机构负责人、会计主管人员批准，可以复制。向外单位提供的原始凭证复制件，应在专设的登记簿上登记，并由提供人员和收取人员共同签名、盖章。

（4）原始凭证较多时，可单独装订，但应在凭证封面注明所属记账凭证的日期、编号和种类，同时在所属的记账凭证上应注明“附件另订”及原始凭证的名称和编号，以便查阅。对各种重要的原始凭证，如押金收据、提货单等，以及各种需要随时查阅和退回的单据，应另编目录，单独保管，并在有关的记账凭证和原始凭证上分别注明日期和编号。

每年装订成册的会计凭证，在年度终了时可暂由单位会计机构保管一年，期满后应当移交本单位档案机构统一保管；未设立档案机构的，应当在会计机构内部指定专人保管。出纳人员不得兼管会计档案。

（5）严格遵守会计凭证的保管期限要求，期满前不得任意销毁。

本章小结

会计凭证是记录经济业务，明确经济责任的书面证明，是登记账簿的依据。填制和审核会计凭证是会计核算的专门核算方法，它是进行会计核算工作的第一步，也是对会计主体的经济业务进行日常监督的重要环节。会计凭证按其填制的程序和用途，可以分为原始凭证和记账凭证两类。

原始凭证是在经济业务发生时直接取得或填制的，用以证明经济业务发生或完成情况，明确经济责任，具有法律效力，并作为记账原始依据的证明文件。原始凭证按其来源不同，可分为自制原始凭证和外来原始凭证。自制原始凭证按其反映业务的方法不同，又可分为一次凭证和累计凭证，外来原始凭证一般都是一次凭证。企业的经济业务是多种多样的，需要填制或取得内容各不相同的原始凭证，但是，不论什么样的原始凭证，其基本的构成要素是相同的。

记账凭证是会计人员根据审核无误的原始凭证或原始凭证汇总表编制的，用来确定经济业务应借、应贷会计科目和金额而填制的会计凭证，是登记账簿的直接依据。记账凭证又分为通用记账凭证和专用记账凭证。专用记账凭证包括收款凭证、付款凭证和转账凭证。原始凭证与记账凭证应按规定的方法进行填制，并应符合有关的填制要求。

会计凭证应由专人进行审核。为了提高会计核算工作的效率，保证会计信息的及时性，各单位应合理规划会计凭证的传递线路和规定在各环节上停留的时间，并办好凭证传递的交接手续。会计凭证的传递，是指会计凭证从办理业务手续、编制、审核、整理、记账到装订保管的全过程。会计凭证的传递程序应注意经济业务的特点、凭证在各个环节上的停留时间、会计凭证的传递程序和传递时间。

会计凭证是一个单位的重要经济档案，会计凭证应当定期整理归档，并按规定期限进行妥善保管。保管期满后必须按规定的手续，报经批准后才能销毁。

思考题

1. 填制和审核会计凭证有何意义？
2. 原始凭证和记账凭证应具备哪些基本内容？
3. 什么是收、付、转记账凭证？如何填制？
4. 填制原始凭证和记账凭证应遵循哪些要求？
5. 如何审核原始凭证和记账凭证？
6. 会计凭证传递的原则是什么？

第五章　账簿

学习目标

1. 了解会计账簿的概念和作用；
2. 掌握会计账簿按不同标准所进行的分类；
3. 了解会计账簿的内容和启用；
4. 掌握会计账簿的记账规则；
5. 了解会计账簿的设置；
6. 掌握会计账簿的登记方法；
7. 了解对账和结账的意义；
8. 掌握对账的内容；
9. 了解结账的程序；
10. 了解错账的查找方法；
11. 掌握错账的更正方法；
12. 了解会计账簿的更换和保管。

案例：

在会计手工记账的条件下，账簿是会计数据的储存转换器，也是实现内部控制、明确经济责任的重要工具。账簿的运用分为启用、日常登记、错账更正、对账、结账、交接等环节。要使账簿能够及时、有效地提供有用的会计信息，明确相关经济责任，发挥内部控制制度的效用，就必须加强账簿启用、日常登记、错账更正、对账、结账、交接等环节。正确填写或登记从账簿封面、扉页到账页的全部内容，及时进行对账、更正错账和结账，在记账人员更换时，要按相关要求办理相关的财物和账簿交接手续，在盘存相关财物后，填制财务交接清册，并在相关账簿的扉页上详尽记录相关交接内容，履行相关交接手续。

资料：2014 年 12 月 7 日，宏达公司的林立（此前，林立已经于 2014 年 9 月 1 日开始出任了三个月的出纳员工作，当时的启用财务负责人为陈志，此前的出纳员为刘莹。）被调离了出纳岗位，接任材料会计工作，新接任出纳工作的是张铭，前任材料会计为王石。林立和张铭对各自的原工作做了他们认为必要的处理，并办理了交接手续，办理完交接手续后库存现金日记账和材料明细账的扉页及相关账页资料如表 5-1、表 5-2 所示。

表 5-1 账簿使用登记表

单位名称	宏达公司			
账簿名称	库存现金日记账			
册次及起止页数	自壹页起至壹佰页止共壹佰页			
启用日期	2014 年 1 月 1 日			
停用日期	年 月 日			
经管人员姓名	接管日期	交出日期	经管人员盖章	会计主管人员盖章
林立	2014 年 9 月 1 日	2014 年 12 月 7 日	林立、张铭	陈志
	年 月 日	年 月 日		
	年 月 日	年 月 日		
	年 月 日	年 月 日		
	年 月 日	年 月 日		
备考				单位公章 宏达公司财务专用章

表 5-2 库存现金日记账

2014 年		凭证号	摘要	对方科目	借方	贷方	核对号	借或贷	余额
月	日								
9	1	略	期初余额					借	5 000
	2	略	零星销售	主营业务收入	8 000			借	13 000
	12	略	报差旅费	管理费用		5 000		借	8 000
	13	略	零星销售	主营业务收入	5 000			借	13 000
	13	略	付广告费	销售费用		4 000		借	9 000

案例要求：

指出林立会计处理的不当之处，并加以纠正。

案例提示：

错误 1：林立是 2014 年 9 月 1 日接任出纳工作的，但在库存现金日记账的扉页中没有林立接任出纳工作前的相关记录及林立接任时的账簿交接记录。

错误 2：在原材料的明细账的扉页中，王石接管日前的账簿使用人与接管日不明，林立交出日期为 2014 年 12 月 31 日不一定正确，2014 年 12 月 31 日尚未到，2014 年 12 月 31 日会计主管人员陈志的监交记录不应该有。

错误 3：在库存现金日记账中，2014 年 9 月 1 日的库存现金结余数是 5 000 元，在 2014 年 9 月 12 日报销差旅费时全部支出，从 2014 年 9 月 1 日至 9 月 13 日，公司没有从银行提取现金，但 2014 年 9 月 13 日从公司金库中支取现金 4 000 元，林立至少坐支现金 4 000 元，违反了有关现金管理的规定。

会计账簿是继会计凭证之后，记录经济业务的又一重要载体，是编制财务报表的直接依据。本章主要介绍会计账簿的基本分类、格式、设置、账簿启用、登记和更正规则及对账和结账的方法。其中重点介绍日记账和分类账的设置和登记方法。

第一节　账簿的含义和分类

一、会计账簿的含义

会计账簿，简称账簿，是以会计凭证为依据，由一定格式、相互联系的账页组成，用来序时地、分类地、全面连续地反映企业各项经济业务内容及其变动情况的会计簿籍。从原始凭证到记账凭证，按照一定的会计科目和复式记账法，大量经济信息转化为会计信息记录在记账凭证上。通过填制和审核原始凭证和记账凭证，会计主体在生产经营活动中所发生的全部经济业务都已记录到了会计凭证中。而填制和审核会计凭证只能零散地反映某项经济业务内容，不能全面、系统、连续地反映企业生产经营过程的变动情况，不能够满足经济管理的需要，所以，还需要将记账凭证所反映的经济业务内容进行进一步的继续加工和处理，即将记账凭证上所记录的内容在账户中进行分门别类的登记。这就需要设置会计账簿，从而把会计凭证提供的大量零散的资料加以归类、整理、集中，登记到账簿中去，使其系统化、条理化，以便能为经济管理提供系统、全面的会计信息资料。

会计账簿的设置和登记，对于全面、系统、序时、分类反映各项经济业务，充分发挥会计在经济管理中的作用，具有重要意义。

二、会计账簿的作用

设置和登记会计账簿是会计核算工作的基本方法之一和重要环节。在会计信息的加工过程中，登记会计账簿处于连接会计凭证和会计报表的中枢环节。它在会计核算工作中具有如下重要作用：

（1）可以为经济管理提供系统、全面、连续的会计资料，为管理和决策提供重要的会计信息。

会计账簿登记时，是分不同的账户，按照经济业务发生的时间顺序，毫无遗漏地进行记录。通过登记会计账簿，既可以按照经济业务发生的先后顺序，进行序时核算，提供某项业务活动的资料；又可以按照经济业务性质的不同，在有关的分类账中进行归类核算，为经济管理提供总括和明细的会计信息。因此，通过会计账簿的记录，可以把会计凭证提供的零散资料加以归类汇总，形成系统、全面、连续的会计核算资料，集中反映企业资金使用及其变动情况，满足企业经营管理的需要。

（2）可以随时了解和掌握本单位的财务状况和经营成果。

设置和登记会计账簿，有利于加强对财产物质的管理与核算，合理地筹集和使用各项资金，提高资金的使用效果；有利于促进增收节支，及时、有效地控制成本费用，提高会计主体的盈利水平和经济效益，为会计分析、会计检查以及考核企业经营成果提供重要依据。

（3）可以直接为编制会计报表提供综合和详细的资料。

企业经营进行到一定时期，要想总结其经营活动情况，就必须在会计账簿中进行结账和对账，使会计账簿记录数与实有数核对相符，这能有效地保护企业财产物资的安全完整，为编制会计报表提供可靠的依据。

三、会计账簿的分类

在会计核算中，账簿的种类是多种多样的，为了便于了解和使用，必须对账簿进行分类。账簿一般可以按其用途、账页格式和外形特征进行划分。

（一）按用途分类

账簿按其用途不同，可分为序时账簿、分类账簿和备查账簿三种。

1. 序时账簿

序时账簿又称日记账，是按照经济业务发生或完成时间的先后顺序逐日逐笔进行登记的账簿。在实际工作中，这种账簿通常是按照记账凭证编号的先后顺序逐日进行登记的，因此又称为日记账。日记账的特点是序时登记和逐笔登记。序时账簿通常有两种，一种是用来登记全部经济业务的发生情况的账簿，称为普通日记账；另一种是用来登记某一类经济业务发生情况的账簿，称为特种日记账。在实际工作中，因经济业务的复杂性，一般很少采用普通日记账，应用较为广泛的是特种日记账。为了加强对货币资金的监督和管理，各单位应当专门设置专门记录和反映库存现金收付业务及其结存情况的库存现金日记账以及专门记录和反映银行存款收付业务及其结存情况的银行存款日记账。在我国，大多数单位一般只设现金日记账和银行存款日记账，而不设置转账日记账。同时，企业单位可根据自身管理的需要设置其他日记账簿，如登记采购业务的购货日记账、登记销售业务的销售日记账。

2. 分类账簿

分类账簿是对全部经济业务事项进行登记的账簿，它以按照会计要素的具体类别而设置的分类账户为标准。分类账簿按照分类的概括程度不同，又分为总分类账和明细分类账两种。按照总分类账户分类登记经济业务事项的是总分类账簿，简称总账。按照明细分类账户分类登记经济业务事项的是明细分类账簿，简称明细账。明细分类账是对总分类账的补充和具体化，并受总分类账的控制和统驭。分类账簿提供的核算信息是编制会计报表的主要依据。

分类账簿和序时账簿的作用不同。序时账簿能提供连续系统的信息，反映企业资金运动的全貌；分类账簿则是按照经营与决策的需要而设置的账簿，归集并汇总各类信息，反映资金运动的各种状态、形式及其构成。在账簿组织中，分类账簿占有特别重要的地位。因为只有通过分类账簿，才能使数据按账户形成不同信息，满足编制会计报表的需要。

3. 备查账簿

备查账簿简称备查簿，是对某些在序时账簿和分类账簿等主要账簿中都不予登记或登记不够详细的经济业务事项进行补充登记时使用的账簿。备查账簿可以为某项经济业务的内容提供必要的参考资料，是对账簿记录内容的一种补充，能加强企业对使用和保管的属于他人的财产物资的监督。例如，租入固定资产登记簿、受托加工材料登记簿、代销商品登记簿等。备查账簿可以由各单位根据需要进行设置。

备查账簿与序时账簿和分类账簿相比，存在两点不同之处：一是登记依据可能不需要记账凭证，甚至不需要一般意义上的原始凭证；二是账簿的格式和登记方法不同，备查账簿的主要栏目不记录金额，它更注重用文字来表述某项经济业务的发生情况。

（二）按账页格式分类

按账页格式的不同，账簿可以分为两栏式、三栏式、多栏式和数量金额式四种。

1. 两栏式账簿

两栏式账簿是指只有借方和贷方两个基本金额栏目的账簿。普通日记账和转账日记账一般采用两栏式。

2. 三栏式账簿

三栏式账簿是设有借方、贷方和余额三个基本栏目的账簿。各种日记账、总分类账以及资本、债权、债务明细账都可采用三栏式账簿。三栏式账簿又分为设对方科目和不设对方科目两种。区别是在摘要栏和借方科目栏之间是否有一栏“对方科目”。设有“对方科目”栏的，称为设对方科目的三栏式账簿；不设有“对方科目”栏的，称为不设对方科目的三栏式账簿。

3. 多栏式账簿

多栏式账簿是在账簿的两个基本栏目即借方和贷方按需要分设若干专栏的账簿。如多栏式日记账、多栏式明细账。但是，其专栏设置在借方还是在贷方，或是两方同时设专栏，专栏的数量等，均应根据需要确定。收入、费用明细账一般均采用这种格式的账簿。

4. 数量金额式账簿

数量金额式账簿的借方、贷方和余额三个栏目内，都分设数量、单价和金额三小栏，借以反映财产物资的实物数量和价值量。如原材料、库存商品、产成品等明细账一般都采用数量金额式账簿。

（三）按外形特征分类

账簿按其外形特征不同可分为订本账、活页账和卡片账三种。

1. 订本账

订本账是启用之前就已将账页装订在一起，并对账页进行了连续编号的账簿。订本账的优点是能避免账页散失和防止抽换账页；其缺点是不能准确地为各账户预留账页，也不便于会计分工。这种账簿一般适用于总分类账、库存现金日记账、银行存款日记账。

2. 活页账

活页账是在账簿登记完毕之前并不固定装订在一起，而是装在活页账夹中。当账簿登记完毕之后（通常是一个会计年度结束之后），才将账页予以装订，加具封面，并给各账页连续编号。各种明细分类账一般采用活页账形式。这类账簿的优点是记账时可以根据实际需要，随时将空白账页装入账簿，或抽去不需要的账页，便于分工记账；其缺点是如果管理不善，可能会造成账页散失或故意抽换账页。通常各种明细分类账一般采用活页账形式。

3. 卡片账

卡片账是将账户所需格式印刷在硬卡上。严格说，卡片账也是一种活页账，只不过它不是装在活页账夹中，而是装在卡片箱内。在我国，企业一般只对固定资产的核算采用卡片账形式，也有少数企业在材料核算中使用材料卡片。

会计账簿的总体分类情况，如图 5-1 所示。

- 会计账簿
  - 按用途分
    - 序时账簿
      - 普通日记账
      - 特种日记账
        - 库存现金日记账
        - 银行存款日记账
        - 转账日记账
    - 分类账簿
      - 总分类账
      - 明细分类账
    - 备查账簿
  - 按账页格式分
    - 两栏式
    - 三栏式
    - 多栏式
    - 数量金额式
  - 按外形特征分
    - 订本账
    - 活页账
    - 卡片账

图 5-1　会计账簿总体分类情况

第二节　账簿的内容、启用和记账规则

账簿的登记通常叫作记账或过账。登记账簿必须以审核无误的记账凭证为依据。由于会计账簿记录了企业完整、系统、全面的会计信息，是经常使用和查阅的重要会计资料，也是会计档案的重要组成部分，因此会计账簿的登记必须遵守一定的规则，以保证账簿记录清洁、美观、清楚、正确。

一、会计账簿的基本内容

在实际工作中，由于各种会计账簿所记录的经济业务不同，账簿的格式也多种多样，但各种账簿都应具备以下基本内容：

1. 封面

封面主要用来标明账簿的名称，如总分类账、各种明细分类账、库存现金日记账、银行存款日记账等。

2. 扉页

扉页主要用来登载经管人员一览表，其基本要素包括：①单位名称；②账簿名称；③起止页数；④启用日期；⑤责任人（单位领导人、会计主管人员、经管人员）签章；⑥移交人和移交日期；⑦接管人和接管日期等。其格式如表 5-3 所示。

表 5-3　　　　账簿启用及经管人员一览表

单位名称：__________　　账簿名称：__________　　账簿编号：__________

账簿册数：__________　　账簿页数：__________　　启用日期：__________

单位领导人签章：__________　　会计主管人员签章：__________

经管人员		接管			移交			会计负责人		印花税票粘贴处
姓名	签章	年	月	日	年	月	日	姓名	签章	

3. 账页

账页是账簿的主体，是账簿用来记录经济业务事项的载体，其基本要素内容包括：①账户的名称或称会计科目；②登记账户的日期栏；③凭证种类和号数栏；④摘要栏（记录经济业务内容的简要说明）；⑤金额栏（记录经济业务的金额增减变动情况）；⑥总页次和分户页次等基本内容。

二、会计账簿的启用

账簿是重要的会计档案。为了确保账簿记录的合法性和完整性，明确记账责任，在启用会计账簿时，应当在账簿的有关位置记录以下相关信息：

（1）设置账簿的封面与封底。

（2）填写账簿启用及经管人员一览表。在启用新会计账簿时，应填制账簿扉页上所附的附启用表，表内详细载明：单位名称、账簿名称、账簿编号、账簿页数、启用日期、记账人员和会计主管人员姓名，并加盖有关人员的签章和单位公章。更换记账人员时，应办理交接手续，在交接记录内填写交接日期和交接人员姓名并签章，具体格式见表 5-3。

（3）粘贴印花税票。印花税票应粘贴在账簿的右上角，并且划线注销，在使用缴款书缴纳印花税时，应在右上角注明“印花税已缴”及缴款金额。

启用订本式账簿，应当从第一页到最后一页顺序编定页数，不得跳页、缺号。使用活页式账页，应当按账户顺序编号，并须定期装订成册；装订后再按实际使用的账页顺序编定页码，另加目录，记录每个账户的名称和页次。

三、会计账簿的记账规则

在登记会计账簿时，应遵循以下基本规则：

（一）准确完整

为了保证账簿记录的准确、整洁，应当根据审核无误的会计凭证连续、系统地登记会计账簿，不能错记、漏记、重记。登记会计账簿时，应当将会计凭证日期、编号、业务内容摘要、金额和其他有关资料逐项记入账簿内，必须使用会计科目、明细科目的全称，不能简化，做到数字准确、摘要清楚、登记及时、字迹工整。每一项会计事项，一方面要记入有关的总账，另一方面要记入该总账所属的明细账。账簿记录中的日期，应该填写记账凭证上的日期；以自制原始凭证（如收料单、领料单等）作为记账依据的，账簿记录中的日期应按有关自制凭证上的日期填列。

（二）注明记账符号

账簿登记完毕后，要在记账凭证上签名或者盖章，并在记账凭证上专门的“过账”栏内注明账簿页数或画对勾，注明已经登账的符号，表示已经记账完毕，避免重记、漏记。

（三）书写规范

账簿书写应采用标准的简化汉字，不能使用不规范的汉字；金额栏的数字应该采用阿拉伯数字，并且对齐位数，注意“0”不能省略和连写。文字和数字上面要留有适当的空格，不要写满格，一般应占格距的二分之一。这样，在一旦发生登记错误时，能比较容易地进行更正，同时也方便查账工作的展开。

（四）正常记账使用蓝黑墨水笔

为了保持账簿记录的持久性，防止涂改，登记账簿必须使用蓝黑墨水或碳素墨水并用钢笔书写，不得使用圆珠笔（银行的复写账簿除外）或者铅笔书写。在会计上，数字和文字的颜色是重要的语素之一，它同数字和文字一起传递出会计信息。如同数字和文字错误会表达错误的信息，书写墨水的颜色用错了，其导致的概念混乱也不亚于数字和文字错误。

（五）特殊记账使用红墨水笔

在下列情况下，可以用红色墨水笔记账：

1. 按照红字冲账的记账凭证，冲销错误记录。
2. 在不设借贷等栏的多栏式账页中，登记减少数。
3. 在三栏式账户的余额栏前，如未印明余额方向的，在余额栏内登记负数余额。
4. 根据国家统一的会计制度的规定可以用红字登记的其他会计记录。

由于会计中的红字表示负数，因而除上述情况外，不得用红色墨水笔登记账簿。

（六）顺序连续登记

在登记各种账簿时，应按页次顺序连续登记，不得隔页、跳行。如无意发生隔页、跳行现象，应在空页、空行处用红色墨水划对角线注销，或者注明“此页空白”或“此行空白”字样，并由记账人员签名或者签章。这对防止账簿登记中可能出现的漏洞，是十分必要的。

（七）结出余额

凡需要结出余额的账户，结出余额后，应当在“借或贷”栏目内注明“借”或“贷”字样，以示余额的方向；对于没有余额的账户，应在“借或贷”栏内写“平”字，并在“余额”栏用“Q”表示。库存现金日记账和银行存款日记账必须逐日结出余额。一般说来，对于没有余额的账户，在余额栏内标注的“Q”应当放在“元”位。

（八）过次承前页

每一账页登记完毕结转下页时，应当结出本页合计数及余额，写在本页最后一行和下页第一行有关栏内，并在摘要栏内注明“过次页”和“承前页”字样；也可以将本页合计数及金额只写在下页第一行有关栏内，并在摘要栏内注明“承前页”字样，以保持账簿记录的连续性，便于对账和结账。

“过次页”和“承前页”的方法有两种：一是在本页最后一行内结出发生额合计数及余额，然后过次页在次页第一行承前页；二是只在次页第一行承前页写出发生额合计数及余额，不在上页最后一行结出发生额合计数及余额后过次页。

对需要结计本月发生额的账户，结计“过次页”的本页合计数应当为自本月初起至本页末止的发生额合计数。这样做便于根据“过次页”和合计数，随时了解自本月初起到本页末止的发生额，也便于月末结账时，加计“本月合计数”。

对需要结计本年累计发生额的账户，结计“过次页”的本页合计数应当为自年初起至本页末止的累计数。这样做，便于根据“过次页”的合计数，随时了解自本年初起到本页末止的累计发生额，也便于年终结账时，加计“本年累计数”。

对既不需要结计本月发生额也不需要结计本年累计发生额的账户，可以只将每月末的金额结转次页。

第三节　账簿的设置和登记

一、会计账簿设置的原则

设置和登记会计账簿是会计核算的一种基本方法，也是会计核算工作的重要环节，设置会计账簿是登记账簿的前提。由于不同企业的经济业务性质、特点不同，对会计账簿设置的要求也因此不同。为了全面、系统、连续地登记经济业务，各单位应根据自己的实际情况和经营管理的需求，设置不同的会计账簿。设置会计账簿一般应遵循以下基本原则：

1. 设置会计账簿要求统一性与实用性相结合

会计账簿的设置，必须能保证反映和监督企业的全部经济活动，提供全面、系统、连续的会计资料，为企业经营管理服务。由于各企业的经济活动各有特点，在业务规模和会计人员配备上又不尽相同，所以在设置账簿时，凡是国家统一规定和要求的，会计主体必须遵照执行，不得自行其是。企业应依照会计准则、国家统一规定和本企业的实际情况来设置会计账簿。一般来说经济业务复杂、规模大的企业，账簿可以设置细一些；对于业务简单、规模小的企业，账簿设置可以相应地简略一些。但是设置账簿必须保证提供准确而全面的会计信息，以满足经营管理需要为前提。

2. 在会计账簿的设置方面要组织严密，应避免烦琐重复和片面地追求简化

企业的经济活动有主次之分，设置会计账簿应以此为依据，使其所反映的经济信息主次分明且相互配合、既不重复又不脱节，同时，还要适当地选择会计核算形式，科学设计各种会计账簿登记的合理流程，使会计信息在会计账簿加工环节流动顺畅。这样既可以提高会计信息的质量，又有利于提高会计工作效率。

3. 设置会计账簿要有利于会计部门内部的合理分工

设置会计账簿要有利于会计部门内部合理分工，充分发挥整体效应，提高会计的工作效率和水平。

二、日记账的设置与登记

日记账是按照经济业务发生或完成的时间先后顺序逐笔进行登记的账簿。设置日记账的目的就是为了使经济业务的时间顺序清晰地反映在账簿记录中。日记账按其所核算和监督经济业务的范围，可分为普通日记账和特种日记账。普通日记账是将企业每天发生的所有经济业务，不论其性质全部按发生时间顺序登记；特种日记账则是按经济业务的性质单独设置的账簿，凡是相同性质的经济业务，都在同一账簿中登记。特种日记账设置与否，应根据经济业务的特点和单位管理的需要来决定。对于那些发生频繁并且需要经常核算、严格控制的经济业务，应该设置特种日记账。

（一）普通日记账

1. 普通日记账的格式

如果一个单位同时设置普通日记账和特种日记账，普通日记账只需序时地登记特种日记账以外的经济业务；如果不设置特种日记账，则要序时登记全部经济业务。普通日记账也称分录簿，一般采用两栏式账页。

2. 普通日记账的登记方法

普通日记账是由会计人员根据审核无误后的原始凭证序时地逐笔登记各项经济业务，要登记日期、凭证编号、经济业务内容摘要、借贷方科目和金额。如果分类账是根据日记账来登记，则在过账后应在日记账的账页数栏中注明分类账的页数。

普通日记账是两栏式日记账，是序时地逐笔登记各项经济业务的账簿，它核算和监督全部经济业务的发生和完成情况，其格式如表 5-4 所示。

表 5-4 **普通日记账** 单位：元

2014 年		凭证		摘要	对方科目	借方金额	贷方金额	过账
月	日	字	号					
3	1	转	1	购材料，款未付	材料采购	20 000		
					应交税费	3 400		
					应付账款		23 400	

(二) 特种日记账

特种日记账是用来核算和监督某一类型经济业务的发生和完成情况的账簿，它是普通日记账的进一步发展。各单位一般应设置特种日记账，常见的特种日记账有库存现金日记账、银行存款日记账两种，有的单位也设置转账日记账。这里只介绍库存现金日记账与银行存款日记账的设置和登记方法。

1. 库存现金日记账的格式和登记方法

库存现金日记账是用来核算和监督库存现金每天的收入、支出和结存情况的账簿。在现实工作中，现金日记账可以设置为既登记现金收入又登记现金支出的“库存现金收付日记账”（也简称现金日记账），也可以分别设置“库存现金收入日记账”和“库存现金支出日记账”。

(1) 库存现金日记账的格式

库存现金日记账的格式可以设置为三栏式和多栏式两种。无论采用三栏式还是多栏式库存现金日记账，都必须使用订本账。三栏式库存现金日记账设借方、贷方和余额三个基本的金额栏目，一般将其分别称为收入、支出和结余三个基本栏目。在金额栏与摘要栏之间常常插入“对方科目”，以便记账时标明库存现金收入的来源科目和库存现金支出的用途科目。三栏式库存现金日记账的格式如表5-5所示。多栏式库存现金日记账是在三栏式库存现金日记账的基础上发展起来的，即在日记账的借方（收入）和贷方（支出）金额栏内进一步设对方科目，也就是在收入栏内设应贷科目（反映库存现金的来源），在支出栏内设应借科目（反映库存现金的用途）。多栏式库存现金日记账的格式如表5-6所示。

(2) 库存现金日记账的登记方法

库存现金日记账由出纳人员根据审核后的同库存现金收付有关的记账凭证，按时间顺序逐日逐笔进行登记，并根据“本日余额=上日余额+本日收入-本日支出”的公式，逐日结出库存现金余额，与库存现金实存数核对，以检查每日库存现金收付是否有误。

表5-5　　　　**库存现金日记账（三栏式）**　　　　单位：元

2014年		凭证		摘　要	对方科目	收入	支出	余额
月	日	字	号					
1	1			结转上年				1 000
	1	银付	1	提现	银行存款	2 000		3 000
	1	现付	1	零星购料	原材料		1 500	1 500
	1	现收	1	职工还款	其他应收款	500		2 000
	1			本日小计		2 500	1 500	

表 5-6　　**库存现金日记账（多栏式）**　　单位：元

年		凭证号	摘要	收入				支出				结余
				应贷科目			合计	应借科目			合计	
月	日			银行存款	主营业务收入	……		其他应收款	管理费用	……		

三栏式库存现金日记账的具体登记方法如下：

①日期栏：系指记账凭证的日期，应与库存现金实际收付日期一致。

②凭证栏：系指登记入账的收付款凭证的种类和编号，如“库存现金收（付）款凭证”，简写为“现收（付）”；“银行存款收（付）款凭证”，简写为“银收（付）”。凭证栏还应登记凭证的编号数，以便查账和核对。

③摘要栏：摘要说明登记入账的经济业务的内容。文字要简练，但要能说明问题。

对方科目栏：系指库存现金收入的来源科目或支出的用途科目。如从银行提取现金，其来源科目（即对方科目）为“银行存款”。其作用在于了解经济业务的来龙去脉。

④收入、支出栏：系指库存现金实际收付的金额。每日终了，应分别计算库存现金收入和支出的合计数，结出余额，同时将余额与出纳员的库存现金核对，即通常说的“日清”。如账款不符应查明原因，并记录备案。月终要结出库存现金本月发生额和余额，在摘要栏内注明“本月合计”字样，并在下面通栏划单红线，通常称为“月结”。

库存现金收入日记账按对应的贷方科目设置专栏，另设“支出合计”栏和“结余”栏；库存现金支出日记账则只按支出的对方科目设专栏，不设“收入合计”栏和“结余”栏。“库存现金收入日记账”和“库存现金支出日记账”的格式分别如表 5-7、表 5-8 所示。

表 5-7　　**库存现金收入日记账**　　第 1 页

单位：元

2014 年		收款凭证		摘　　要	贷方科目			收入合计	支出合计	余额
月	日	字	号		银行存款	其他应收款	营业外收入			
1	1			结转上年						1 500
	2	银付	1	提现	800			800		
	3			转记					500	1 800
	5			转记					100	1 700
	6	现收	1	销售零星材料				80		1 780
	6	现收	2	职工还款		50		50		1 830

借贷方分设的多栏式库存现金日记账的登记方法是：

①先根据有关库存现金收入业务的记账凭证登记库存现金收入日记账，根据有关库存现金支出业务的记账凭证登记库存现金支出日记账；

②每日营业终了，根据库存现金支出日记账结计的支出合计数，一笔转入库存现金收入日记账的“支出合计”栏中，并结出当日余额。

表 5-8 库存现金支出日记账 第 1 页

单位：元

2014 年		付款凭证		摘　　要	结算凭证		借方科目		
月	日	字	号		种类	号数	其他应付款	管理费用	支出合计
1	3	现付	1	预支差旅费			500		500
	5	现付	2	支付电话费				100	100

2. 银行存款日记账的格式和登记方法

银行存款日记账是用来序时反映银行存款每日的收入、支出和结余情况的账簿。银行存款日记账应按企业在银行开立的账户和币种分别设置，每个银行账户设置一本日记账。由出纳员根据与银行存款收付业务有关的记账凭证，按时间先后顺序逐日逐笔进行登记，并每日结出存款余额。

（1）银行存款日记账的格式

银行存款日记账的格式与库存现金日记账相同，既可以采用三栏式，也可以采用多栏式。多栏式可以将收入和支出的核算在一本账上进行，也可以分设“银行存款收入日记账”和“银行存款支出日记账”，其格式与表 5-7、表 5-8 相似。银行存款日记账（三栏式）的具体格式如表 5-9 所示。

表 5-9 银行存款日记账

账号：2012202544 单位：元

2014 年		凭证		对方科目	摘要	收入	支出	结余
月	日	字	号					
1	1				上年结转			100 000
	1	银付	1	库存现金	提现		2 000	98 000
	2	银收	1	主营业务收入	销售商品	50 000		148 000
	2	银付	2	购料	原材料		30 000	118 000

（2）银行存款日记账的登记方法

银行存款日记账的登记方法也与库存现金日记账的登记方法基本相同，需要做到“日清月结”，并要定期与银行对账单对账。

三、分类账的设置与登记

分类账是对全部经济业务按照总分类账户和明细分类账户进行分类登记的账簿。按照反映内容的详细程度不同，分类账又分为总分类账和明细分类账两种。

（一）总分类账

1．总分类账的设置和格式

总分类账，简称总账，是根据总分类账户设置，用以对全部经济业务进行分类登记，以提供总括会计核算资料的分类账簿。在会计核算中，正确组织分类核算，提供总括资料，对全面反映和监督整个资金运动，具有极其重要的意义。总分类账能够全面、总括地反映经济活动情况及其结果，对明细账起着统驭控制作用，为编制会计报表提供总括资料，任何单位对其所有账户都必须设置总分类账。

总分类账一般只提供总括的金额指标，所以总分类账的账页格式一般采用借、贷、余三栏式订本式账簿。其一般格式如表5-10、表5-11所示。

表5-10 **总分类账** 第　页

单位：元

年		凭证		摘要	借方	贷方	借或贷	余额
月	日	字	号					

表5-11 **总分类账** 第　页

单位：元

年		凭证		摘要	对方科目	借方	贷方	借或贷	余额
月	日	字	号						

2．总分类账的登记

总分类账可以直接根据各种记账凭证逐笔登记，也可以先将记账凭证按照一定的方法定期进行汇总，编制成汇总记账凭证或科目汇总表，然后根据汇总记账凭证或科目汇总表进行汇总登记。

［例5-1］以讯达公司20××年1月发生的交易或事项为例，登记讯达公司20××年1月“银行存款”科目的三栏式总账，如表5-12所示。

表5-12　　总分类账　　第　页

会计科目：银行存款　　单位：元

20××年		凭证		摘要	对方科目	借方	贷方	借或贷	余额
月	日	字	号						
1	1			期初余额				借	49 000
	3	收	1	投资者投入	实收资本	200 000			
	6	付	1	归还短期借款	短期借款		80 000		
	13	付	2	付设备款	固定资产		40 000		
1	31			本月合计		200 000	120 000	借	129 000

（二）明细分类账

明细分类账简称明细账，是根据总分类账所属的明细账户设置，用以对各项经济业务进行分类登记的账簿。因为总分类账只能提供总括的资料，为了对总分类账进行补充，同时也为了向经营管理者提供详细资料，企业必须设置明细分类账。明细分类账能够详细地、具体地反映经济活动的情况和结果，对总分类账起着辅助和补充的作用，为编制会计报表提供必要的明细资料。因此，任何单位都要根据具体情况设置必要的明细分类账。

明细分类账根据其所记录内容的性质和管理的要求不同，有的只需反映金额的变化情况及其结果，有的则除了要反映金额的变化情况及其结果，还需要反映实物数量的变化情况及其结果。明细分类账的格式也有所不同，主要有“三栏式明细账”“数量金额式明细账”“多栏式明细账”等账页格式。

1. 三栏式明细分类账

三栏式明细分类账的账页格式与三栏式总分类账的账页格式相同，其基本结构为“借方”“贷方”和“余额”三栏，分别来登记金额的增加、减少和结余，不设数量栏。这种账页格式的明细账主要适用于只需要进行金额核算，而不需要进行数量核算的债权债务等结算类科目的明细分类核算。如“应收账款”“应付账款”等账户的明细分类核算。

三栏式明细分类账根据记账凭证及其所附原始凭证逐日逐笔进行借方、贷方金额登记，每月终了时，计算出全月借方发生额合计和贷方发生额合计，并结算出期末余额。如为借方期末余额，在“借或贷”栏目中填写“借”字；如为贷方期末余额，在“借或贷”栏目中填写“贷”字。

［例5-2］以讯达公司20××年1月发生的交易或事项为例，登记讯达公司20××年1月“应付账款”科目所属乐新公司的三栏式明细账，如表5-13所示。

表 5-13 **（账户名称）明细账** 总账科目：应付账款

子目或户名：乐新公司

单位：元

20××年		凭证		摘要	借方	贷方	借或贷	余额
月	日	字	号					
1	1			期初余额			贷	25 000
	24	转	1	赊购材料		70 000		
	30	转	3	偿还购料款	50 000			
1	31			本月合计	50 000	70 000	贷	45 000

2. 数量金额式明细分类账

数量金额式明细分类账是对具有实物形态的财产物资进行明细分类核算的账簿。这类账簿的账页基本结构是：设“收入”“发出”“结余”三栏，每栏再分别设“数量”“单价”和“金额”三个专栏进行登记。这种账页格式的明细账主要适用于既需要进行金额核算，又需要进行数量核算的各种财产物资科目。如“原材料”“库存商品”“包装物”和“低值易耗品”等科目的明细分类账。

数量金额式明细分类账的“收入”“发出”栏的数量，应根据有关凭证进行登记，同时根据数量、单价计算出金额并填入金额栏。每笔收入或发出数量、金额登记完毕后，计算出结存的数量和金额，填入其数量和金额栏。每月终了时，加算全月收入和发出的数量与金额合计，并结算出月末结存数量和金额。

数量金额式明细分类账的一般账页格式，如表 5-14 所示。

表 5-14 **原材料明细账** 第 1 页

一级科目：原材料 编号：2

品名及规格：甲材料 存放地点：2 号仓库 计量单位：千克

20××年		凭证		摘要	收入（借方）			发出（贷方）			结存		
月	日	字	号		数量	单价（元）	金额（元）	数量	单价（元）	金额（元）	数量	单价（元）	金额（元）
1		略		期初余额							2 000	10	20 000
	6			车间领用				500	10	5 000	1 500	10	15 000
	15			购买入库	5 000	10	50 000				6 500	10	65 000
	20			车间领用				800	10	8 000	5 700	10	57 000
1	31			本月合计	5 000	10	50 000	1 300	10	13 000	5 700	10	57 000

3. 多栏式明细分类账

多栏式明细分类账是根据企业经济业务和经营管理的需要，以及企业经济业务的性质、特点，在一张账页内设若干专栏，集中反映某一总账的各明细核算的详细资料。

即在“借方发生额”和“贷方发生额”下，分别设置若干金额专栏，分栏登记各明细分类账的发生额。这种账页格式适用于只记金额、不记数量，并且在管理上需要了解和分析其构成内容科目的明细分类核算。主要适用于费用、成本、收入、成果等科目的明细核算，如“管理费用”“销售费用”“生产成本”“制造费用”“主营业务收入”“本年利润”等科目的明细核算。多栏式明细分类账是根据有关原始凭证、记账凭证、费用分配计算表进行登记的。

在实际工作中，费用成本类多栏式明细分类账簿一般为借方多栏式，即只按借方发生额设置专栏。因为这些账户每月贷方发生额的笔数较少，可运用红字冲账原理，发生时在明细账中用红字登记在借方相关栏内。会计期末将借方发生净额从贷方结转到“本年利润”或其他账户。其一般格式如表 5-15 所示。

表 5-15　管理费用明细账　第　页

单位：元

20××年		凭证		摘要	借方								余额
月	日	字	号		职工薪酬	折旧费	办公费	工会经费	招待费	水电费	其他	合计	

与费用成本类多栏式明细账相对应，收入明细账一般为贷方多栏式，即只按贷方发生额设置专栏，需要冲减收入的事项，可以用红字在贷方登记。会计期末将贷方金额从借方结转到“本年利润”账户。收入类多栏式明细账的一般格式如表 5-16 所示。

表 5-16　主营业务收入明细账　第　页

单位：元

20××年		凭证		摘要	贷方					余额
月	日	字	号		甲产品	乙产品	丙产品	其他	合计	

利润类明细账一般按借方和贷方分设专栏，即按利润构成项目设置专栏，一般适用于“本年利润”“利润分配”等账户。其一般格式如表 5-17 所示。

表 5-17 （利润）明细账 第 页

单位：元

年		凭证		摘要	借方				贷方				借或贷	余额
月	日	字	号		主营业务成本	管理费用	……	合计	主营业务收入	投资收益	……	合计		

（三）总分类账与明细分类账的关系和平行登记

1. 总分类账和明细分类账的关系

（1）两者反映的经济内容相同，登记账簿的原始依据相同，只不过提供核算指标的详细程度不同：前者提供某类经济业务总括的核算指标，后者提供某类经济业务详细具体的核算指标。

（2）总分类账控制、统驭明细分类账，即总分类账控制着明细分类账的核算内容和核算数据；明细分类账则对总分类账起着辅助和补充说明的作用。

2. 平行登记

平行登记是指对于发生的每一项经济业务，根据审核无误的会计凭证，一方面要在总分类账中进行汇总登记，同时还要在其所属的明细分类账中进行详细的登记。

总分类账和明细分类账平行登记的要点如下：

（1）同时登记。对于发生的每一项经济业务，在登记有关总分类账户的同时，还要登记总分类账户所属的有关明细分类账户。

（2）依据相同。对于发生的每一项经济业务，登记总分类账户及其所属明细分类账户的依据是相同的。即均是以同一记账凭证、记账凭证汇总表或科目汇总表及其所附的原始凭证为依据进行登记的。

（3）方向一致。对于发生的每一项经济业务，登记总分类账户及其所属明细分类账户的方向应当一致。即总分类账户记入借方，明细分类账户也应记入借方；总分类账户记入贷方，明细分类账户也应记入贷方。

（4）金额相等。对于发生的每一项经济业务，记入总分类账户的金额必须与记入所属明细分类账户的金额之和相等。

总分类账户和所属明细分类账户平行登记后，总分类账户和所属明细分类账户之间必然存在以下相等关系：

总分类账户期初余额=所属明细分类账户期初余额之和

总分类账户本期借方（或贷方）发生额=所属明细分类账户本期借方（或贷方）发生额之和

总分类账户期末余额=所属明细分类账户期末余额之和

总分类账户和所属明细分类账户之间的数字相等关系，可以用以检查总分类账户和所属明细分类账户记录的完整性和准确性。

3. 总分类账户和明细分类账户平行登记的实例

20××年 1 月 1 日，企业的“原材料”和“应付账款”总分类账户及其所属的明细分类账户的余额如下：

（1）“原材料”总账账户借方余额为 35 000 元，其所属明细账户结存情况为：

①“甲材料”明细账户，结存 2 000 千克，单位成本为 10 元，金额计 20 000 元；

②“乙材料”明细账户，结存 50 吨，单位成本为 300 元，金额计 15 000 元。

（2）“应付账款”总账账户为贷方余额 10 000 元，其所属明细账户余额为：

①“A 工厂”明细账户，贷方余额 6 000 元；

②“B 工厂”明细账户，贷方余额 4 000 元。

20××年 1 月，企业发生的有关交易或事项及其会计处理如下：

（1）1 月 9 日，从 A 工厂购入甲材料 500 千克，单价 10 元，计 5 000 元；从齐鲁工厂购入乙材料 100 吨，单价 300 元，计 30 000 元，甲、乙材料已验收入库，货款均尚未支付。

对发生的该交易或事项，企业应编制的会计分录如下：

借：原材料——甲材料　　5 000
　　　　　——乙材料　　30 000
　贷：应付账款——A 工厂　　5 000
　　　　　　　——B 工厂　　30 000

（2）1 月 12 日，从 A 工厂购入甲材料 400 千克，单价 10 元，计 4 000 元；乙材料 50 吨，单价 300 元，计 15 000 元，材料均已验收入库，货款尚未支付。

对发生的该交易或事项，企业应编制的会计分录如下：

借：原材料——甲材料　　4 000
　　　　　——乙材料　　15 000
　贷：应付账款——A 工厂　　19 000

（3）1 月 20 日，以银行存款偿付前欠 A 工厂的货款 20 000 元，B 工厂货款 30 000 元。

对发生的该交易或事项，企业应编制的会计分录如下：

借：应付账款——A 工厂　　20 000
　　　　　　——B 工厂　　30 000
　贷：银行存款　　50 000

（4）1 月 26 日，生产车间为生产产品从仓库领用甲材料 1 000 千克，金额为 10 000 元；领用乙材料 100 吨，金额为 30 000 元。

对发生的该交易或事项，企业应编制的会计分录如下：

借：生产成本　　40 000
　贷：原材料——甲材料　　10 000
　　　　　　——乙材料　　30 000

根据平行登记的要求，将上述交易或事项在“原材料”和“应付账款”总账账户及其所属的明细账户中进行登记。平行登记结果如表 5-18、表 5-19、表 5-20、表 5-21、表 5-22 和表 5-23 所示。

表 5-18 **总分类账** 第　页

账户名称：原材料 单位：元

20××年		凭证号数	摘要	借方	贷方	借或贷	余额
月	日						
1	1		期初余额			借	35 000
	9	（1）	购入材料	35 000			
	12	（2）	购入材料	19 000			
	26	（4）	生产领用材料		40 000		
1	31		本月合计	54 000	40 000	借	49 000

表 5-19 **总分类账** 第　页

账户名称：应付账款 单位：元

20××年		凭证号数	摘要	借方	贷方	借或贷	余额
月	日						
1	1		期初余额			贷	10 000
	9	（1）	购料欠款		35 000		
	12	（2）	购料欠款		19 000		
	20	（3）	偿还欠款	50 000			
1	31		本月合计	50 000	54 000	贷	14 000

表 5-20 **原材料明细账** 计量单位：千克

明细账户：甲材料 金额单位：元

20××年		凭证号数	摘要	收入（借方）			发出（贷方）			结存		
月	日			数量	单价	金额	数量	单价	金额	数量	单价	金额
1			期初余额							2 000	10	20 000
	9	（1）	购料入库	500	10	5 000				2 500	10	25 000
	12	（2）	购料入库	400	10	4 000				2 900	10	29 000
	26	（4）	生产领用				1 000	10	10 000	1 900	10	19 000
1	31		本月合计	900	10	9 000	1 000	10	10 000	1 900	10	19 000

表 5-21　　原材料明细账　　计量单位：吨

明细账户：乙材料　　金额单位：元

20××年		凭证号数	摘要	收入（借方）			发出（贷方）			结存		
月	日			数量	单价	金额	数量	单价	金额	数量	单价	金额
1			期初余额							50	300	15 000
	9	（1）	购料入库	100	300	30 000				150	300	45 000
	12	（2）	购料入库	50	300	15 000				200	300	60 000
	26	（4）	生产领用				100	300	30 000	100	300	30 000
1	31		本月合计	150	300	45 000	100	300	30 000	100	300	30 000

表 5-22　　应付账款总分类账　　第　页

账户名称：A 工厂　　单位：元

20××年		凭证号数	摘要	借方	贷方	借或贷	余额
月	日						
1	1		期初余额			贷	6 000
	9	（1）	购料欠款		5 000		
	12	（2）	购料欠款		19 000		
	20	（3）	偿还欠款	20 000			
1	31		本月合计	20 000	24 000	贷	10 000

表 5-23　　应付账款总分类账　　第　页

账户名称：B 工厂　　单位：元

20××年		凭证号数	摘要	借方	贷方	借或贷	余额
月	日						
1	1		期初余额			贷	4 000
	9	（1）	购料欠款		30 000		
	20	（3）	偿还欠款	30 000			
1	31		本月合计	30 000	30 000	贷	4 000

第四节　对账和结账

一、对账和结账的意义

真实性是会计核算的重要原则，对账是保证会计核算资料真实可靠的一项重要工作。《会计基础工作规范》要求做到，会计凭证和实际情况应相符，账簿的记录和记账凭证应相符，账簿和账簿之间的相关数字应相符。即账证、账账、账实三个方面相符。但在实际工作中，由于各种原因及各个环节上可能发生的错误会造成账实不符等情况。因此，需要定期或不定期地进行清查对账，及时发现问题，找出差错原因，进行更正，以求达到会计记录真实以及提供的会计资料准确可靠。对账以后，就要将各种账簿结算清楚，以便根据账簿记录编制会计报表。结账是总结某一会计期间（月份、季度、年度）经济活动发生的情况、考核经济效果和财务收支情况的一项重要工作，并且能使我们了解企业的资产状况。

二、对账

对账就是核对账目，即是对账簿记录进行的检查核对，是保证会计核算资料真实、正确、可靠的一项会计工作。通过对账，可以使各种账簿记录完整且正确，能如实反映和监督经济活动的情况，为编制会计报表提供真实可靠的数据资料。

对账分为日常核对和定期核对两种。日常核对是对日常填制的记账凭证的审核以及登账时对账簿记录和会计凭证的核对。日常核对工作应随时进行，发现错误随时更正。定期核对一般在月末、季末、年末结账前进行。

对账的主要内容包括账证核对、账账核对、账实核对三个方面。

1. 账证核对

账证核对，是指对各种账簿（包括总账、明细账以及现金、银行存款日记账）的记录与有关的记账凭证及其所附原始凭证进行核对，做到账证相符。账证核对通常在日常工作中进行，主要检查登账中的错误。账证核对的主要内容包括：

（1）核对会计账簿记录与记账凭证或记账凭证汇总表及其所附原始凭证是否相符。

（2）核对记账凭证汇总表与记账凭证是否相符。

（3）核对明细账与记账凭证及其所涉及的支票号码同其他结算票据种类是否相符。

2. 账账核对

账账核对是指核对不同会计账簿之间的账簿记录是否相符。为了保证账账相符，必须将各种账簿之间的有关数据进行核对。具体核对的内容包括：

（1）总分类账簿有关账户的余额核对

资产类账户的余额应等于权益类账户的余额，或总账账户的借方期末余额合计数应与贷方期末余额合计数核对相符。

（2）总分类账簿与所属明细分类账簿核对

总账账户的期末余额应与所属明细分类账户期末余额之和核对相符。

（3）总分类账簿与序时账簿核对

如前所述，序时账簿包括特种日记账和普通日记账。而我国企事业单位必须设置的特种日记账是库存现金日记账和银行存款日记账。这两类业务同时还必须设置总分类账。库存现金日记账和银行存款日记账期末余额应分别同有关总分类账户的期末余额核对相符。

（4）明细分类账簿之间的核对

会计部门各种财产物资明细分类账的期末余额应与财产物资保管或使用部门有关

明细账的期末余额核对相符。

3. 账实核对

账实核对，是指各种财产物资的账面余额与货币资金、财产物资、债权债务的实际数额核对时，做到账实相符。账实核对的主要内容包括：

（1）现金日记账的账面余额，与现金实际库存数每日终了应核对相符，不准以白条抵充现金或挪用现金。

（2）银行存款日记账的账面余额，定期（一般每月核对一次）与开户银行的对账单核对。

（3）各种财产物资，如原材料、库存商品、固定资产等明细账的账面余额与财产物资保管部门或使用部门的实物数量核对。

（4）各种债权、债务如应收账款、应收票据、应付账款、应付票据等明细账的账面余额，定期与有关往来单位或个人的债权、债务核对。

三、结账

结账是一项将账簿记录定期结算清楚的账务工作。在一定时期结束时（如月末、季末或年末），为了编制会计报表，需要进行结账。结账的内容通常包括两个方面：一是结清各种损益类账户，并据以计算确定本期利润；二是结清各资产、负债和所有者权益账户，分别结出本期发生额合计和余额。

（一）结账程序

结账主要包括四个基本程序。

1. 将本期发生的经济业务事项全部登记入账，并保证其正确性。检查本期内日常发生的交易或事项是否已全部登记入账，若发现漏账、错账，应及时补记、更正。

2. 根据权责发生制的要求，调整有关账项，合理确定本期应计的收入和应计的费用，编制账项调整的会计分录，并据以登记入账。期末账项调整包括以下几个方面：

（1）成本类账户转账。为了正确计算产品成本，期末“制造费用”应按企业成本核算的有关规定，分配计入有关成本核算对象，即将本账户本期发生额分配转入“生产成本”账户；“生产成本”账户汇集的费用应在完工产品和在产品之间进行分配，计算出完工产品的生产成本，并通过本账户贷方转入“库存商品”账户借方。

（2）收入分摊和成本分摊的调整。收入分摊是指企业已经收取有关款项，但未完成或未全部完成销售商品或提供劳务，需在期末按本期已完成的比例，分摊确认本期已实现收入的金额，并调整以前预收款项时形成的负债。如企业销售商品预收定金、提供劳务预收佣金。在收到预收收入时，应借记“银行存款”等科目，贷记“预收账款”等科目；在以后提供商品或劳务、确认本期收入时，进行期末账项调整，借记“预收账款”等科目，贷记“主营业务收入”等科目。

成本分摊是指企业的支出已经发生、能使若干个会计期间受益，为正确计算各个会计期间的盈亏而将这些支出在其受益的会计期间进行分配。如企业已经支出，但应由本期和以后各期负担的报刊费，在支付时，应借记“预付账款”等科目，贷记“银行存款”等科目；在会计期末进行账项调整时，借记“管理费用”等科目，贷记“预付账款”等科目。

（3）应计收入和应计费用的调整。应计收入是指那些已在本期实现、因款项未收而未登记入账的收入。企业发生的应计收入，主要是本期已经发生且符合收入确认标准，但尚未收到相应款项的商品或劳务。对于这类调整事项，应确认为本期收入，借记“应收账款”等科目，贷记“主营业务收入”等科目；待以后收妥款项时，借记“库存现金”“银行存款”等科目，贷记“应收账款”等科目。

应计费用是指那些已在本期发生、因款项未付而未登记入账的费用。企业发生的应计费用，本期已经受益，如应付未付的借款利息等。由于这些费用已经发生，应当在本期确认为费用，确认时，借记“财务费用”等科目，贷记“应付利息”等科目；待以后实际支付款项时，借记“应付利息”等科目，贷记“库存现金”“银行存款”等科目。

3. 将损益类科目转入“本年利润”科目，结平所有损益类科目。期末将“主营业务收入”“其他业务收入”“营业外收入”等收入类账户的本期发生额合计数转入“本年利润”账户的贷方；同时，将“主营业务成本”“其他业务成本”“管理费用”“财务费用”“销售费用”“营业外支出”“所得税费用”等支出类账户的本期发生额合计数转入“本年利润”账户的借方，并计算本期利润。

4. 在本期全部经济业务登记入账的基础上，结算出所有资产、负债和所有者权益类账户的本期发生额和期末余额，并结转下期，作为下期的期初余额。

（二）结账方法

1. 日结或月结。日结或月结是在每日或每月终了进行。日结或月结时，应在该日或该月最后一笔经济业务下面划一条通栏单红线，在红线下“摘要”栏内注明“本日合计”或“本月合计”“本月发生额及余额”字样，在“借方”“贷方”或“余额”栏分别填入本日、本月合计数和月末余额，同时在“借或贷”栏内注明借贷方向，如无余额，应在“借或贷”栏内登记“平”字，在“余额”栏中注明“0”。然后，在这一行下面再划一条通栏单红线，以便与下日、下月发生额划清。

2. 季结。季结是在每季终了进行。季结时，通常在每季度的最后一个月月结的下一行，在“摘要”栏内注明“本季合计”或“本季度发生额及余额”，同时结出借、贷方发生额及季末余额。然后，在这一行下面划一条通栏单红线，表示季结的结束。

3. 年结。年结是在每年终了进行。年结时，在12月份月结或第四季度季结的下一行，在“摘要”栏注明“本年合计”或“本年发生额及余额”，同时结出借、贷方发生额及期末余额。然后，在这一行下面划上通栏双红线。

4. 年度终了，各个账户都需要平衡。平衡的方法是：将年初借方或贷方余额记入“本年发生额及余额”栏的下一行“贷方”或“借方”栏内，并在“摘要”栏内注明“上年余额”字样，同时将本年年末余额记入“上年余额”下一行的“借方”或“贷方”栏内，并在“摘要”栏内注明“结转下年”字样；然后在“结转下年”数字下面划通栏单红线，将借、贷双方数字加计总数，列入红线下一栏的“借方”或“贷方”，并在“摘要”栏内注明“总计”字样；最后在“总计”数字下面划通栏双红线，表示双方平衡和年度结账工作的结束。

5. 年度结账后，总账和日记账应当更换新账，明细账一般也应更换。但有些明细账，如固定资产明细账等可以连续使用，不必每年更换。年终时，要把各账户的余额结转到下一会计年度，只在“摘要”栏注明“结转下年”字样，结转金额不再抄写。如果账页的“结转下年”行以下还有空行，应当自“余额”栏的右上角至“日期”栏的左下角用红笔划对角斜线注销。在下一会计年度新建有关会计账簿的第一行“余额”栏内填写上年结转的余额，并在“摘要”栏注明“上年结转”或“年初余额”字样。年末余额转入新账，不必填制记账凭证。

另外，对于需要反映年初至各月末累计发生额的某些账户，应在月结或季结的下面，结算出年初至本月末的累计发生额，在“摘要”栏中注明“本年累计”字样，并在下面划一条通栏单红线，12 月末的“本年累计”就是全年累计发生额，全年累计发生额下通栏划双红线。

第五节　错账更正方法

一、查找错账的方法

在对账过程中，可能会发生各种各样的差错。产生差错的原因可能是重记、漏记、数字颠倒、数字错位、数字记错、科目记错、借贷方向记反，从而影响会计信息的正确性。如发现差错，会计人员应及时查找并予以更正。常见的差错查找方法有以下几种：

1. 差数法

差数法是指按照错账的差数来查找错账的方法。主要用于查找借贷方有一方漏记的错误。例如，在记账过程中只登记了经济业务的借方或者贷方，漏记了另一方，从而形成试算平衡中借方合计数与贷方合计数不相等。如果借方金额遗漏，就会使该金额在贷方超出；如果贷方金额遗漏，则会使该金额在借方超出。对于这样的差错，可由会计人员通过回忆和核对相关金额的记账来查找。如会计凭证上记录的是：

借：应交税费——应交消费税	5 250	
——应交城市维护建设税	367.5	
——应交个人所得税	500	
——应交教育费附加	157.5	
贷：银行存款		6 275

若会计人员在记账时漏记了城市维护建设税 367.5 元，那么在进行应交税费总账和明细账核对时，就会出现总账借方余额比明细账借方余额多 367.5 元的现象。

2. 尾数法

对所有账户的借方发生额合计数和贷方发生额的合计数的差额，看其尾数，乃至小数点以后的角或分的数字。对于发生的角、分的差错可以只查找小数部分，以提高查错的效率。如只差 0.06 元，只需看一下尾数有“0.06”的金额，看是否已将其登记入账。

3. 二除法

二除法，是指以差数除以 2 来查找错账的方法，主要用于查找因数字记反方向而发生的错账。如在记账时，有时由于会计人员疏忽，错将应记入借方的数字误记入了贷方，或将贷方金额登记到了借方，这必然会导致一方的合计数增大，而另一方的合计数减少，其差异数字恰好是记错了方向数字的一倍，且差异数字必定是偶数。对于这种错误的检查，可用差异数除以 2，则其商数就可能是账中记账方向的反方向数字，然后再到账簿中去查找与这个商数相同的数字，看其是否记错了方向，即可找到错账的所在之处。如：

借：其他应收款——总务科　　500

　贷：库存现金　　500

登记明细账时，错把其他应收款登记入贷方，总账与明细账核对时，就会出现总账借方余额大于明细账借方余额 1 000 元的情况。这时将 1 000 元除以 2，正好是贷方记错的 500 元。

4. 九除法

九除法是指用对账差额除以 9 来查找差错的一种方法，主要适用于下列两种错误的查找：

（1）数字错位。在查找错误时，如果差错的数额较大，就应该检查一下是否在记账时发生了数字错位。在登记账目时，会计人员有时会把位数看错，把十位数看成百位数，把百位数看成千位数，把小数看大了；也有可能把百位数看成十位数，把千位数看成百位数，把大数看小了。这种情况下，差错数额一般比较大，可以用除 9 法进行检查。如将 70 元看成了 700 元并登记入账，此时在对账时就会出现余额差 700-70=630（元），用 630 元除以 9，商为 70 元，70 元就是应该记录的正确的数额。又如收入现金 800 元，误记为 80 元，对账结果会出现 800-80=720（元）的差值，用 720 元除以 9，商为 80 元，商数即为差错数。

（2）相邻数字颠倒错误的查找。在记账时，有时易将相邻的两位数或三位数的数字登记颠倒，如将 86 记成 68，315 记成 513，它们的差值分别是 18 和 198，都可以被 9 整除，这样知道错误问题之后，再进一步判断错在哪一笔业务上就可以了。

如果用上述方法检查均未发现错误，而对账结果又确实不符，还可以采用顺查、逆查、抽查等方法检查是否有漏记和重记等现象。顺查是指按账务处理的顺序，从凭证开始到账簿记录止，从头到尾进行普遍检查的方法。逆查法是指与账务处理顺序相反，从尾到头进行普遍检查的方法。抽查法是指抽取账簿记录中某些局部数据进行检查的方法。

二、错账更正的方法

在记账过程中，有时会由于各种原因造成账簿的记录发生错误。如果账簿记录发生错误，不准涂改、挖补、刮擦或用药水消除字迹，不准重新抄写，必须按照规定的方法进行更正。错账更正的方法有：划线更正法、红字更正法和补充登记法。

1. 划线更正法

划线更正法适用于在结账前发现账簿记录中有文字、数字错误，而其所依据的记账凭证正确无错的情况。

更正错误的具体方法是：先在错误的文字或数字上划一条红线予以注销，但必须使原有的文字或数字字迹仍可辨认，以备查考；然后在划线的上方用蓝字填写正确的文字或数字，并由会计人员和会计机构负责人在更正处盖章，以明确责任。

对于错误的数字，应当全部划线更正，不得只更正其中的错误数字。例如：记账员李三在登记“管理费用”账户时，误将 4 725. 64 写成 4 752. 64，更正时，应将错误数字 4 752. 64 全部用红线划销，然后在其上方记录 4 725. 64，而不能只将其中的“52”改为“25”。对于文字错误，可以只在错误的文字上划线注销，在其上方空白处填上正确的文字。在账簿上用划线更正法更正金额的方法如图 5-2 所示。

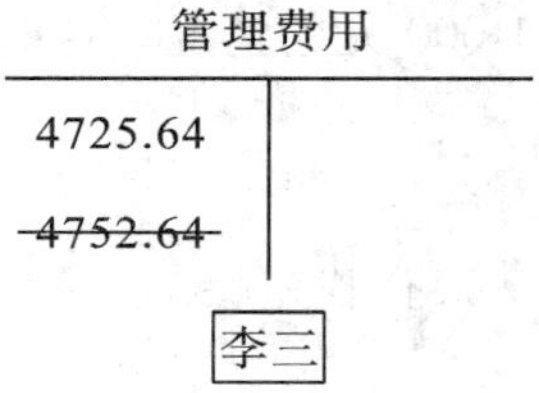

图 5-2　划线更正法

2. 红字更正法

红字更正法一般适应于以下两种情况：

(1) 记账以后，如果发现记账凭证中的会计科目名称错误，或应借、应贷方向错误，或科目和金额同时错误，进而造成账簿记录错误，可采用红字更正法予以更正。

对于账簿记录错误，其更正方法是：应先用红字金额填写一张与原错误记账凭证完全相同的记账凭证，且在“摘要”栏内注明“注销×年×月×日×字×号凭证的错误”，并据以用红字金额登记入账，以冲销原有的错误记录；然后用蓝字金额填制一张正确的记账凭证，在“摘要”栏内注明“更正×年×月×日×字×号凭证”，并据以用蓝字金额登记入账。举例如下：

职工张勇出差预借差旅费 1 000 元，以现金支付。填制记账凭证时，误记为：

借：管理费用　　　　1 000

　贷：库存现金　　　　1 000①

并已登记入账。

当发现这一记账错误时，应先用红字金额填写一张与上述记账凭证相同的记账凭证，其会计分录如下：

借：管理费用　　1 000

　贷：库存现金　　1 000②

然后用蓝字金额填制一张正确的记账凭证，其会计分录如下：

借：其他应收款——张勇　　1 000

　贷：库存现金　　1 000③

同时将②、③两张记账凭证中的会计分录登入相应的账簿中。在账簿中用红字更正法更正记账凭证中的记账错误，如图 5-3 所示。

借　库存现金	贷
	①　1 000
	②　1 000
	③　1 000

借　管理费用	贷
①　1 000	
②　1 000	

借　其他应收款	贷
③　1 000	

图 5-3　红字更正法

（2）记账以后，如果发现记账凭证中应借、应贷科目正确无误，只是所记金额大于应记金额并已过账；或者记账凭证完全正确，只是登账时发生笔误，使得错误金额大于正确金额且已结账，均应采用红字更正法予以更正。

具体更正方法是：将多记的金额，用红字填制一张与原错误凭证的记账方向、会计科目完全相同的记账凭证，且在“摘要”栏注明“冲销×年×月×日×字×号凭证多记金额”，并据以用红字金额登记入账。举例如下：

某企业销售甲产品取得收入 5 000 元，暂未收到货款（假设不考虑相关税费）。填制记账凭证时，误记为：

借：应收账款　　50 000

　贷：主营业务收入　　50 000④

并已登记入账。

更正时，将多记金额 45 000 元用红字金额填制如下记账凭证：

借：应收账款　　45 000

　贷：主营业务收入　　45 000⑤

同时将记账凭证⑤登入相应的账簿中。在账簿中用红字更正法冲销多记金额的登记如图 5-4 所示。

借　主营业务收入	贷
	④ 50 000
	⑤ 45 000

借　应收账款	贷
④ 50 000	
⑤ 45 000	

图 5-4　红字更正法

3. 补充登记法

补充登记法是指对原记账凭证记录中少记的金额予以补充登记的一种方法。适用于记账以后，发现记账凭证中应借、应贷科目正确无误，只是所记金额少于正确金额并已过账；或者记账凭证完全正确，只是登账时发生笔误，导致所记金额少于正确金额且已结账，均可采用补充登记法予以更正。

具体更正方法是：将少记的金额，用蓝字填制一张与原记账凭证的记账方向、会计科目相同的记账凭证，且在“摘要”栏注明“补充×年×月×日×字×号凭证少记金额”，并据以登记入账。举例如下：

企业本月办公室固定资产应提取折旧费 6 500 元。填制记账凭证时，误记为：

借：管理费用　　5 600

　贷：累计折旧　　5 600⑥

并已登记入账。

更正时，只需填制一张与原记账凭证的记账方向、会计科目相同，金额为 900 元的蓝字记账凭证，并据以登记入账即可。如图 5-5 所示。

借：管理费用　　900

　贷：累计折旧　　900⑦

借　累计折旧	贷
	⑥ 5 600
	⑦ 900

借　管理费用	贷
⑥ 5 600	
⑦ 900	

图 5-5　补充登记法

三、账簿的更换与保管规则

1. 账簿的更换规则

为了保证账簿记录的连续性，在每一会计年度结束，新的会计年度开始时，应按会计准则的规定进行账簿的更换。

更换新账时，应将旧账簿各账户的余额直接记入新账簿有关账户中新账页第一页第一行的“余额”栏内，并在“摘要”栏注明“上年结转”或“年初余额”字样，不必填制记账凭证。

总分类账、日记账和大部分明细分类账必须每年更换一次；只有少部分明细分类账，如固定资产明细账，不必每年更换，可以跨年使用。但需在“摘要”栏中注明“结转下年”的字样。

2. 账簿的保管规则

账簿同会计凭证一样，都是重要的会计档案，因而都应按照规定妥善保管。正在使用的账簿应由经管账簿的有关人员负责保管，保证其安全、完整。年度终了的旧账，会计机构可保管一年，期满后应装订成册或封扎，加齐封面后统一编号，交档案室统一由专人保管。现金和银行存款日记账的保管期限为 25 年，总账、明细账、辅助账簿及其他日记账的保管期限为15年，固定资产卡片账在固定资产报废清理后应保管5年。保管期满以后，应按照规定的审批程序报经批准才能销毁。

本章小结

会计账簿是以审核无误的会计凭证为依据，全面、系统、连续、分类记录各项经济业务的簿籍，由具有专门格式、相互联系的若干账页所组成。为了把分散记录在会计凭证上的大量的经济信息加以分类归集，并为经营管理提供系统、完整的核算资料，任何单位必须设置和登记账簿。设置和登记账簿是会计核算的专门方法之一，是对会计凭证的归集，也是编制会计报表的基础。因此，会计账簿是连接会计凭证和会计报表的中间环节。

会计账簿按用途不同，可分为序时账簿、分类账簿和备查账簿；按外表形式不同可分为订本式账簿、活页式账簿和卡片式账簿。各种账簿相互联系、相互制约形成一个完整的账簿体系。企业、事业等单位都要按照自己的业务特点和经营管理的需要设置账簿。

日记账可以用来记录全部经济业务的完成情况，也可以用来连续记录某一类经济业务的完成情况。为了逐日反映现金和银行存款的收付情况，一般来说，各单位都应设置现金日记账和银行存款日记账等特种日记账。

总分类账是根据总分类科目开设账户，用来登记全部经济业务，进行总分类核算，提供总括核算资料的分类账簿。总分类账所提供的核算资料，是编制会计报表的主要依据，任何单位都必须设置总分类账簿。总分类账一般采用订本式账簿，账页格式一般采用“借方”“贷方”“余额”三栏式。明细分类账是按照明细分类账户设置，用来详细记录经济业务的账簿。它既可以反映资产、负债、所有者权益、收入、费用等具体项目金额的变动情况，也可以反映实物数量的增减变化。其所提供的详细核算资料是对总分类账的详细反映和补充说明，也是编制会计报表的依据。明细分类账的账页根据不同的经济内容和管理要求采用不同的格式，主要有“三栏式”“数量金额式”和“多栏式”。明细分类账的账页一般采用活页式，有的也采用卡片式（如固定资产明细账）。总分类账和明细分类账之间的关系通过平行登记得以体现。总分类账和明细分类账的平行登记具有同时登记、依据相同、方向一致、金额相等的要点。总分类账户和所属明细分类账户之间的数字相等关系可以用来检查总分类账户和所属明细分类账户记录的完整性和准确性。

会计账簿是重要的会计档案，因此企业必须按照《中华人民共和国会计法》（以下简称《会计法》）和《会计基础工作规范》等法规、制度的规定使用、登记和更正账簿。同时还必须对账簿记录进行定期对账和结账。

思考题

1. 设置和登记账簿对会计核算有何意义?
2. 什么是对账?对账包括哪些内容?
3. 简述总分类账与明细分类账的关系以及平行登记的要点。
4. 错账更正的方法有几种?它们的适用范围如何?
5. 简述账簿登记的基本要求。
6. 简述月结和年结的方法。

第六章　制造业主要经济业务的核算

学习目标

1. 了解筹资业务核算的内容；
2. 掌握筹资业务的核算；
3. 了解采购业务核算的内容；
4. 掌握采购业务的核算；
5. 了解产品生产业务的核算内容；
6. 掌握产品生产业务的核算；
7. 了解销售业务核算的内容；
8. 掌握销售业务的核算；
9. 了解财务成果的构成；
10. 掌握财务成果的计算和核算。

案例：

李志敏原在某事业单位任职，月薪 3 500 元。2015 年年初他辞去公职，投资 100 000 元（该 100 000 元为个人从银行借入的款项，年利率为 4%）开办了一个公司，从事餐饮服务。该公司开业一年来，有关收支项目的发生情况如下：

（1）餐饮收入 560 000 元。

（2）出租场地的租金收入 60 000 元。

（3）兼营小食品零售业务收入 48 000 元。

（4）各种饮食品的成本 320 000 元。

（5）支付的各种税费 48 000 元。

（6）支付的雇员工资 160 000 元。

（7）购置设备支出 200 000 元，其中本年应负担该批设备的磨损成本为 50 000 元。

（8）李志敏的个人支出 40 000 元。

案例要求：

确定该公司的经营成果并运用你掌握的会计知识评价刘志敏的辞职是否合适。

案例提示：

该餐饮公司 2015 年的有关损益项目确定如下：

收入＝560 000+60 000+48 000＝668 000（元）

费用＝320 000+48 000+160 000+50 000＝578 000（元）

利润=668 000-578 000=90 000（元）

通过以上计算可以看出，李志敏经营的餐饮公司开业一年来实现的经营成果是盈利90 000元。李志敏原在事业单位任职，月薪3 500元，年薪为42 000元，显然，李志敏开办的餐饮公司获得的盈利要超过其在单位任职的收入，也就是说，李志敏辞去公职而开办公司是合适的。

对于本案例需要注意，李志敏个人的支出40 000元不能作为公司的开支看待。因为按照会计主体前提条件的要求，公司的会计只核算本公司的业务，必须将公司这个会计主体的业务与公司所有者即李志敏本人的业务区别开来。另外，对于李志敏来说，在做出这个决策时，需要考虑借款投资的利息问题。在本案例中，借款的年利息额为4 000（100 000×4%）元，但由于这个利息额度比较小，因此并不改变最终的结果。

相对于其他行业而言，制造业企业的经济活动更为复杂多样，也更为完整，因此本章我们将以制造业企业为对象，学习一个完整的生产、经营的会计核算过程。

一个制造业企业为了组织生产经营活动，必须完成六个环节。第一，必须通过一定的筹资渠道筹集资金以满足生产经营的需要；第二，将筹集的资金用于购置各种物质生产条件，如建造厂房、购买机器设备、购买材料等；第三，组织产品生产；第四，销售产品，取得收入；第五，实现利润并对利润进行分配；第六，将未分配的利润再次投入到生产经营中。可见，筹资、采购、生产、销售及利润形成与分配这五个环节在制造业企业的经营过程中不断地循环，我们将这一过程称为企业的经济业务循环。

因此，本章对制造业企业的经济业务循环的会计核算在内容上包括筹资业务核算、采购业务核算、生产业务核算、销售业务核算以及财务成果的核算五个方面。

第一节　资金筹集业务的核算

企业的建立，首先必须筹集到所需要的资金。企业筹集资金的方式按照筹资渠道可以分为股权筹资和债务筹资。其中，股权筹资是指企业所有者投入的资本，它是企业的永久性资本，使企业在承担经营风险的同时，也享有经营收益的分配。债务筹资是指企业向债权人借入的资本，如向银行的贷款等，这部分资本具有明确的还本付息期限，到期必须予以偿还，并受法律保护。下面简要说明这两种主要筹资业务的核算。

一、资金筹集业务核算的内容

资金筹集业务的核算主要包括所有者投入资本的核算和债权人投入资本的核算两部分内容。

《中华人民共和国公司法》（以下简称《公司法》）规定，为了使企业具备与其生产经营相适应的资金数额，保证企业从事生产经营活动的需要，作为企业的所有者，必须向企业投入一定的资本金。资本金是指企业在工商行政管理部门登记的注册资本。设立企业必须达到法定的注册资本的最低限额。资本金按照投资主体的不同可分为国家资本金、法人资本金、个人资本金和外商资本金等。投资者按照企业章程或合同、协议的规定而实际投入企业的资本，就是企业的实收资本（股份公司为股本）。投资者可以用货币资金出资，也可以用实物资产、无形资产等能够用货币估价并能够依法转让的非货币财产作价出资；但是，法律、行政法规规定不得作为出资的财产除外。

企业为了进行正常的生产经营活动，除了必须吸收所有者的投资，还必须经常向银行或其他非银行的金融机构借款，通过发行债券、赊购货物、推迟付款等方式筹集资金，这些资金均属于债权人投入的资金，形成企业的负债。本节只介绍企业向银行或其他非银行的金融机构借入资金的核算。

二、投资者投入资本的核算

投资者将资金投入企业，并成为企业的股东（或称为投资者），进而可以参与企业的经营决策并获得企业盈利分配。企业吸收投资者的投资后，企业的资产增加了，同时投资者在企业中所享有的权益也增加了。

（一）投入资本核算的账户设置

为了核算企业投入资本的经济业务，应设置以下账户进行核算。

1.“实收资本或股本”账户

“实收资本”（股份公司为“股本”）账户，核算企业接受投资者投入的、与企业注册资本数额相同的资本的增减变动及结存情况。该账户属于所有者权益类账户，贷方登记企业实际收到的投资者投入的资本，以及按规定用资本公积、盈余公积转增资本金的数额；借方登记企业按法定程序报经批准减少的资本，平时一般没有数额；期末余额在贷方，反映企业实有的资本或股本总额。本账户可按投资者设置明细账以进行明细分类核算。

企业收到投资者出资额超过其在注册资本或股本中所占份额的部分，作为资本溢价或股本溢价，在“资本公积”账户中核算。

2.“资本公积”账户

“资本公积”账户，核算企业实际收到投资者出资额超出其在注册资本或股本中所占份额以及直接计入所有者权益的利得和损失等。该账户属于所有者权益类账户，贷方登记资本公积的增加数额；借方登记资本公积的减少数额；期末余额在贷方，反映资本公积的结存数额。本账户可设置“资本溢价”或“股本溢价”“其他资本公积”明细账，进行明细分类核算。

3.“库存现金”账户

“库存现金”账户，核算企业库存现金的增减变动及其结存情况。该账户属于资产类账户，借方登记库存现金的增加数；贷方登记库存现金的减少数；期末余额在借方，反映企业持有的库存现金。本账户一般不进行明细分类核算。

4.“银行存款”账户

“银行存款”账户，核算企业存入银行或其他金融机构的各种款项的增减变动及其结存情况。该账户属于资产类账户，借方登记银行存款的增加数；贷方登记银行存款的减少数；期末余额在借方，反映企业存在银行或其他金融机构的各种款项的实有数。本账户一般不进行明细分类核算。

5.“固定资产”账户

“固定资产”账户，核算企业固定资产原始价值（原价）的增减变动及其结存情况。该账户属于资产类账户，借方登记增加的固定资产的原始价值；贷方登记减少的固定资产的原始价值；期末余额在借方，反映企业现有固定资产的账面原价。本账户可按固定资产类别和项目设置明细账，进行明细分类核算。

6.“无形资产”账户

“无形资产”账户，核算企业无形资产成本的增减变动及其结存情况。无形资产包括专利权、非专利技术、商标权、著作权、土地使用权等。该账户属于资产类账户，借方登记无形资产的增加；贷方登记无形资产的减少；期末余额在借方，反映企业无形资产的成本。本账户可按无形资产项目设置明细账，进行明细分类核算。

（二）投入资本的核算举例

乐大公司是一个生产型企业，于 2015 年 1 月注册成立，本月发生以下经济业务：

[例 6-1] 乐大公司注册成立，接受中原公司投入现金 1 000 000 元，款项已通过银行转入；设备两台，价值 500 000 元；专利权一项，价值 100 000 元。

分析：设备属于企业的固定资产，专利权属于企业的无形资产。因此，这项经济业务的发生，一方面引起企业的银行存款、固定资产和无形资产的增加，“银行存款”“固定资产”“无形资产”均属于资产类账户，资产的增加应记入对应“银行存款”“固定资产”“无形资产”账户的借方。另一方面引起企业实收资本的增加，“实收资本”属于所有者权益类账户，所有者权益的增加，应记入对应“实收资本”账户的贷方。因此，本笔业务应编制的会计分录如下：

借：银行存款	1 000 000	
固定资产	500 000	
无形资产	100 000	
贷：实收资本——中原公司		1 600 000

[例 6-2] 科华企业向乐大公司投入 3 台设备，评估确认总价值为 2 100 000 元。科华企业投入资本占乐大公司注册资本的总额为 2 000 000 元。

分析：科华企业作为企业的投资者，向企业投入的设备属于企业的固定资产。这笔经济业务的发生，一方面引起企业的固定资产增加了 2 100 000 元；另一方面引起企业的资本增加了 2 100 000 元。固定资产的增加是资产的增加，应记入对应“固定资产”账户的借方；资本的增加是所有者权益的增加，其中 2 000 000 元属于企业的注册资本，记入“实收资本”及其相关明细账户的贷方，超过注册资本的 100 000 元应作为资本溢价，记入“资本公积”及其相关明细账户的贷方。应编制的会计分录为：

借：固定资产	2 100 000	
贷：实收资本——科华企业		2 000 000
资本公积——资本溢价		100 000

三、借入资本的核算

企业自有资金不足以满足企业经营活动的需要时，可以通过从银行或其他金融机构借款的方式筹集资金，并按借款协议约定的利率承担支付利息及到期归还借款本金的义务。企业借入的资本按照偿还期限的长短可分为短期借款和长期借款。短期借款是指企业向银行或其他金融机构借入的、偿还期限在一年或超过一年的一个营业周期以内的各种借款，属于流动负债的范畴。长期借款是指企业向银行或其他金融机构借入的、偿还期限在一年或超过一年的一个营业周期以上的各种借款，属于非流动负债的范畴。企业借入资金时，一方面银行存款增加，另一方面负债也相应增加。

（一）账户设置

借入资本的核算包括借入资本的取得、偿还和利息的核算。因而应设置以下账户进行核算。

1.“短期借款”账户

“短期借款”账户，用于核算企业向银行或其他金融机构等借入的偿还期限在一年（包含一年）或超过一年的一个营业周期以内的各种借款的取得、偿还及结存情况。该账户属于负债类账户，贷方登记取得的各种短期借款；借方登记归还的各种短期借款；期末余额在贷方，反映企业尚未偿还的短期借款。本账户可按借款种类、贷款人和币种设置明细账，进行明细分类核算。

2.“长期借款”账户

“长期借款”账户，用于核算企业向银行或其他金融机构借入的偿还期限在一年或超过一年的一个营业周期以上的各种借款的取得、应付未付利息、本息偿还及其结存情况。该账户属于负债类账户，贷方登记取得的各种长期借款及其计算的应付未付的利息；借方登记偿还的各种长期借款的本金和利息；期末余额在贷方，反映企业尚未偿还的长期借款的本金和利息。本账户可按贷款单位和贷款种类设置明细账，进行明细分类核算。

3.“财务费用”账户

“财务费用”账户，用于核算企业为筹集生产经营所需资金等而发生的各项筹资费用，包括利息支出（减利息收入）、汇兑损益以及相关的手续费、企业发生的现金折扣或收到的现金折扣等。该账户属于损益类（费用）账户，借方登记企业发生的利息支出、汇兑损失及相关的手续费；贷方登记利息收入、汇兑收益及期末自本账户转入“本年利润”账户的余额；期末结转后本账户无余额。本账户可按费用项目设置明细账，进行明细分类核算。

4.“应付利息”账户

“应付利息”账户，用于核算企业按照合同约定应支付的利息，包括吸收存款、分期付息到期还本的长期借款、企业债券等应支付的利息。该账户属于负债类账户，贷方登记短期借款中按合同利率计算确定的应付未付的利息；借方登记实际支付的利息；期末余额在贷方，反映企业短期借款中应付未付的利息。本账户可按存款人或债权人设置明细账，进行明细分类核算。

（二）借入资本的核算举例

［例 6-3］乐大公司于 2015 年 1 月 1 日从工商银行取得期限为 6 个月，利率为 6%的借款 200 000 元，款项存入银行。假设按借款合同规定，该借款的本息于 2015 年 7 月 1 日借款到期时一次归还。

①2015 年 1 月 1 日，从工商银行借入款项时：

分析：企业借入的期限为 6 个月的借款属于企业的短期借款。企业取得短期借款时，一方面引起企业的银行存款增加了 200 000 元；另一方面引起企业的短期借款增加了 200 000 元。银行存款的增加是资产的增加，记入“银行存款”账户的借方；短期借款的增加是负债的增加，记入“短期借款”及其相关明细账户的贷方。应编制的会计分录为：

借：银行存款　　200 000

　贷：短期借款——工行　　200 000

②2015 年 1 月 31 日，计提当月借款利息时：

分析：按照权责发生制基础，企业借入短期借款的利息在借款使用期内应按月预提，到期支付。企业每月应计提的借款利息为：200 000×6%/12＝1 000 元。每月末企业确认的应当归属于当月的借款利息费用时，应增加企业的财务费用，同时形成企业对银行的一项负债。计提当月借款利息时，一方面引起企业的财务费用增加了 1 000 元；另一方面引起企业的应付利息增加了 1 000 元。财务费用的增加是费用的增加，记入“财务费用”账户的借方；应付利息的增加是负债的增加，记入“应付利息”账户的贷方。应编制的会计分录为：

借：财务费用　　1 000

　贷：应付利息——工行　　1 000

2、3、4、5、6 月末计提借款利息时，做相同的会计处理。

③2015 年 7 月 1 日，借款到期，归还借款本息时：

分析：借款到期，企业应归还到期短期借款本金 200 000 元，支付在借款使用期内各月末已计提的借款利息 6 000（1 000×6）元，共计 206 000 元。2015 年 7 月 1 日借款到期，支付借款本息时，一方面引起企业的银行存款减少了 206 000 元；另一方面引起企业的短期借款减少了 200 000 元，应付利息减少了 6 000 元。短期借款的减少是负债的减少，记入“短期借款”及其相关明细账户的借方；应付利息的减少是负债的减少，记入“应付利息”账户的借方；银行存款减少是资产的减少，记入“银行存款”账户的贷方。应编制的会计分录为：

借：短期借款——工行　　200 000

　　应付利息——工行　　6 000

　贷：银行存款　　206 000

［例 6-4］乐大公司于 2015 年 1 月 1 日向建设银行借入期限为 3 年，利率为 9%，到期一次还本付息的借款 100 000 元，款项已存入银行。假设本笔借款的本金与企业实

际收到的借款金额相等。

①2015 年 1 月 1 日，从建设银行取得借款时：

分析：企业借入的期限为 3 年的借款属于企业的长期借款。取得长期借款时，一方面引起企业的银行存款增加了 100 000 元；另一方面引起企业的长期借款增加了 100 000 元。银行存款的增加是资产的增加，记入“银行存款”账户的借方；长期借款的增加是负债的增加，记入“长期借款”及其相关明细账户的贷方。应编制的会计分录为：

借：银行存款　　100 000

　贷：长期借款——建行　　100 000

② 2015 年 12 月 31 日，计提当年借款利息时：

分析：按照权责发生制基础，对于到期一次还本付息的长期借款，企业应在每年年末计算其借款利息。企业每年应计提的借款利息为：100 000×9% = 9 000 元。每年年末企业确认的应当归属于当年的借款利息费用时，应增加企业的财务费用，同时形成企业对银行的一项负债，增加企业的长期借款。年末，计提当年借款利息时，一方面引起企业的财务费用增加了 9 000 元；另一方面引起企业的长期借款增加了 9 000 元。财务费用的增加是费用的增加，记入“财务费用”账户的借方；长期借款的增加是负债的增加，记入“长期借款”及其相关明细账户的贷方。应编制的会计分录为：

借：财务费用　　9 000

　贷：长期借款——建行　　9 000

2016 年年末和 2017 年年末，计提借款利息时，做相同会计处理。

③2018 年 1 月 1 日，借款到期，归还到期长期借款本息时：

借款到期，企业应归还到期长期借款本金 100 000 元，支付在借款使用期内各年末已计提的借款利息 27 000（9 000×3）元，共计 127 000 元。2018 年 1 月 1 日借款到期，归还到期长期借款本息时，一方面引起企业的银行存款减少了 127 000 元；另一方面引起企业的长期借款减少了 127 000 元。长期借款的减少是负债的减少，记入“长期借款”及其相关明细账户的借方；银行存款减少是资产的减少，记入“银行存款”账户的贷方。应编制的会计分录为：

借：长期借款——建行　　127 000

　贷：银行存款　　127 000

第二节　采购业务的核算

一、材料采购业务核算的内容

企业筹集到资金后，就必须购入设备、厂房、材料、工（器）具等，以保证生产经营活动的正常进行。这些经济资源大都是通过企业的供应过程完成的。设备、厂房属于企业的固定资产，而我国的固定资产一般是通过基本建设或者专项采购完成的，所以，企业的供应过程一般是指材料物资等劳动对象的采购过程，供应过程的核算一般是指材料采购业务的核算。

材料物资的采购过程是指从上游供应商经订货、运输、装卸等到材料物资验收入库及支付货款的全过程，其实质是通过材料物资采购形成企业的各种存货。因此，材料采购过程核算的主要内容包括：材料实际采购成本的形成、材料的验收入库以及采购过程中与供货单位之间的款项结算等。

企业购入材料的采购成本，也称实际成本，主要由材料的买价和采购费用构成。

（1）买价。买价是指企业购入材料的发票账单上列明的价款。

（2）采购费用。采购费用是指企业在采购商品过程中发生的除买价和准予抵扣的增值税以外的各项费用，包括运输费、装卸费、保险费、仓储费、包装费、运输途中的合理损耗、入库前的挑选整理费、企业应负担的除准予抵扣的增值税以外的各项税费（如消费税、关税等）和其他费用。

对于增值税一般纳税人来说，随货款一并支付给供应单位的增值税属于价外税，不应计入外购材料的采购成本。

企业日常发生的市内小额的运杂费和采购人员的差旅费，如果不是专门为某一批材料采购发生，或不是由专门的运输、装卸部门承接，而是由企业自己处理，按照重要性原则的要求，可以直接计入当期的管理费用，而不计入材料的采购成本；如果具有明确的材料采购批次，或是为几批材料采购而由专门的运输、装卸部门承接并单独付费，则应该计入对应批次材料的采购成本。

按照材料计价方法的不同，可将材料的核算分为按实际成本计价的核算和按计划成本计价的核算。本章只介绍材料按实际成本计价的核算，材料按计划成本计价的核算将在其他课程中介绍，此处不再赘述。

二、材料采购业务核算的账户设置

根据对材料采购业务核算的要求，在实际成本计价下，需要设置以下主要账户来进行会计核算。

（一）“在途物资”账户

“在途物资”账户，用于核算实际成本计价法下，企业购入的尚在途中或虽已运达但尚未验收入库的各种材料的实际成本，包括买价和采购费用。该账户属于资产类账户，其借方登记购入材料的买价和采购费用；贷方登记已经验收入库而转入“原材料”账户的材料的实际成本；期末余额在借方，表示已经购入但尚未到达或尚未验收入库的在途材料的实际成本。本账户应当按照材料种类和供应单位设置明细账，进行明细分类核算。

（二）“原材料”账户

“原材料”账户，用于核算企业库存的各种材料（包括原料及主要材料、辅助材料、外购半成品、修理用备件、包装材料、燃料等）的实际成本。该账户属于资产类账户，其借方登记企业验收入库材料的实际成本；贷方登记企业因领用等原因而减少的材料（或发出材料）的实际成本；期末余额在借方，反映企业库存材料的实际成本。

企业应当按照材料的保管地点（仓库）、材料的类别、品种和规格等设置明细账，进行明细分类核算。

（三）“应付账款”账户

“应付账款”账户，用于核算企业因购买材料、商品和接受劳务供应等经营活动而应付给供应单位的款项。该账户属于负债类账户，其贷方登记应付未付的应付账款，即因购货而增加的应付账款；借方登记偿还的应付账款，即因偿还货款而减少的应付账款；期末余额在贷方，表示尚未归还的应付账款。本科目应当按照债权人设置明细账，进行明细分类核算。

（四）“应付票据”账户

“应付票据”账户，用于核算因企业购买材料、商品和接受劳务供应等而开出承兑的商业汇票，包括银行承兑汇票和商业承兑汇票。该账户属于负债类账户，开出承兑商业汇票时，记入本账户的贷方；以银行存款支付汇票款时，记入本账户的借方；本账户的期末余额在贷方，反映企业尚未到期的商业汇票的票面金额。

企业应当设置“应付票据备查簿”，详细登记每一商业汇票的种类、号数和出票日期、到期日、票面余额、交易合同号和收款人姓名或单位名称以及付款日期和金额等资料。应付票据到期结清时，应当在备查簿内逐笔注销。

（五）“预付账款”账户

“预付账款”账户，用于核算企业按照合同规定预付的各种款项，主要包括企业按照合同规定预付给供应单位的款项、预付的保险费、预付租金等。该账户属于资产类账户，借方登记企业预付或补付的款项；贷方登记企业收到所购物资按发票金额冲销的预付账款、退回多付的预付账款，以及按照权责发生制原则分摊的应由本期负担的费用；期末余额一般在借方，反映企业实际预付的款项；期末如为贷方余额，反映企业尚未补付的款项。本账户可按供应单位设置明细账，进行明细分类核算。

预付款项情况不多的企业，也可以不设置本账户，将预付的款项直接记入“应付账款”账户。

（六）“其他应收款”账户

“其他应收款”账户，用来核算企业除应收票据、应收账款、预付账款、应收股利、应收利息等经营活动以外的其他各种应收、暂付的款项。该账户属于资产类账户，企业发生其他各种应收、暂付款项时，记入本账户的借方；企业收回或转销其他各种应收、暂付款项时，记入本账户的贷方；期末余额在借方，反映企业尚未收回的其他应收款。本账户应当按照其他应收款的项目和对方单位（或个人）设置明细账，进行明细分类核算。

（七）“应交税费——应交增值税”账户

“应交税费——应交增值税”账户，用于核算企业按照税法等规定应交纳的增值税。该账户属于负债类账户，借方登记企业购进货物或接受应税劳务而支付给供货单位、准予从销项税额中抵扣的增值税进项税额等；贷方登记企业销售货物或提供应税劳务而向购买方收取的增值税销项税额、进项税额转出等；期末余额一般在贷方，反映企业尚未交纳的增值税；期末如为借方余额，反映企业多交或尚未抵扣的增值税。本账户应分别按“进项税额”“销项税额”“出口退税”“进项税额转出”“已交税金”等设置明细项目，进行明细分类核算。

三、共同性间接费用的分配

所谓间接费用是指内部生产经营单位为组织和管理生产经营活动而发生的共同费用和不能直接计入产品成本的各项费用，如由多种产品共同承担的采购费用、不能直接计入产品生产成本的制造费用等，这些费用发生后应按一定标准分配计入生产经营成本。

共同性采购费用是指在材料采购中由多种材料共同承担的采购费用。对于外购材料的采购费用，凡是能直接区分费用归属对象的，应作为直接采购费用，直接计入购入材料的采购成本；凡是由两种或两种以上材料共同发生，不能直接区分费用归属对象的，应作为共同性采购费用（也称间接采购费用），根据“谁受益，谁承担”的原则，确定适当的费用分配标准，选择合理的分配方法，分配计入有关购入材料的采购成本。

共同性采购费用通常可以按所购货物的重量或采购价格的比例等进行分配。共同性采购费用可以按下列方法进行分配：

（1）确定费用分配标准：采购费用的分配标准有买价、重量、体积等。

（2）计算采购费用分配率：

某项采购费用分配率＝该项待分配的采购费用总额/购入材料的标准量之和

（3）计算各种材料应分摊的采购费用

某种材料应分摊的采购费用＝该种材料的标准量×采购费用分配率

四、材料采购业务的核算举例

企业外购材料时，按材料是否验收入库分为两种情况进行核算：发票账单已到，若材料已经验收入库，借方直接借记“原材料”“应交税费——应交增值税（进项税额）”等科目，贷记“银行存款”“预付账款”“应付账款”“应付票据”等科目；若材料尚未验收入库，借记“在途物资”“应交税费——应交增值税（进项税额）”等科目，贷记“银行存款”“预付账款”“应付账款”“应付票据”等科目，待材料验收入库后，再借记“原材料”科目，贷记“在途物资”科目。

假定乐大公司为增值税一般纳税人，2015 年 1 月发生如下经济业务：

［例 6-5］从长宏厂购入甲材料 300 千克，单价 200 元，取得增值税专用发票，上面列明买价 60 000 元，增值税进项税额 10 200 元；对方代垫运杂费 600 元，取得普通发票。货款及代垫运杂费均未支付，材料已验收入库。

分析：该项业务中的运杂费是乐大公司购入甲材料单独发生的，应直接计入甲材料的采购成本；同时，运杂费是由供货单位垫付的，因而形成企业的一项负债，应计入应付账款总额。因此，材料的买价 60 000 元及运杂费 600 元构成购入甲材料的采购成本，支付给长宏厂的增值税进项税额准予从增值税销项税额中抵扣，减少企业的应交税费。因此，这笔经济业务的发生，一方面引起企业的材料采购成本增加了 60 600（60 000+600）元，应交税费（进项税额）减少了 10 200 元；另一方面引起企业的应付账款增加了 70 800（60 000+600+10 200）元。材料采购成本的增加是资产的增加，记入“在途物资”及其相关明细账户的借方，应交税费的减少是负债的减少，记入“应交税费——应交增值税”及其相关明细账户的借方；应付账款的增加是负债的增加，记入“应付账款”及其相关明细账户的贷方。应编制的会计分录为：

借：原材料——甲材料　　60 600
　　应交税费——应交增值税（进项税额）　　10 200
　贷：应付账款——长宏厂　　70 800

［例 6-6］根据合同协议，企业以银行存款 30 000 元，预付中原厂购买乙材料的货款。

分析：这笔经济业务的发生，一方面引起企业的银行存款减少了 30 000 元；另一方面预付供货单位购买材料的货款，形成企业的一项债权，引起企业预付账款增加了 30 000 元。预付账款的增加是资产的增加，记入“预付账款”及其相关明细账户的借方；银行存款的减少是资产的减少，记入“银行存款”账户的贷方。应编制的会计分录为：

借：预付账款——中原厂　　30 000
　贷：银行存款　　30 000

［例 6-7］从兴丰公司购入甲材料 50 千克，单价 200 元，增值税进项税额为 1 700 元；购入乙材料 300 千克，单价 100 元，增值税进项税额为 5 100 元；购入甲、乙两种材料共发生运杂费 910 元。企业开出商业汇票一张抵付上述款项，材料已运达企业，并已验收入库。假设购入甲、乙两种材料发生的运杂费按购入材料的重量比例分配。

分析：本笔业务中购入材料发生的运杂费是甲、乙两种材料共同发生的，属于共同性采购费用，应选择一定的标准在甲、乙两种材料之间进行分配，由甲、乙两种材料共同承担。本题选用购入甲、乙材料的重量作为标准进行分配。具体分配如下：

共同运杂费分配率＝910/（50+300）＝2.6（元/千克）

每种材料应承担的运杂费为：

甲材料应承担的运杂费＝50×2.6＝130（元）

乙材料应承担的运杂费＝300×2.6＝780（元）

材料的买价及运杂费构成材料的采购成本，支付给兴丰公司的增值税进项税额准予从增值税销项税额中抵扣，减少企业的应交税费；企业开出商业汇票抵付货款，表明企业对兴丰公司承担了一项债务，增加了企业的应付票据。因此，这笔经济业务的发生，一方面引起企业甲材料的采购成本增加了 10 130（10 000+130）元，乙材料的采购成本增加了 30 780（30 000+780）元，应交税费减少了 6 800（1 700+5 100）元；另一方面引起企业的应付票据增加了 47 710（10 130+30 780+6 800）元。材料采购成本的增加是资产的增加，记入“在途物资”及其相关明细账户的借方，应交税费的减少是负债的减少，记入“应交税费——应交增值税”及其相关明细账户的借方；应付票据的增加是负债的增加，记入“应付票据”账户的贷方。应编制的会计分录为：

借：原材料——甲材料　　10 130
　　　　——乙材料　　30 780
　　应交税费——应交增值税（进项税额）　　6 800
　贷：应付票据　　47 710

［例 6-8］以银行存款 70 800 元，偿还所欠长宏厂的购货款。

分析：这笔经济业务的发生，一方面引起企业的银行存款减少了 70 800 元；另一方面引起企业对乐大厂的应付账款的债务减少了 70 800 元。应付账款的减少是负债的减少，记入“应付账款”及其相关明细账户的借方；银行存款的减少是资产的减少，记入“银行存款”账户的贷方。应编制的会计分录为：

借：应付账款——长宏厂　　70 800
　贷：银行存款　　70 800

［例 6-9］采购员李三预借差旅费 2 000 元，企业以现金付讫。

分析：这笔经济业务的发生，一方面引起企业库存现金的减少；另一方面引起企业对采购员李三的暂付款项的增加，形成了企业对李三的一项债权。暂付款债权的增加是资产的增加，记入“其他应收款”账户的借方，库存现金的减少是资产的减少，记入“库存现金”账户的贷方。应编制的会计分录为：

借：其他应收款——李三　　2 000
　贷：库存现金　　2 000

［例 6-10］收到中原厂发来的采购乙材料的发票账单：200 千克，单价 100 元，对方代垫运杂费 800 元，增值税进项税额为 3 400 元，材料尚未到达。所有款项均以预付款抵付，中原厂退回余款，结清预付款。

分析：企业原预付中原厂乙材料的货款 30 000 元，以预付款抵付的货款、代垫运杂费及支付的增值税进项税额共计 24 200（20 000+800+3 400）元，中原厂应退回余款 5 800 元。这笔经济业务的发生，一方面引起企业乙材料的采购成本增加了 20 800 元，应交税费减少了 3 400 元，银行存款增加了 5 800 元；另一方面引起企业的预付账款减少了 30 000 元。材料采购成本的增加是资产的增加，记入“在途物资”及其相关明细账户的借方，应交税费的减少是负债的减少，记入“应交税费——应交增值税”及其相关明细账户的借方，银行存款的增加是资产的增加，记入“银行存款”账户的借方；预付账款的减少是资产的减少，记入“预付账款”及其相关明细账户的贷方。应编制的会计分录为：

借：在途物资——乙材料　　20 800
　　应交税费——应交增值税（进项税额）　　3 400
　　银行存款　　5 800
　贷：预付账款——中原厂　　30 000

需要注意的是，如果该公司预付账款的金额小于最终应支付的金额，则需要补付货款，借方记“预付账款”，贷方记“银行存款”。

［例 6-11］月末，收到中原厂发来的乙材料，全部验收入库，计算并结转入库材料的实际采购成本。

分析：这笔经济业务的发生，表明材料的采购业务已经完成，材料验收入库，月末应结转入库材料的实际采购成本。结转入库材料的实际采购成本时，一方面使企业的库存乙材料增加了 20 800 元；另一方面使企业的在途乙材料减少了 20 800 元。库存材料的增加是资产的增加，记入“原材料”及其相关明细账户的借方；在途材料的减少是资产的减少，记入“在途物资”及其相关明细账户的贷方。这笔经济业务应编制的会计分录为：

借：原材料——乙材料　　　　20 800

　贷：在途物资——乙材料　　　　20 800

实际工作中，材料的采购过程结束后，常常还应编制材料采购成本计算表，用以确定外购材料的采购成本。外购材料的采购成本包括购入材料的总成本和单位成本。总成本等于购入材料的买价和采购费用之和，单位成本是总成本与购入材料的实物量（如重量、数量等）之比。外购材料的采购成本一般是指购入材料的总成本，常常通过编制材料采购成本计算表来完成。根据上述材料采购业务，编制乐大公司 2015 年 1 月外购材料的采购成本计算表，如表 6-1 所示。

表 6-1　　乐大公司材料采购成本计算表

2015 年 1 月　　单位：元

成本项目	甲材料（350 千克）		乙材料（500 千克）	
	总成本	单位成本	总成本	单位成本
买价	70 000	200	50 000	100
采购费用	730	2.09	1 580	3.16
采购成本	70 730	202.09	51 580	103.16

五、固定资产购入的核算

（一）固定资产的概念

固定资产是指同时具有下列两个特征的有形资产。

（1）为生产商品、提供劳务、出租或经营管理而持有的；

（2）使用寿命超过一个会计年度。

使用寿命是指企业使用固定资产的预计期间，或者该固定资产所能生产产品或提供劳务的数量。

固定资产包括房屋、建筑物、机器、设备等。

（二）购入固定资产的计价

外购固定资产的成本，包括购买价款、相关税费（增值税一般纳税人购入的固定资产成本不含增值税）、使固定资产达到预定可使用状态前所发生的可归属于该项资产的运输费、装卸费、安装费和专业人员服务费等。

（三）购入固定资产账户设置

“固定资产”账户属于资产类，用来核算企业所有固定资产的原始价值，总括反映企业固定资产的增减变动和结存情况。借方登记增加固定资产的原始价值；贷方登记减少固定资产的原始价值；期末余额在借方，反映企业现有固定资产的原始价值。“固定资产”账户核算固定资产的原价，并按固定资产项目进行明细分类核算。固定资产明细账一般采用卡片的形式，也叫固定资产卡片。

（四）购买固定资产的核算实例

企业购买的固定资产包括购入无需安装就可直接交付使用的固定资产和购入后需要安装后才能交付使用的固定资产。这里仅介绍购入无需安装就可直接交付使用的固定资产的核算。

企业购入不需要安装就可以直接交付使用的固定资产，应按实际支付的买价、包装费、运输费、安装成本、缴纳的有关税金（增值税一般纳税人购入的固定资产成本不含增值税）等作为固定资产的入账价值。借记“固定资产”账户，增值税一般纳税人还需按购入的固定资产的增值税专用发票上注明的增值税额借记“应交税费——应交增值税（进项税额）”，贷记“银行存款”账户。

［例 6-12］2015 年 12 月 23 日，甲公司购入一台不需要安装就可以投入使用的生产设备，取得的增值税专用发票上注明的设备价款为 600 000 元，增值税税额为 102 000 元，以上均以银行转账支付。假定不考虑其他税费。会计分录为：

借：固定资产——××设备　　600 000

　　应交税费——应交增值税（进项税额）　　102 000

　贷：银行存款　　702 000

第三节　产品生产业务的核算

一、产品生产业务核算的内容

（一）生产业务核算的内容

产品的生产过程是制造业最具特色的阶段，也是企业主要的经营活动阶段。这一过程，是物化劳动（劳动资料和劳动对象）和活劳动的消耗过程，也是价值增值的创造过程。

在产品的生产过程中，企业必然要发生各种材料的消耗、劳动力的消耗以及固定资产的磨损等各种生产费用。企业在一定期间为生产产品所发生的各项生产费用，应按成本计算对象进行归集和分配，并在期末计算出完工产品的生产成本。因此，在产品生产过程中，生产费用的发生、归集和分配，以及完工产品成本的计算等业务，就构成了产品生产业务核算的主要内容。

（二）产品生产成本的构成

现行的成本核算方法称为制造成本法，也称为完全成本法，在这种成本核算方法下，首先应将企业当期所发生的各种成本耗费分为生产费用和非生产费用两类，生产费用计入产品的生产成本，非生产费用作为期间费用，直接计入当期损益。

1. 生产费用

生产费用是指制造业在产品的生产过程中所发生的与产品生产有直接联系的各种耗费，主要包括为生产产品所消耗的原材料、辅助材料、燃料和动力，生产工人的工资及职工福利费等职工薪酬，厂房和机器设备等固定资产的折旧费，以及管理和组织生产、为生产服务而发生的各种费用。在产品生产过程中，计入产品成本的各项生产费用具有不同的用途，有直接用于产品生产的直接费用，也有间接用于产品生产的间接费用。因而，为了具体反映各种生产费用的用途，提供产品成本的构成情况，还应将生产费用进一步分为若干个成本项目，制造业企业的生产费用至少应设置以下几个基本的生产成本项目：

（1）直接材料。直接材料是指企业在生产产品和提供劳务过程中所消耗的直接用于产品生产的构成产品实体的各种原材料及主要材料、外购半成品以及有助于产品形成的辅助材料等。

（2）直接人工。直接人工是指企业在生产产品和提供劳务过程中直接从事产品生产的工人工资、奖金、津贴、补贴及按职工工资总额计提的职工福利费等各种薪酬。

（3）制造费用。制造费用是指间接用于产品生产的各项费用，以及虽直接用于产品生产，但没有专设成本项目的费用。包括生产车间管理人员的工资及福利费、生产车间固定资产折旧费、修理费、办公费、差旅费、水电费、劳动保护费、机物料消耗、季节性停工损失等。

2. 非生产费用

非生产费用也称为期间费用，是指企业在产品的生产过程中，发生的与产品生产没有直接联系，属于某一生产经营期间被耗用的费用，包括管理费用、财务费用和销售费用。

（1）管理费用。管理费用是指企业的行政单位为组织生产经营活动而发生的各项费用。如管理人员的薪酬、折旧费、修理费、办公费等。

（2）财务费用。财务费用是指企业为筹集生产经营所需资金等而发生的各项费用，包括利息支出（减利息收入）、汇兑损益以及相关的手续费等。

（3）销售费用。销售费用是指企业销售商品和材料、提供劳务的过程中发生的各种费用，包括保险费、包装费、展览费和广告费、商品维修费、预计产品质量保证损失、运输费、装卸费等以及为销售本企业商品而专设销售机构的职工薪酬、业务费、折旧费等经营费用。

管理费用、财务费用和销售费用统称为期间费用，直接从当期收入中扣除，计入当期损益，而不能计入产品生产成本。

二、产品生产业务核算的账户设置

为了反映和监督各项生产费用的发生、归集和分配，正确计算完工产品的生产成本，产品生产业务核算需要设置以下主要账户。

（一）“生产成本”账户

“生产成本”账户，用于核算企业进行产品生产而发生的各项生产费用，包括直接材料、直接人工和制造费用等。该账户属于成本类账户，其借方登记应计入产品成本的各项费用，包括应计入产品成本的直接材料费用和直接人工费用，以及月末分配计入产品成本的制造费用；贷方登记已完工验收入库的产品的实际生产成本；期末余额在借方，表示尚未完工产品（月末在产品）的生产成本。由于企业产品成本核算需要计算出每一种产品的成本，因此，该账户一般按产品的种类设置明细账，进行明细分类核算。

（二）“制造费用”账户

“制造费用”账户，用于核算企业生产车间为生产产品或提供劳务而发生的、应计入产品成本的各项间接费用，包括固定资产折旧费、生产车间管理人员工资及福利费、办公费、机物料消耗、水电支出、停工损失等。该账户属于成本类账户，当企业产品生产发生各项制造费用时，记入本账户的借方；期末，将该账户借方归集的制造费用在各受益产品之间按一定的分配方法分配转入各受益产品的“生产成本”账户时，记入本账户的贷方；期末结转后本账户一般无余额。本账户可按不同的生产车间和费用项目设置明细账，进行明细分类核算。

（三）“管理费用”账户

“管理费用”账户，用于核算企业为组织和管理企业生产经营活动所发生的各项费用，包括企业在筹建期间内发生的开办费、董事会和行政管理部门在企业的经营管理中发生的或者应由企业统一负担的公司经费（包括行政管理部门职工工资及福利费、物料消耗、低值易耗品摊销、办公费和差旅费等）、工会经费、董事会费（包括董事会成员津贴、会议费和差旅费等）、聘请中介机构费、咨询费（含顾问费）、诉讼费、业务招待费、房产税、车船使用税、土地使用税、印花税、技术转让费、矿产资源补偿费、研究费用、排污费等。该账户属于损益类（费用）账户，借方登记月份内发生的各项管理费用，贷方登记期末转入“本年利润”账户的管理费用；期末结转后本账户无余额。本账户可按费用项目设置明细账，进行明细分类核算。

（四）“应付职工薪酬”账户

“应付职工薪酬”账户，用于核算企业根据有关规定应付给职工的各种薪酬，包括工资、奖金、津贴、职工福利、社会保险费、住房公积金、工会经费、职工教育经费、非货币性福利、辞退福利等。该账户属于负债类账户，当企业计算确认应付的职工薪酬时，记入本账户的贷方；当企业实际支付职工薪酬时，记入本账户的借方；期末余额在贷方，反映企业应付未付的职工薪酬。本账户可按“工资”“职工福利”“社会保险费”“住房公积金”“工会经费”“职工教育经费”“非货币性福利”“辞退福利”等设置明细账，进行明细分类核算。

（五）“累计折旧”账户

“累计折旧”账户，用来核算企业固定资产价值的累计损耗。作为企业主要劳动资料的固定资产，在使用过程中始终保持其原有的实物形态不变，但其价值将逐渐损耗。因此，会计上为了反映和监督企业的固定资产，不仅要设置“固定资产”账户来反映固定资产的原始价值，同时还要设置“累计折旧”账户来反映固定资产的损耗价值，而不直接冲减固定资产的原始价值，以保持固定资产原始价值的记录，体现企业整体的生产能力和生产规模。“累计折旧”账户是一个特殊的资产类账户，具有资产的性质但具有权益的结构，即企业按月计提固定资产折旧时，表明累计折旧的增加，记入本账户的贷方；固定资产因报废、变卖或毁损等原因而注销固定资产原始价值时，相应转销已累计计提的折旧额，表明累计折旧的减少，记入本账户的借方；该账户的期末余额在贷方，反映企业已提取的固定资产的累计折旧额。本账户应按固定资产的类别或项目设置明细账，进行明细分类核算。

（六）“库存商品”账户

“库存商品”账户，用于核算企业库存的各种商品的增减变动及其结存情况。企业的库存商品包括库存产成品、外购商品、存放在门市部准备出售的商品、发出展览的商品以及寄存在外的商品等。该账户属于资产类账户，其借方登记验收入库商品的实际成本；贷方登记因出售、生产领用等原因而减少的库存商品的实际成本；期末余额在借方，反映企业库存商品的实际成本。本账户应按库存商品的种类、品种和规格等设置明细账，进行明细分类核算。

三、产品生产业务的核算举例

乐大公司 2015 年 1 月发生的产品生产业务如下：

［例 6-13］车间生产 A 产品领用甲材料一批，材料成本 20 000 元。

分析：这笔经济业务的发生，一方面引起企业库存的原材料减少了 20 000 元，“原材料”属于资产类账户，原材料的减少记入“原材料”账户的贷方；另一方面减少的原材料直接用于车间生产产品，引起产品的生产成本增加了 20 000 元，“生产成本”属于成本类账户，生产成本的增加记入“生产成本”账户的借方。故企业应编制的会计分录为：

借：生产成本——A 产品　　20 000

　贷：原材料——甲材料　　20 000

［例 6-14］车间领用甲材料一批，价值 18 040 元。

分析：这笔经济业务的发生，一方面引起企业库存原材料的减少，记入“原材料”账户的贷方；另一方面减少的原材料用于车间一般耗费，应作为车间发生的间接费用，先归集记入“制造费用”账户，表明制造费用的增加，“制造费用”属于成本费用类账户，制造费用的增加记入“制造费用”账户的借方。故企业应编制的会计分录为：

借：制造费用　　18 040

　贷：原材料——甲材料　　18 040

［例 6-15］期末，计提应付职工工资 65 000 元，其中 A 产品直接生产人员工资 20 000 元，B 产品直接生产人员工资 16 000 元，车间管理人员工资 14 000 元，厂部行政管理人员工资 15 000 元。

分析：企业计算确认应付职工工资时，一方面表明企业应付给职工薪酬的增加，形成企业对职工的一项负债，记入“应付职工薪酬”账户的贷方；另一方面表明企业有关成本、费用的增加，成本、费用的增加记入对应账户的借方。对于应由企业负担的职工薪酬，应根据职工所在部门的不同，分别记入不同的账户进行核算：直接从事产品生产的工人工资是直接费用，应直接记入“生产成本”账户；车间管理人员的工资，是车间为组织产品生产而发生的间接费用，应记入“制造费用”账户；厂部行政管理部门人员的工资，是企业为组织和管理生产经营活动所发生的期间费用，应记入“管理费用”账户。故应编制的会计分录为：

借：生产成本——A 产品　　20 000

　　　　　　——B 产品　　16 000

　　制造费用　　14 000

　　管理费用　　15 000

　贷：应付职工薪酬——工资　　65 000

［例 6-16］按工资总额的 14%计提职工福利费。

分析：企业除了应按月向职工支付工资以外，还应按工资总额的一定比例提取职工福利费，用于职工医药卫生、集体福利、生活困难补助等职工福利方面的支出，所提取的职工福利费计入当期成本、费用。提取职工福利费时，按职工所在部门的不同分别记入“生产成本”“制造费用”“管理费用”等账户的借方，同时形成企业对职工的一项负债，记入“应付职工薪酬——职工福利”账户的贷方。月末，按工资总额应计提职工福利费的金额如下：

按 A 产品生产工人工资计提：20 000×14% = 2 800（元）

按 B 产品生产工人工资计提：16 000×14% = 2 240（元）

按车间管理人员工资计提：14 000×14% = 1 960（元）

按行政管理人员工资计提：15 000×14% = 2 100（元）

故应编制的会计分录为：

借：生产成本——A 产品　　2 800

　　　　　　——B 产品　　2 240

　　制造费用　　1 960

　　管理费用　　2 100

　贷：应付职工薪酬——职工福利　　9 100

［例 6-17］以银行存款 30 000 元预付第一季度厂房租金（每月 10 000 元）。

分析：这是一笔支付在先，受益在后的经济业务。根据权责发生制原则，本月支付的 30 000 元厂房租金，应由租赁期内的 1、2、3 月份分别承担，每月承担 10 000 元。

预付租金时，一方面引起企业银行存款的减少，记入“银行存款”账户的贷方；另一方面形成了企业的一项债权，表明企业预付账款的增加，记入“预付账款”账户的借方。故企业应编制的会计分录为：

借：预付账款　　30 000

　贷：银行存款　　30 000

[例 6-18] 月末，分摊应由本月负担的厂房租金 10 000 元。

分析：租入厂房租金是企业车间发生的间接费用，应记入“制造费用”账户的借方；分摊应由本月负担的厂房租金时，表明企业预付账款债权的减少，应记入“预付账款”账户的贷方。故企业应编制的会计分录为：

借：制造费用　　10 000

　贷：预付账款　　10 000

[例 6-19] 企业当月计提固定资产的折旧 20 000 元，其中车间固定资产计提折旧 16 000 元，行政管理部门计提折旧 4 000 元。

分析：固定资产折旧是在固定资产用于产品生产过程而发生的价值损耗，企业对固定资产计提折旧，一方面表明企业固定资产损耗价值即累计折旧的增加，记入“累计折旧”账户的贷方；另一方面表明有关的成本、费用的增加，记入对应成本、费用账户的借方。固定资产折旧应按固定资产使用部门的不同，分别记入不同的账户进行核算：车间使用固定资产计提的折旧费用，记入“制造费用”账户；厂部行政管理部门使用固定资产计提的折旧费用，记入“管理费用”账户。故应编制的会计分录为：

借：制造费用　　16 000

　　管理费用　　4 000

　贷：累计折旧　　20 000

[例 6-20] 月末，企业将当月累计发生的制造费用（由 A 产品和 B 产品共同承担）共计 60 000 元，按 A、B 两种产品的生产工时比例分配转入 A、B 两种产品的生产成本。其中，A 产品的生产工时为 600 小时，B 产品的生产工时为 400 小时。

月末，企业应将本月累计发生的制造费用在不同的产品之间进行分配，并将其转入相应产品的生产成本中去。制造费用是一种间接费用，其具体的分配标准一般有产品数量、产品生产工时、产品体积、产品重量等，其分配方法与上一节共同性采购费用的分配方法相同。本例中，A、B 两种产品应分摊的制造费用如下：

A 产品应分摊的制造费用 = 60 000×600/（600+400）= 36 000（元）

B 产品应分摊的制造费用 = 60 000×400/（600+400）= 24 000（元）

分析：月末，将本期归集的间接生产费用（制造费用）分配转入产品的生产成本时，一方面制造费用因分配结转而减少，记入“制造费用”账户的贷方；另一方面生产成本因转入分配的制造费用而增加，记入“生产成本”账户的借方。故应编制的会计分录为：

借：生产成本——A 产品　　36 000

　　　　　——B 产品　　24 000

　贷：制造费用　　60 000

[例6-21] 月末，企业完工A产品一批，验收入库，该批完工产品的生产成本共计40 000元。

分析：产品完工入库，一方面表明企业库存商品的增加，记入“库存商品”账户的借方；另一方面表明企业产品的生产成本因完工而减少，记入“生产成本”账户的贷方。故应编制的会计分录为：

借：库存商品——A产品　　　　40 000

　贷：生产成本——A产品　　　　40 000

在实际工作中，企业发生的生产费用如何在完工产品和月末产品之间进行分配是一个既重要又复杂的问题。对于这一问题将在后续课程“成本会计”中予以介绍，此处不再赘述。

第四节　销售业务的核算

一、销售业务核算的内容

企业生产产品的主要目的是为了销售，销售过程是企业产品价值的实现过程，也是企业生产经营活动的最后一个阶段。企业能否将所生产的产品顺利地销售出去，直接关系到企业在激烈的市场竞争中能否生存、发展和不断壮大。

在产品的销售过程中，企业要从仓库发出产品，发生产品包装、运输、广告宣传等销售费用，确定产品的销售收入，与购货单位结算货款，计算销售税金等。确认销售收入必须以让渡商品的所有权为代价，即企业为取得销售收入而将库存商品转让给客户，就构成了取得收入的代价，进而就产生了企业的一项费用。因此，确定产品的销售收入，与购货单位结算货款，支付各项销售费用，计算销售税金，结转已售产品的生产成本等就构成了销售业务核算的主要内容。

二、销售业务核算的账户设置

为了进行销售业务的核算，按照销售业务核算的要求，需要设置以下主要账户。

（一）“主营业务收入”账户

“主营业务收入”账户，用于核算企业确认的销售商品、提供劳务等主营业务实现的收入。该账户属于损益类（收入）账户，企业销售商品或提供劳务实现销售收入时，记入本账户的贷方；期末，将本账户的余额转入“本年利润”账户时，记入本账户的借方；结转后本账户无余额。本账户可按主营业务的种类设置明细账，进行明细分类核算。

（二）“主营业务成本”账户

“主营业务成本”账户，用于核算企业确认销售商品、提供劳务等主营业务收入时应结转的成本。该账户属于损益类（费用）账户，月末，企业根据本月销售各种商品、提供各种劳务等的实际成本，计算应结转的主营业务成本，记入本账户的借方；期末，将本账户的余额转入“本年利润”账户时，记入本账户的贷方；结转后本账户无余额。本账户可按主营业务的种类设置明细账，进行明细分类核算。

（三）“其他业务收入”账户

“其他业务收入”账户，用于核算企业确认的除主营业务活动以外的其他经营活动实现的收入，包括出租固定资产、出租无形资产、出租包装物和商品、销售材料等实现的收入。该账户属于损益类（收入）账户，企业确认实现的其他业务收入时，记入本账户的贷方；期末，将本账户的余额转入“本年利润”账户时，记入本账户的借方；结转后本账户无余额。本账户可按其他业务收入的种类设置明细账，进行明细分类核算。

（四）“其他业务成本”账户

“其他业务成本”账户，用于核算企业确认的除主营业务活动以外的其他经营活动所发生的支出，包括销售材料的成本、出租固定资产的累计折旧、出租无形资产的累计摊销、出租包装物的成本或摊销额等。该账户属于损益类（费用）账户，企业发生其他业务成本时，记入本账户的借方；期末，将本账户的余额转入“本年利润”账户时，记入本账户的贷方；结转后本账户无余额。本账户可按其他业务成本的种类设置明细账，进行明细分类核算。

（五）“税金及附加”账户

“税金及附加”账户，用于核算企业经营活动发生的消费税、城市维护建设税、资源税和教育费附加等相关税费。该账户属于损益类（费用）账户，企业按规定计算确定与经营活动相关的税费时，记入本账户的借方；期末，将本账户的余额转入“本年利润”账户时，记入本账户的贷方；结转后本账户无余额。本账户一般不设明细账。

（六）“销售费用”账户

“销售费用”账户，用于核算企业销售商品和材料、提供劳务的过程中发生的各种费用，包括保险费、包装费、展览费和广告费、运输费、装卸费等以及为销售本企业商品而专设的销售机构（含销售网点、售后服务网点等）的职工薪酬、业务费、折旧费等经营费用。该账户属于损益类（费用）账户，企业在销售商品过程中发生各种销售费用时，记入本账户的借方；期末，将本账户的余额转入“本年利润”账户，记入本账户的贷方；结转后本账户无余额。本账户可按费用项目设置明细账，进行明细分类核算。

（七）“应收账款”账户

“应收账款”账户，用于核算企业因销售商品、提供劳务等经营活动而形成的应收未收的款项。该账户属于资产类账户，其借方登记企业发生的应收账款；贷方登记企业收回的应收账款；期末余额一般在借方，反映企业尚未收回的应收账款；期末如为贷方余额，反映企业预收的账款。该账户可按债务人设置明细账，进行明细分类核算。

(八)“应收票据”账户

“应收票据”账户，用于核算企业因销售商品、提供劳务等而收到的商业汇票，包括银行承兑汇票和商业承兑汇票。该账户属于资产类账户，借方登记企业因销售商品、提供劳务等而收到开出、承兑的商业汇票的票面金额；贷方登记商业汇票到期或持未到期的应收票据向银行贴现而减少的商业汇票的票面金额；期末余额在借方，反映企业持有的商业汇票的票面金额。该账户可按开出、承兑商业汇票的单位设置明细账，进行明细分类核算。

企业还应当设置“应收票据备查簿”，逐笔登记商业汇票的种类、号数和出票日、票面金额、交易合同号和付款人、承兑人、背书人的姓名或单位名称、到期日、背书转让日、贴现日、贴现率和贴现净额以及收款日和收回金额、退票情况等资料。商业汇票到期结清票款或退票后，应在备查簿中予以注销。

(九)“预收账款”账户

“预收账款”账户，用于核算企业按照合同规定向购货单位预收的款项。该账户属于负债类账户，贷方登记企业按照合同规定向购货单位预收的款项；借方登记销售实现时，按实现的收入和应交的增值税销项税额冲销的预收账款或退回多收的预收账款；期末余额一般在贷方，反映企业向购货单位预收的款项，期末如为借方余额，反映企业应由购货单位补付的款项。本账户应按购货单位设置明细账，进行明细分类核算。

预收账款情况不多的企业，也可以不设置本账户，将预收的款项直接记入“应收账款”账户。

三、销售业务的核算举例

乐大公司2015年1月发生如下销售业务：

[例6-22]乐大公司销售A产品一批，不含税售价100 000元，收到购货方开出的承兑商业汇票一张，金额80 000元，其余款项暂欠，适用增值税税率为17%。

分析：产品销售属于企业的主营销售业务。企业在销售产品时，不仅要向客户收取货款，还应按适用的税率计算并代收增值税（销项税额）。所以，企业在确认收入的同时，还应确认一笔负债（应交税费）。江南公司该笔业务的发生，引起各相关项目及其金额的确认如下：

实现主营业务收入100 000元，表明主营业务收入的增加，记入“主营业务收入”账户的贷方；

应缴纳增值税17 000元（100 000×17%），形成企业的一项负债，记入“应交税费——应交增值税（销项税额）”账户的贷方；

应向客户收取款项117 000（100 000+17 000）元，形成企业的债权，记入对应账户的借方。其中，80 000元应记入“应收票据”账户，余下的37 000元应记入“应收账款”账户。

故该笔业务应编制的会计分录为：

借：应收票据　　80 000
　　应收账款　　37 000
　贷：主营业务收入——A 产品　　100 000
　　　应交税费——应交增值税（销项税额）　　17 000

［例 6-23］上例中所售出 A 产品的实际生产成本为 60 000 元，结转该批产品的生产成本。

分析：企业为获得产品销售收入，将库存商品 A 产品的所有权出让，并交付了商品，一方面表明企业库存商品 A 产品的减少，记入“库存商品”账户的贷方；另一方面表明企业已售 A 产品成本的增加，记入“主营业务成本”账户的借方。故应编制的会计分录为：

借：主营业务成本——A 产品　　60 000
　贷：库存商品——A 产品　　60 000

企业在结转销售成本时有两种方式：一种是在确认销售收入的同时结转销售成本，如上例；另一种是将当月的销售成本于月末进行汇总，一次性进行结转，这种方式可以简化核算工作。

［例 6-24］企业将一批原材料甲售出，不含税售价 10 000 元，收到购货方货款和增值税，存入银行，适用增值税税率为 17%。

分析：材料销售属于企业的其他销售业务。企业通过销售材料，取得了货款及代收的增值税税款，并实现了一项其他业务收入，同时还产生一笔应纳税的负债（应交税费）。该笔业务的发生，一方面使企业实现了 10 000 元的其他业务收入，记入“其他业务收入”账户的贷方；同时形成了一项负债，使企业当期应缴纳的增值税增加了 1 700（10 000×17%）元，记入“应交税费——应交增值税（销项税额）”账户的贷方；另一方面企业取得货款和增值税而导致银行存款增加了 11 700（10 000+1 700）元，记入“银行存款”账户的借方。故该笔业务应编制的会计分录为：

借：银行存款　　11 700
　贷：其他业务收入　　10 000
　　　应交税费——应交增值税（销项税额）　　1 700

［例 6-25］上例中所售出甲材料的账面成本为 8 000 元，结转该批材料的销售成本。

分析：企业为获得其他销售收入，将库存材料的所有权出让，并交付了材料，一方面表明企业库存原材料的减少，记入“原材料”账户的贷方；另一方面表明企业已售材料成本的增加，记入“其他业务成本”账户的借方。应编制的会计分录为：

借：其他业务成本　　8 000
　贷：原材料——甲材料　　8 000

［例 6-26］企业为销售商品，以现金支付产品运杂费 1 000 元。

分析：企业为销售商品而支付的运杂费属于销售费用的范畴。这笔业务的发生，一方面引起企业库存现金的减少，记入“库存现金”账户的贷方；另一方面引起销售费用的增加，记入“销售费用”账户的借方。企业应编制的会计分录为：

借：销售费用　　1 000

　贷：库存现金　　1 000

［例6-27］企业销售部门计提当期固定资产折旧5 000元。

分析：企业计提固定资产折旧，一方面表明累计折旧的增加，记入“累计折旧”账户的贷方；同时，因销售部门计提固定资产折旧所引起的固定资产价值的减少应作为一项销售费用的增加，记入“销售费用”账户的借方。故企业应编制的会计分录为：

借：销售费用　　5 000

　贷：累计折旧　　5 000

［例6-28］期末，经计算，企业当期销售商品应缴纳的消费税为4 000元，城市维护建设税为1 000元。

分析：企业因销售商品必须承担相应的纳税义务，企业计算当期因销售商品应缴纳的税费，一方面引起企业相应税费的增加，应记入“营业税金及附加”账户的借方；另一方面形成企业的一项负债，表明企业应交税费的增加，应记入“应交税费”及其相关明细账户的贷方。故企业应编制的会计分录为：

借：营业税金及附加　　5 000

　贷：应交税费——应交消费税　　4 000

　　　应交税费——应交城市维护建设税　　1 000

第五节　财务成果的核算

一、财务成果的构成与计算

财务成果是指企业在一定会计期间的经营成果，是企业生产经营活动的最终成果。通常用企业在一定会计期间的各项收入抵补各项支出后的差额来反映，表现为盈利或亏损。当收入大于费用时，差额为正，形成盈利，说明企业实现了利润；反之，当收入小于费用时，则说明企业发生了亏损。利润（或亏损）是企业最终的财务成果，是反映企业生产经营活动质量的一项综合指标，也是评价企业经济效益优劣的重要标志。企业在一定会计期间实现的净利润，应按照国家的有关规定进行分配。因此，利润形成的核算和利润分配的核算，就构成了企业财务成果核算的主要内容。

（一）利润的构成与计算

企业的收入，广义地讲不仅包括营业收入，还包括营业外收入；企业的费用，广义地讲不仅包括为取得营业收入而发生的各种耗费，还包括营业外支出和所得税。因此，企业在一定会计期间实现的利润（或亏损）是由以下几部分构成的：

1. 营业利润

营业利润是指企业在一定会计期间从事日常经营活动所实现的利润，是企业利润的主要来源。其计算方法如下：

营业利润=营业收入-营业成本-营业税金及附加-销售费用-管理费用-财务费用-

资产减值损失+公允价值变动收益+投资收益

其中：营业收入=主营业务收入+其他业务收入

营业成本=主营业务成本+其他业务成本

2. 利润总额

利润总额又称为税前利润，是指企业在一定时期实现的营业利润与营业外收支净额的总额，即企业在一定时期实现的在交纳所得税之前的利润。其计算方法如下：

利润总额=营业利润+营业外收入-营业外支出

3. 净利润

净利润又称为税后利润，是指本期实现的利润总额扣除所得税后的利润。其计算方法如下：

净利润=利润总额-所得税费用=利润总额×（1-所得税税率）

（二）利润分配的内容

利润分配是指企业根据国家有关利润分配政策和投资协议的规定，对企业在一定期间所实现的可供分配利润进行的分配。可供分配利润是指企业本年实现的净利润加上年初未分配的利润或减去年初未弥补亏损后的余额。

企业实现的净利润，除国家另有规定外，一般应按以下顺序进行分配：

（1）弥补以前年度亏损。按照我国企业所得税法规定，企业纳税年度发生的亏损，准予向以后年度结转，用以后年度的所得弥补，但结转年限最长不得超过五年。即企业纳税年度发生的亏损，可以用以后连续五年的税前利润弥补，从第六年开始，只能用税后利润和发生亏损以前提取的盈余公积来弥补。但是，企业在汇总计算缴纳企业所得税时，其境外营业机构的亏损不得抵减境内营业机构的盈利。如果税后利润还不足以弥补亏损的，则可以用企业发生亏损以前提取的盈余公积来弥补。但是，用盈余公积弥补亏损应当由董事会提议，经股东大会或者类似的机构批准。

（2）提取盈余公积。盈余公积是指企业按照国家有关规定从净利润中提取的各种积累资金。提取盈余公积的主要目的是为了对投资者的利润分配进行限制，扩大公司生产经营规模，增强企业自我发展和承受风险的能力。经股东大会或类似机构决议，盈余公积可以用来弥补亏损和按规定程序转增资本，符合条件的企业，也可以用盈余公积分配现金股利。盈余公积一般可以分为法定盈余公积和任意盈余公积。《公司法》规定，有限责任公司和股份有限公司应当按照公司当年税后利润的10%提取法定盈余公积，提取的法定盈余公积累计额达到公司注册资本的50%以上时，可以不再提取。公司从税后利润中提取法定盈余公积后，经公司董事会或者股东大会决议，还可以从税后利润中提取任意盈余公积，任意盈余公积的提取比例视企业情况而定。盈余公积转增资本时，转增后留存的盈余公积的数额不得少于公司注册资本的25%。

（3）向投资者分配利润。企业的净利润用于弥补亏损和提取盈余公积后的剩余部分，为可供向投资者分配的利润，企业可以按投资协议、合同或法律的规定向投资者进行分配。

企业可供分配的利润按照上述顺序分配后，剩余的部分即为未分配利润或未弥补亏损。

二、财务成果核算的账户设置

企业利润是随生产经营活动的进行逐步形成的。为了反映利润的形成过程，应设置一系列的损益类账户，以便在有关经济业务发生时，用来归集形成利润的各项收入和费用。因此，企业应设置以下主要账户来进行财务成果的核算。

（一）“营业外收入”账户

“营业外收入”账户，用于核算企业发生的与其经营活动无直接关系的各项净收入，主要包括处置非流动资产利得、非货币性资产交换利得、债务重组利得、罚没利得、政府补助利得、确实无法支付而按规定程序经批准后转作营业外收入的应付款项等。该账户属于损益类（收入）账户，企业发生各项营业外收入时，记入本账户的贷方；期末，将本账户的余额转入“本年利润”账户时，记入本账户的借方；结转后本账户无余额。本账户可按营业外收入项目设置明细账户，进行明细分类核算。

（二）“营业外支出”账户

“营业外支出”账户，用于核算企业发生的与其经营活动无直接关系的各项净支出，包括处置非流动资产损失、非货币性资产交换损失、债务重组损失、罚款支出、捐赠支出、非常损失等。该账户属于损益类（费用）账户，企业发生各项营业外支出时，记入本账户的借方；月末，将本账户的余额转入“本年利润”账户时，记入本账户的贷方；结转后本账户无余额。本账户可按营业外支出项目设置明细账户，进行明细分类核算。

（三）“投资收益”账户

“投资收益”账户，用于核算企业确认的投资收益或投资损失。该账户属于损益类（收入）账户，企业取得投资收益或期末将投资净损失转入“本年利润”账户时，记入本账户的贷方；企业发生投资损失或期末将投资净收益转入“本年利润”账户时，记入本账户的借方；结转后本账户无余额。本账户可按投资项目设置明细账户，进行明细分类核算。

（四）“本年利润”账户

“本年利润”账户，用于核算企业在本年度实现的净利润（或发生的净亏损）。为了反映各个会计期间的财务成果，企业应将各损益类账户的余额于月末结转至本账户。该账户属于所有者权益类账户，月末，企业将各项收入类账户的余额结转至本账户时，记入本账户的贷方；将各项费用类账户的余额结转至本账户时，记入本账户的借方。收入和费用相抵后，本账户若有贷方余额，表示企业本年度累计实现的净利润；若有借方余额，表示企业本年度累计发生的净亏损。年度终了，应将本账户的余额全部转入“利润分配”账户及其所属的“未分配利润”明细账户，结转后本账户无余额。

（五）“所得税费用”账户

“所得税费用”账户，用于核算企业按税法规定从当期利润总额中扣除的所得税费用。该账户属于损益类（费用）账户，企业按照税法规定计算确定当期应交的所得税时，记入本账户的借方；月末，将本账户的余额转入“本年利润”账户时，记入本账户的贷方；结转后本账户无余额。

（六）“利润分配”账户

“利润分配”账户，用来核算企业本年度利润的分配（或亏损的弥补）和历年利润分配（或亏损的弥补）的结余情况。该账户属于所有者权益类账户，企业按规定进行利润分配时，记入本账户的借方；企业用盈余公积弥补亏损以及年度终了，企业应将全年实现的净利润，自“本年利润”账户转入本账户时，记入本账户的贷方；如为亏损，则记入本账户的借方；本账户的余额一般在贷方，反映企业历年积存的未分配利润；余额若在借方，反映企业历年积存的未弥补亏损。本账户可设置“提取法定盈余公积”“提取任意盈余公积”“盈余公积补亏”“应付现金股利或利润”“未分配利润”等明细账户，进行明细分类核算。

（七）“盈余公积”账户

“盈余公积”账户，用于核算企业从利润中提取的盈余公积。该账户属于所有者权益类账户，企业按规定提取盈余公积时，记入本账户的贷方；按规定用途使用盈余公积时，记入本账户的借方；期末余额在贷方，表示企业按规定提取尚未使用的盈余公积余额。本账户应当分别设置“法定盈余公积”和“任意盈余公积”明细账户，进行明细分类核算。

（八）“应付利润或应付股利”账户

“应付利润”账户，用于核算企业应付给投资者的现金股利或利润。该账户属于负债类账户，企业按规定提取应付投资者的现金股利或利润时，记入本账户的贷方；向投资者实际支付现金股利或利润时，记入本账户的借方；期末余额在贷方，表示企业尚未支付的现金股利或利润。本账户按投资者设置明细账户，进行明细分类核算。

三、财务成果的核算举例

乐大公司 2015 年 1 月发生如下与财务成果有关的经济业务：

［例 6-29］向希望工程捐赠 2 000 元，已通过银行付讫。

分析：企业的对外捐赠，是一项与企业的正常生产经营活动没有直接关系的支出，因而应将其列为营业外支出的增加，记入“营业外支出”账户的借方；通过银行付讫，表明企业银行存款的减少，记入“银行存款”账户的贷方。故企业应编制的会计分录为：

借：营业外支出	2 000	
贷：银行存款		2 000

［例 6-30］收到本单位职工李明交来的违反企业管理制度规定的罚款 800 元。

分析：罚款收入是一项与企业正常经营活动没有直接关系的收入，取得罚款收入表明企业营业外收入的增加，记入“营业外收入”账户的贷方。故企业应编制的会计分录为：

借：库存现金　　800

　贷：营业外收入　　800

［例 6-31］采购员李三报销差旅费 1 700 元，退回余款 300 元，结清预借款。

分析：采购员报销的差旅费应由企业的管理费用承担，表明企业管理费用的增加，记入“管理费用”账户的借方；退回的款项，增加了企业的库存现金，记入“库存现金”账户的借方；报销的差旅费应冲销企业的原预借款，表明企业其他应收款债权的减少，记入“其他应收款”账户的贷方。故企业应编制的会计分录为：

借：管理费用　　1 700

　　库存现金　　300

　贷：其他应收款——李三　　2 000

［例 6-32］企业对外投资，取得投资收益 6 000 元，存入银行。

分析：企业取得投资收益，表明企业投资收益的增加，记入“投资收益”账户的贷方；存入银行，表明企业银行存款的增加，记入“银行存款”账户的借方。故企业应编制的会计分录为：

借：银行存款　　6 000

　贷：投资收益　　6 000

［例 6-33］月末结转各损益类账户。2010 年 1 月 31 日，综合乐大公司本月份发生的所有经济业务，确定各损益类账户期末结转前的余额如表 6-2 所示。

表 6-2　　损益类账户期末结转前的余额表　　单位：元

账户名称	借方余额	贷方余额
主营业务收入		100 000
主营业务成本	60 000	
其他业务收入		10 000
其他业务成本	8 000	
税金及附加	5 000	
销售费用	6 000	
管理费用	22 800	
财务费用	1 000	
投资收益		6 000
营业外收入		800
营业外支出	2 000	
合计	104 800	116 800

分析：期末，结转各损益类账户之前，本期所实现的各项收入和与之相配比的各项成本费用均已全部分散记入各损益类账户中。为了使收入和成本费用相配比，计算本期的利润或亏损，确定本期的经营成果，应将各损益类账户的余额结转到“本年利

润”账户，结清各损益类账户。其相应编制的会计分录如下：

（1）结转各项收入：

借：主营业务收入　　100 000
　　其他业务收入　　10 000
　　投资收益　　6 000
　　营业外收入　　800
　贷：本年利润　　116 800

（2）结转各项费用：

借：本年利润　　104 800
　贷：主营业务成本　　60 000
　　　其他业务成本　　8 000
　　　税金及附加　　5 000
　　　销售费用　　6 000
　　　管理费用　　22 800
　　　财务费用　　1 000
　　　营业外支出　　2 000

以上各项收入抵补各项支出后的差额为：116 800−104 800＝12 000（元），差额为正，表明企业当月实现了利润总额 12 000 元，通过“本年利润”账户的借贷方差额体现。

［例 6−34］计算并结转企业当期所得税费用，假定该企业适用的所得税税率为 25%。

分析：企业本月实现了利润，按现行税法规定，企业应从当期利润总额中计算确定本月应交纳的所得税。该企业本月应交所得税＝12 000×25%＝3 000（元）。

企业计算当期应交所得税时，一方面表明企业所得税费用的增加，记入“所得税费用”账户的借方；另一方面形成了企业的一项负债，表明企业应交所得税的增加，记入“应交税费”账户的贷方。故企业计算当期应交所得税费用，应编制的会计分录为：

借：所得税费用　　3 000
　贷：应交税费——应交所得税　　3 000

会计期结束时，还应将“所得税费用”账户的余额结转到“本年利润”账户，其应编制的会计分录为：

借：本年利润　　3 000
　贷：所得税费用　　3 000

［例 6−35］假定乐大公司 2015 年全年实现净利润 670 000 元，经董事会决定，按本年净利润的 10%提取法定盈余公积，按 5%提取任意盈余公积。

企业全年取得的净利润（即税后利润）应根据有关规定进行分配，利润分配的工作平时是不进行的，应在年终决算时处理。一般来说，利润分配的去向主要包括两个部分：一是提取盈余公积，包括法定盈余公积和任意盈余公积；二是按董事会或类似机构的决定向投资者分配利润。剩下的部分称为未分配利润，转到下年度再进行分配。

乐大公司2015年提取法定盈余公积和任意盈余公积的计算如下：

提取法定盈余公积＝670 000×10%＝67 000（元）

提取任意盈余公积＝670 000×5%＝33 500（元）

分析：这项经济业务的发生，一方面引起企业利润分配的增加（即利润的减少）；另一方面引起企业盈余公积的增加。利润分配的增加（即利润的减少）是所有者权益的减少，应记入“利润分配”及其相关明细账户的借方；盈余公积的增加是所有者权益的增加，应记入“盈余公积”及其相关明细账户的贷方。应编制的相应会计分录为：

借：利润分配——提取法定盈余公积　　67 000
　　　　　　——提取任意盈余公积　　33 500
　贷：盈余公积　　100 500

［例6-36］根据公司决议，将本年净利润的50%分配给投资者。

应分配给投资者的利润＝670 000×50%＝335 000（元）

分析：这项经济业务的发生，一方面，企业利润由于分配减少了335 000元，应记入“利润分配”及其相关明细账户的借方；另一方面，形成了企业的一项负债，即应付利润增加了335 000元，应记入“应付利润”账户的贷方。具体的会计分录为：

借：利润分配——应付利润　　335 000
　贷：应付利润　　335 000

［例6-37］年终决算：将本年取得的净利润结转到利润分配账户。

年度终了，企业应对本年度实现的净利润（或亏损总额）和已分配的利润进行结算。企业在年末对利润进行分配时，已根据利润分配的去向先将已分配的利润计入到利润分配各有关明细账中，而不是直接在“本年利润”账户上反映。因此，年终结账时，应将“本年利润”账户的余额转入“利润分配”账户所属的“未分配利润”明细账户；同时，将全年已分配的利润，自“利润分配”账户所属的其他明细账户转入“利润分配”账户所属的“未分配利润”明细账户。结转后，通过“利润分配”账户所属的“未分配利润”明细账户借、贷双方记录金额的比较，即可确定年末未分配利润（或未弥补亏损）的数额。也就是说，年终结账后，除“利润分配”账户所属的“未分配利润”明细账户有余额之外，“利润分配”账户所属的其他明细账户是无余额的。

分析：这项经济业务的发生，一方面，因年末结转使本年利润减少670 000元，应记入“本年利润”账户的借方；另一方面，企业可供分配的利润增加670 000元，应记入“利润分配”及其所属的“未分配利润”明细账户的贷方。具体的会计分录为：

借：本年利润　　670 000
　贷：利润分配——未分配利润　　670 000

［例6-38］年终决算：将“利润分配”账户所属的其他各明细账户的余额结转到“利润分配”账户所属的“未分配利润”明细账户。

分析：这项经济业务的发生，一方面，利润分配其他明细账户的金额因结转而减少，应记入“利润分配”账户及其所属的相关明细账户的贷方；另一方面，将结转的金额记入“利润分配”账户及其所属的“未分配利润”明细账户的借方。具体的会计分录为：

借：利润分配——未分配利润　　435 500
　贷：利润分配——提取法定盈余公积　　67 000
　　　　　　　——提取任意盈余公积　　33 500
　　　　　　　——应付利润　　335 000

通过“利润分配——未分配利润”明细账户借、贷方记录金额的比较，可以得出，该企业年末未分配利润的金额为：

年末未分配利润＝670 000－435 500＝234 500（元）

年末未分配利润 234 500 元，存在于“利润分配——未分配利润”明细账户的贷方，表明该企业可结转到以后会计年度，留待以后会计年度分配的利润为 234 500 元。

本章小结

本章在讲述会计确认与会计计量的基础上，主要介绍了在借贷记账法下对极具代表性的制造业的整个生产经营活动的基本经济业务如何进行会计处理。

制造业的生产经营活动主要包括资金筹集、供应、生产、销售和利润的形成及其分配五个环节。相应地，制造业的主要经济业务的核算也应包括资金筹集业务的核算、材料采购业务的核算、产品生产业务的核算、销售业务的核算和利润形成及其分配业务的核算五个方面。

在制造业的生产经营活动中，不同阶段起着不同的作用，因而，各阶段所涉及的经济业务的内容也不相同。资金筹集主要包括所有者投入资本和债权人投入资本业务；供应过程一般是指材料物资等劳动对象的采购过程，供应过程主要包括材料实际采购成本的形成、材料的验收入库以及采购过程中与供货单位之间的款项结算等业务；销售过程主要包括确定产品销售收入、与购货单位结算货款、支付各项销售费用、计算销售税金、结转已售产品的生产成本等业务；财务成果是指企业在一定会计期间的最终经营成果，是反映企业生产经营活动质量的一项综合指标，也是评价企业经济效益优劣的重要标志，表现为盈利或亏损。企业在一定会计期间实现的净利润，应按照国家的有关规定进行分配。因此，财务成果主要包括利润的形成和利润的分配业务。

思考题

1. 企业资金筹集的途径有哪些？其会计处理如何？
2. 材料采购业务核算的主要经济业务有哪些？其会计处理如何？
3. 产品生产业务核算的主要经济业务有哪些？其会计处理如何？
4. 销售业务核算的主要经济业务有哪些？其会计处理如何？
5. 企业的经营成果是如何实现的？
6. 怎样计算净利润？
7. 利润分配的主要内容有哪些？分配的顺序如何？
8. 利润的形成及其分配的会计处理如何？

第七章　财产清查

学习目标

1. 了解财产清查的概念和意义；
2. 掌握财产清查的种类和财产物资的盘存制度；
3. 了解财产清查的程序；
4. 掌握财产清查的方法和内容；
5. 了解财产清查结果的处理程序；
6. 掌握财产清查结果的账务处理。

案例：

M企业2015年发生了亏损80 000元，经理为了表明其工作业绩，要求会计人员在账面上“扭亏为盈”。于是，会计人员在年底虚报盘盈库存商品80吨，价值160 000元，进行的账务处理是：

发现时：

借：库存商品　　160 000

　贷：待处理财产损溢　　160 000

核销时：

借：待处理财产损溢　　160 000

　贷：营业外收入　　160 000

案例要求：

审计人员在次年发现了这笔弄虚作假的业务，应如何调整上年利润和库存商品？

案例提示：

审计人员应编制的调整分录为：

借：利润分配——未分配利润　　160 000

　贷：库存商品　　160 000

当企业在某一会计期间的所有经济业务全部处理完毕并登记到相关账簿以后，为了向信息使用者提供总括、系统的会计信息，到了会计期末，企业就要准备编制会计报表。而为了保证账簿记录的正确、完整、真实可靠，以便为编制会计报表提供有效的会计信息资料，企业在日常会计处理的基础上，还必须定期进行财产清查，做到账实相符。

第一节　财产清查的意义和种类

一、财产清查的概念

财产清查是指通过对财产物资、现金的实地盘点和对银行存款、债权、债务的核对，确定其实存数，并将实存数与账簿记录中相应的账存数相核对，以查明账实是否相符的一种专门方法。

企业日常发生的各项经济业务，通过填制和审核会计凭证、登记账簿、试算平衡和对账等会计处理后，理论上讲账簿记录的数字应该同实际情况一致，即账实相符。

但是由于实际工作中一些主观和客观的原因会使账簿记录的结存数与各项财产的实存数不相一致，出现差异，即账实不符。造成账实不符的原因主要有以下几个方面：

（1）财产物资在保管过程中发生的自然损益。如由于干耗、销蚀、升重等自然现象而发生的数量或质量上的变化，这种变化在日常会计核算中是不反映的，于是出现了账实不符；

（2）财产物资在收发时，由于计量、计算、检验不准确而发生的品种、数量、质量上的差错，使得所填制的凭证与实际情况不符；

（3）财产物资增减变动时，没有及时地填制凭证、登记账簿，或者在填制凭证和登记账簿时发生了计算上或登记上的错误；

（4）由于管理不善或工作人员失职而造成财产物资的损坏、变质短缺，以及货币资金、往来款项的差错；

（5）由于不法分子贪污盗窃、营私舞弊等造成的财产物资损失；

（6）自然灾害造成的非常损失；

（7）未达账项引起的账实不符等。

账实不符会影响会计信息的真实性和准确性，为了确保账簿记录真实，财产物资安全完整，就必须通过财产清查这一会计核算方法，对各项财产定期或不定期地进行盘点或核对，对实存数与账存数不相符的差异，要调整账簿记录，查明原因和责任，按有关规定做出处理，做到账实相符，为定期编制会计报表提供准确、完整、系统的核算信息。

二、财产清查的意义

加强财产清查工作，对于加强企业管理、充分发挥会计的监督作用具有重要意义：

（1）通过财产清查，可以查明各项财产物资的实有数，确定实有数额与账面数额的差异，查明发生差异的原因和责任，以便及时调整账面数额，做到账实相符，从而保证会计信息的真实性、可靠性、保护各项财产的安全完整，提高会计信息的质量。

（2）通过财产清查，可以查明各项财产物资的保管情况是否良好，有无因管理不善造成霉烂、变质、损失浪费，或者被非法挪用、贪污盗窃的情况，通过财产清查发现问题，及时采取措施弥补经营管理中存在的漏洞，建立健全各项规章制度，提高企业的管理水平，并切实保障各项财产物资的安全完整。

（3）通过财产清查，可以查明各项财产物资的储备和利用情况，有无储备不足、积压、呆滞以及不配套的财产物资，对于储备不足，应设法及时补充，以保证生产需要；对于积压、呆滞和不配套的，应及时进行处理，避免损失浪费，以充分挖掘财产物资的潜力，提高其使用效能。

（4）通过财产清查，可以查明财产物资盘盈盘亏的原因，落实经济责任，从而完善企业管理制度，挖掘财产物资潜力，提高资金的使用效能，加速资金周转。

三、财产清查的种类

财产清查可以按不同的标准进行以下的分类：

（一）按财产清查的范围，分为全面清查和局部清查

1. 全面清查

全面清查是指对全部财产进行盘点与核对，清查内容包括：货币资金、固定资产、原材料、在产品、半成品、产成品、在途物料、各种往来结算款项、委托其他单位代管、代加工、代售的各种材料物资及其他物资。全面清查的特点是：清查范围较大、涉及内容较多、所需时间较长、参与人员较多。需要进行全面清查的情况通常主要有：年终决算之前；单位撤销、合并或改变隶属关系前；中外合资、国内合资前；企业股份制改制前；开展全面的资产评估、清产核资前；单位主要领导调离工作前等。

2. 局部清查

局部清查是指根据需要只对部分财产物资进行盘点与核对。主要是对货币资金、存货等流动性较大的财产的清查。局部清查的特点在于清查范围较小、涉及内容较少、所需时间较短、参与人员较少，但专业性较强。局部清查一般包括下列清查内容：现金应由出纳人员在每日业务终了时清点，银行存款应由出纳人员每月至少同银行核对一次，债权债务每年至少核对一至两次，各项存货应有计划地轮流清点或有重点地抽查，贵重物品应每月清查一次等。

（二）按财产清查的时间，分为定期清查和不定期清查

1. 定期清查

定期清查是指根据事先计划安排的时间对财产物资进行的清查。定期清查一般在会计期间的期末进行，即一般在年末、季末或是月末结账时进行。其清查的范围既可以是全面清查，也可以是局部清查。

2. 不定期清查

不定期清查是指不事先规定清查时间，根据实际需要对财产物资所进行的临时性清查。不定期清查一般是局部清查，如改换财产物资保管人员进行的有关财产物资的清查，以明确经济责任；发生意外灾害等非正常损失时，进行的损失情况的清查，以查明受损情况；有关部门进行的临时性检查；单位撤销、合并或改变隶属关系前，应进行全面清查，以摸清家底等。

（三）按照清查的执行单位不同，可分为内部清查和外部清查

1. 内部清查

内部清查是由企业自行组织清查工作小组所进行的财产清查工作。多数的财产清查都属于内部清查。

2. 外部清查

外部清查是由上级主管部门、审计机关、司法部门、注册会计师根据国家的有关规定或情况的需要对企业所进行的财产清查。如注册会计师对企业报表进行审计，审计、司法机关对企业在检查、监督中所进行的清查工作等。

企业在编制年度财务会计报告前，应当全面清查财产、核实债务。各单位应当定期将会计账簿记录与实物、款项及有关资料相互核对，保证会计账簿记录与实物及款项的实有数额相符。

四、财产物资的盘存制度

（一）实地盘存制

实地盘存制也称为定期盘存制。指会计期末通过对全部存货进行实地盘点以确定期末存货的数量，再乘以各项存货的单价，计算出期末存货的成本，并据以计算出本期耗用或已销售存货成本的一种存货盘存方法。采用这一盘存方法时，平时只记录存货购进的数量和金额，不记发出的数量，期末通过实地盘点确定存货的实际结存数量，并据以计算出期末存货的成本和当期耗用或已销售存货的成本。这一方法通常也称为“以存计耗”或“以存计销”。其公式为：

本期耗用（或销货）成本=期初存货成本+本期购货成本-期末存货成本

采用实地盘存制，平时不记录发出存货的数量和金额，对存货明细账的设置也不要求非常详细，因此，其最大的优点是简便易行。但也有明显的缺点：不能随时反映存货收入、发出、结存的动态，管理不够严格；由于采用“以存计耗”和“以存计销”倒挤成本，使非正常销售或耗用的存货损失等全部挤入耗用或销售成本，容易掩盖存货管理中存在的问题；由于只能在期末才能结出结余存货的成本，因此这一方法适用性较差。这一方法主要适用于那些自然损耗大、数量比较稳定的鲜活商品或少数价低、零星的物料用品。

（二）永续盘存制

永续盘存制又称为账面盘存制，是指通过设置详细的存货明细账，逐笔或逐日地记录存货收入、发出的数量、金额，以随时结出结余存货的数量、金额的一种存货盘存方法。采用这一存货盘存方法时，要求对企业存货分品名、规格等设置详细的明细账，逐日逐笔地登记收入、发出存货的数量和金额，并结出期末存货的数量和金额。采用这一方法时，为了核对存货账面记录，加强对存货的管理，企业应视具体情况对存货进行不定期的盘点。

永续盘存制的优点是核算手续严密，其不仅对财产物资的收发都有逐笔记录，且

有原始凭证为依据，容易追查差错的来龙去脉，也容易控制差错和非法行为的发生。同时，这一方法还可以通过账簿记录随时了解各种财产物资的增减变动和结存情况，便于管理。其缺点是核算的工作量较大。但是，在各单位对管理的要求越来越高的情况下，永续盘存制更能满足管理的要求。因此，除一些特殊的财产物资外，都应该采用这种制度。

第二节　财产清查的程序、方法和内容

一、财产清查的一般程序

财产清查是改善经营管理和加强会计核算的重要手段，也是一项涉及面较广、工作量较大、既复杂又细致的工作。因此，为了做好财产清查工作，使其发挥应有的积极作用，必须按照规定的程序进行。财产清查的一般程序如下：

（一）做好组织准备

财产清查，尤其是进行全面清查，涉及面较广，工作量较大，为了能使财产清查工作顺利进行，在进行财产清查前要根据财产清查工作的实际需要组建财产清查专门机构，具体负责财产清查的组织和管理。清查机构应由主要领导负责，会同财会部门，由财产管理、财产使用等有关部门人员组成，以保证财产清查工作在统一领导下，分工协作，圆满完成。

（二）做好业务准备

为了使财产清查工作顺利进行，清查之前会计部门和有关业务部门要在清查组织的指导下，做好以下准备工作：

（1）会计部门必须把有关账目登记齐全，结出余额，并且核对清楚，做到账证相符，账账相符，为财产清查提供准确、可靠的账簿资料。

（2）物资保管和使用等业务部门必须对所要清查的财产物资进行整理、排列、标注标签（品种、规格、结存数量等），以便在进行清查时与账簿记录核对。

（3）清查前必须按国家标准计量校正各种度量衡器具，减少误差。

（4）准备好各种空白的清查盘存报告表。例如“盘点表”“实存账存对比表”“未达账项登记表”等。

（三）实施财产清查

在做好各项准备工作以后，应由清查人员根据清查对象的特点，依据清查的目的，采用相应的清查方法，实施财产清查。

（四）清查结果的处理

实地清查完毕，清查人员应将清查的结果及处理意见向企业的董事会或者相应机构报告，并根据我国《企业会计准则》的规定进行相应的会计处理。

二、财产清查的一般方法

财产清查是确定其实存数，查明实存数与账存数是否相符的一种专门方法。因此，进行财产清查，首先就要清查其实存数量和金额，确定其账存数量和金额，有了实存数与账存数的比较，便可以查明实存数与其账存数是否相符。

（一）清查财产物资实存数量的方法

对于各项财产物资实存数量的清查，一般采用实地盘点法或技术推算法。

1. 实地盘点法

实地盘点法是通过实地逐一点数或用计量器具确定实存数量的一种常用方法。如逐台清点有多少台机床，用秤计量库存原材料的重量等。

2. 技术推算法

技术推算法是通过技术推算确定实存数量的一种方法。对有些价值低、数量大的材料物资，如露天堆放的原煤、沙石等，不便于逐一过磅、点数的，可以在抽样盘点的基础上，进行技术推算，从而确定其实存数量。

（二）清查财产物资金额的方法

在清查对象的实存数量确定后，就要进一步确定其金额。有些财产物资没有实存数量，只有金额时，可直接确定其金额。

对于各项财产物资实存金额的清查，一般可采用账面价值法、评估确认法和查询核实法等。

1. 账面价值法

账面价值法是根据财产物资的账面单位价值来确定实存金额的方法。即根据各项财产物资的实存数量乘以单位账面价值，计算出各项财产物资的实存金额。

2. 评估确认法

评估确认法是根据资产评估的价值确定财产物资实存金额的方法。这种方法根据资产的特点，由专门的评估机构依据资产评估方法对有关的财产物资进行评估，以评估确认的价值作为财产物资实存金额。这种方法适用于企业改组、隶属关系改变、联营、单位撤销、清产核资等情况。

3. 查询核实法

查询核实法是依据账簿记录，以一定的查询方式，清查财产物资、货币资金、债权债务数量及价值量的方法。这种方法根据查询结果进行分析，来确定有关财产物资、货币资金、债权债务的实物数量和价值量，适用于债权债务、出租出借的财产物资以及外埠存款的查询核实。

三、财产清查的主要内容

（一）实物资产的清查

实物资产的清查是指对原材料、产成品、在产品、货币资金、固定资产以及受外单位委托加工、代管的各项资产进行的清点检查工作。对于实物资产的清查一般分为存货的清查和固定资产的清查两大类。

1. 存货的清查

存货的清查主要采用实地盘点法和技术推算法，一般按下列步骤进行：

第一，要由清查人员协同材料物资保管人员在现场对材料物资采用上述相应的清查方法进行盘点，确定其实有数量，并同时检查其质量情况。

第二，对盘点的结果要如实登记在“盘存单”（格式如表 7-1 所示）上，并由盘点人员、检查负责人和实物保管人员签章，以明确经济责任。

表 7-1 盘 存 单

单位名称： 年 月 日 单位：元

编号	名称	规格	计量单位	数量	单价	金额	备注

盘点： 保管： 负责人：

第三，根据“盘存单”和有关账簿记录，编制“账存实存对比表”，格式如表 7-2 所示。该表只填列账实不符的存货，它是用来调整账簿记录的重要原始凭证，也是分析产生账实差异的原因，明确经济责任的重要依据。

表 7-2 账存实存对比表

单位名称： 年 月 日 单位：元

<table>
<tr><th rowspan="3">编号</th><th rowspan="3">名称</th><th rowspan="3">规格</th><th rowspan="3">计量单位</th><th rowspan="3">单价</th><th colspan="2">实 存</th><th colspan="2">账 存</th><th colspan="4">对比结果</th><th rowspan="3">备注</th></tr>
<tr><th rowspan="2">数量</th><th rowspan="2">金额</th><th rowspan="2">数量</th><th rowspan="2">金额</th><th colspan="2">盘盈</th><th colspan="2">盘亏</th></tr>
<tr><th>数量</th><th>金额</th><th>数量</th><th>金额</th></tr>
<tr><td></td><td></td><td></td><td></td><td></td><td></td><td></td><td></td><td></td><td></td><td></td><td></td><td></td><td></td></tr>
<tr><td></td><td></td><td></td><td></td><td></td><td></td><td></td><td></td><td></td><td></td><td></td><td></td><td></td><td></td></tr>
<tr><td></td><td></td><td></td><td></td><td></td><td></td><td></td><td></td><td></td><td></td><td></td><td></td><td></td><td></td></tr>
</table>

盘点人： 保管人： 负责人：

第四，对账实不符的存货，分析差异原因，做出相应的会计处理。

2. 固定资产的清查

固定资产的清查主要采用实地盘点法，一般按下列步骤进行：

第一，应查明固定资产的实物是否与账面记录相符，防止固定资产的丢失。

第二，要查明固定资产在保管、维护及核算上是否存在问题，确保企业固定资产核算的正确性。

第三，还要查清固定资产的使用情况，以便有关部门做出及时处理，保证固定资产的合理、有效使用。

对于盘盈或盘亏的固定资产应编制“固定资产盘盈盘亏报告单”，格式如表 7-3 所示。

表 7-3　　**固定资产盘盈盘亏报告单**

部门：　　　　年　月　日　　　　单位：元

<table>
<tr><td rowspan="2">固定资产编号</td><td rowspan="2">固定资产名称</td><td rowspan="2">固定资产规格及型号</td><td colspan="3">盘　盈</td><td colspan="3">盘　亏</td><td colspan="3">毁　损</td><td rowspan="2">原因</td></tr>
<tr><td>数量</td><td>重置价值</td><td>累计折旧</td><td>数量</td><td>原始价值</td><td>已提折旧</td><td>数量</td><td>原始价值</td><td>已提折旧</td></tr>
<tr><td></td><td></td><td></td><td></td><td></td><td></td><td></td><td></td><td></td><td></td><td></td><td></td><td></td></tr>
<tr><td></td><td></td><td></td><td></td><td></td><td></td><td></td><td></td><td></td><td></td><td></td><td></td><td></td></tr>
<tr><td></td><td></td><td></td><td></td><td></td><td></td><td></td><td></td><td></td><td></td><td></td><td></td><td></td></tr>
<tr><td rowspan="2">处理意见</td><td colspan="4">审批部门</td><td colspan="4">清查小组</td><td colspan="4">使用保管部门</td></tr>
<tr><td colspan="4"></td><td colspan="4"></td><td colspan="4"></td></tr>
</table>

盘点：　　　　记账：　　　　负责人：

（二）货币资金的清查

货币资产是指企业所拥有的在周转过程中处于货币形态的资本，主要包括库存现金、银行存款等项目。因此，对于货币资产的清查一般分为库存现金的清查和银行存款的清查两大类。

1. 库存现金的清查

库存现金的清查是通过清点库存现金的实有额，再与现金日记账进行核对，以便查明账实是否相符，一般采用实地盘点法。在进行库存现金的盘点时，清查人员与出纳必须同时在场。库存现金清查一般按下列步骤进行：

第一，盘点前，应由出纳人员将现金收付凭证全部登记入账，并结出余额。

第二，盘点时，出纳人员必须在场，盘点后如发现盘盈、盘亏，必须会同出纳人员核实清楚。

第三，盘点结束后，应根据盘点的结果，及时填制“库存现金盘点报告表”（格式如表 7-4 所示），由盘点人员、出纳人员及有关负责人在表上签字盖章，并据以调整账簿记录。

表 7-4　　**库存现金盘点报告表**

单位名称：　　　　年　月　日　　　　单位：元

<table>
<tr><td rowspan="2">实存数额</td><td rowspan="2">账存数额</td><td colspan="2">实存账存对比结果</td><td rowspan="2">备注</td></tr>
<tr><td>盘盈</td><td>盘亏</td></tr>
<tr><td></td><td></td><td></td><td></td><td></td></tr>
<tr><td></td><td></td><td></td><td></td><td></td></tr>
</table>

盘点：　　　　出纳：　　　　负责人：

永续盘存制的优点是核算手续严密，其不仅对财产物资的收发都有逐笔记录，且有原始凭证为依据，容易追查差错的来龙去脉，也容易控制差错、防止非法行为的发生。同时，这一方法还可以通过账簿记录随时了解各种财产物资的增减变动和结存情况，便于管理。其缺点是核算的工作量较大。但是，在各单位对管理的要求越来越高的情况下，永续盘存制更能适应管理的要求。因此，除一些特殊的财产物资外，都应该采用这种制度。

2. 银行存款的清查

银行存款的清查主要采用核对法，通过将本企业的银行存款日记账与开户银行所出具的银行存款对账单进行逐笔核对，以查明账实是否相符。银行存款清查一般按下列步骤进行：

第一，核对前，记账人员应详细检查银行存款日记账的正确性与完整性，确保将已有的银行存款收付凭证全部登记入账，并结出余额。

第二，核对时，应将银行存款日记账与银行对账单进行逐步核对，查明未达账项。

第三，核对结束后，应编制“银行存款余额调节表”（格式如表 7-5 所示），对未达账项进行调整。

表 7-5　　银行存款余额调节表

年　月　日　　　　单位：元

项目	金额	项目	金额
企业银行存款日记账账面余额		银行对账单的存款余额	
加：银行已记增加，企业尚未记增加的款项		加：企业已记增加，银行尚未记增加的款项	
减：银行已记减少，企业尚未记减少的款项		减：企业已记减少，银行尚未记减少的款项	
调整后的存款余额		调整后的存款余额	

所谓未达账项是指企业与银行双方由于接收凭证的时间差造成一方已入账而另一方尚未入账的款项。企业与银行之间的未达账项，主要有以下四种情况：

（1）企业在收到款项或收取账款凭据的同时，已作企业存款增加入账，而银行还未取得入账的依据，尚未入账。

（2）企业在开出支票或其他支款凭据的同时，已作企业存款减少入账，而银行还未取得入账的依据，尚未入账。

（3）银行已收到代企业收取的款项或支付给企业存款利息的同时，已作企业存款增加入账，而企业还未取得入账的依据，尚未入账。

（4）银行已支付代企业支付的款项或扣取企业贷款利息的同时，已作企业存款减少入账，而企业还未取得入账的依据，尚未入账。

一般情况下，未达账项调整后，企业的存款余额应与银行对账单的存款余额相符，如仍不符，应查明原因。

现举例说明具体的编制方法。

［例 7-1］某企业 20××年 6 月 30 日银行存款日记账账面余额为 92 000 元，银行存款对账单企业存款余额为 96 000 元，经核对查明：

（1）6 月 26 日，本企业存入转账支票 28 000 元，银行尚未入账。

（2）6 月 28 日，本企业开出现金支票 4 000 元，持票人尚未到银行办理取款手续。

（3）6 月 29 日，委托代收账款 30 000 元，银行已收款入账，但本企业尚未接到收款通知。

（4）6 月 29 日，银行代付本月水电费 2 000 元，付款通知尚未送达本企业。

根据以上未达账项，编制"银行存款余额调节表"，格式如表 7-6 所示。

表 7-6　银行存款余额调节表

20××年 6 月 30 日　单位：元

项目	金额	项目	金额
企业银行存款日记账账面余额	92 000	银行对账单的存款余额	96 000
加：银行已记增加，企业尚未记增加的款项	30 000	加：企业已记增加，银行尚未记增加的款项	28 000
减：银行已记减少，企业尚未记减少的款项	2 000	减：企业已记减少，银行尚未记减少的款项	4 000
调整后的存款余额	120 000	调整后的存款余额	120 000

银行存款余额调节表的编制方法，是双方在账面余额的基础上各自补记对方已记账、本单位未记账的金额（包括增加金额和减少金额），经过调节以后的双方账面余额应该相等。调节后的余额，是企业实际可使用的存款数额。调节后双方余额相等，一般说明双方记账没有差错，否则，说明记账有差错，应进一步查明原因，加以更正。

需要注意的是，银行存款双方余额调节相符后，对未达账项一般暂不做账务处理，对银行已入账而企业未入账的各项经济业务，不能根据银行存款余额调节表来编制会计分录，不能将银行存款余额调节表作为记账的依据，而必须在收到银行转来的有关原始凭证后方可入账。因此说，"银行存款余额调节表"只是为核对银行存款余额而编制的一个工作底稿，不能作为实际记账的凭证。它只是及时查明本企业和银行双方账目记载有无差错的一种清查方法，对未达账项的登记，只有在取得银行的有关结算原始凭证后才能入账。对长期存在的未达账项，应查明原因并及时处理。

（三）往来款项的清查

往来款项的清查包括应收应付款项、预收预付款项的清查，其清查一般采用查询核实法。应通过电函、信函或面询等方式，核对各种应收、应付款项，确认往来账款的时间、数量。往来款项清查一般按下列步骤进行：

第一，清查前，记账人员应将各项应收、应付等往来款项全部登记入账，并结出余额。

第二，清查时，应逐户编制对账单，寄送对方单位进行核对，根据对方单位寄回的对账单，及时查明往来款项余额不一致的原因。

第三，核对结束后，根据清查结果编制“往来款项核对登记表”，格式如表 7-7 所示。

表 7-7　　往来款项核对登记表

单位名称：　　年　月　日　　单位：元

总分类账户	明细分类账户	账面结余	对方结余	对比结果		差异原因	备注
				相符	不相符		

盘点：　　记账：　　负责人：

第三节　财产清查的账务处理

一、财产清查结果的处理程序

对于财产清查中所发现的各种问题，应按照国家有关的政策、法令和制度的规定，严肃认真地予以处理。具体包括以下几方面的工作：

（一）分析差异原因，提出处理意见

清查小组应根据财产清查中发现的问题和账账、账实之间的差异认真地进行调查和分析，查明原因，分清责任，提出处理意见后报上级审批。凡是查出问题的，应按照审批权限的程序严肃处理。

（二）积极处理积压物资、认真清理债权债务

对清查中发现的多余积压物资，除应设法利用、改制外，还应积极推销，力争做到物尽其用，对于长期积欠未还的债权债务要指定专人负责查明原因，主动与对方单位协商解决。

（三）认真总结经验教训，建立健全财产管理制度

通过财产清查，认真总结财产管理和会计核算等方面的经验，同时结合财产清查中发现的各种问题，认真总结教训。在此基础上，提出改进工作的具体措施，建立和健全财产管理制度。进一步加强财产管理责任制，保护财产的安全和完整，提高经营管理水平。

（四）调整账面记录，做到账账相符，账实相符

对各项清查出的差异和损失应及时进行账务调整，使账簿记录始终与实际情况保

持一致。

对于财产清查结果的账务处理应分两步进行：第一步，在审批前，将已经查明的财产物资盘盈、盘亏和毁损等，根据清查中取得的原始凭证（如实存账存对比表等）编制记账凭证，据以登记有关账簿，使账实相符。第二步，在审批后，按照差异发生的原因和报经批准的结果，根据有关的批复文件（视为原始凭证）编制记账凭证，据以登记入账。

二、财产清查核算应设置的账户

为了核算和监督在财产清查中查明的各种财产物资的盘盈、盘亏和毁损及其处理情况，应设置“待处理财产损溢”账户。该账户属于资产类账户，其借方登记发生的待处理财产物资的盘亏和毁损净值以及经批准后转销的各种财产物资盘盈数额；贷方登记发生的待处理财产物资盘盈净值以及经批准转销的财产物资的盘亏和毁损数。该账户处理前的借方余额，反映企业尚未处理的各种财产的净损失；处理前的贷方余额，反映企业尚未处理的各种财产的净溢余。按照企业会计准则规定，企业清查的各种财产物资的损溢，应于期末前查明原因，并根据企业的管理权限，经股东大会、董事会或厂长会议等类似机构批准后，在期末结账前处理完毕，处理后该账户应无余额。为了分别反映和监督企业固定资产和流动资产的盘亏情况，本账户应设置“待处理流动资产损溢”和“待处理固定资产损溢”两个明细账进行明细分类核算。

“待处理财产损溢”账户的结构如图 7-1 所示。

发生额： 各项财产发生的盘亏数或毁损数额 转销的盘盈数额	发生额： 各项财产发生的盘盈数额 转销的盘亏、毁损数额

图 7-1　待处理财产损溢

对于财产清查中所发现的各种问题，应按照国家有关的政策、法令和制度的规定，严肃认真地予以处理。

三、财产清查结果的账务处理

（一）存货清查结果的处理

1. 存货盘盈的账务处理

根据我国《企业会计准则》的规定，企业盘盈的各种材料、库存商品等，先调整存货的账面记录，借记“原材料”“库存商品”等科目，贷记“待处理财产损溢”科目；报经批准后处理时，对于存货的盘盈，冲减管理费用，借记“待处理财产损溢”科目，贷记“管理费用”科目。

［例 7-2］西城公司在财产清查中，盘盈某种材料一批，数量 100 千克，单价 10 元/千克。

①在报经批准前，根据“账存实存对比表”确定的材料盘盈数，编制会计分录如下：

借：原材料　　1 000
　贷：待处理财产损溢——待处理流动资产损溢　　1 000

②在批准后，根据批准处理意见，转销材料盘盈的会计分录如下：

借：待处理财产损溢——待处理流动资产损溢　　1 000
　贷：管理费用　　1 000

2. 存货盘亏的账务处理

根据我国《企业会计准则》的相关规定，企业盘亏的各种材料、库存商品等，借记"待处理财产损溢"科目，贷记"原材料""库存商品"等科目；盘亏存货报经批准后处理时，应当先将其残料价值、可以收回的保险赔偿和过失人赔偿，借记"原材料""其他应收款"等科目；剩余净损失中，属于非正常损失部分，列入营业外支出，借记"营业外支出"科目，贷记"待处理财产损溢"科目；属于一般经营损失部分，借记"管理费用"科目，贷记"待处理财产损溢"科目。

［例 7-3］西城公司在财产清查中，盘亏 A 材料 2 000 元，属于自然损耗。

①在报经批准前，根据"账存实存对比表"确定的材料盘亏数，编制会计分录如下：

借：待处理财产损溢——待处理流动资产损溢　　2 000
　贷：原材料——A 材料　　2 000

②在批准后，根据批准处理意见，转销材料盘亏的会计分录如下：

借：管理费用　　3 000
　贷：待处理财产损溢——待处理流动资产损溢　　3 000

［例 7-4］西城公司因发生火灾进行财产清查，发现盘亏 B 材料 10 000 元（不考虑增值税因素），属于非正常损失。

①在报经批准前，根据"账存实存对比表"确定的材料盘亏数，编制会计分录如下：

借：待处理财产损溢——待处理流动资产损溢　　10 000
　贷：原材料——B 材料　　10 000

②在批准后，根据批准处理意见，转销材料盘亏的会计分录如下：

借：营业外支出　　10 000
　贷：待处理财产损溢——待处理流动资产损溢　　10 000

［例 7-5］西城公司财产清查中发现 C 材料短少 2 500 元（不考虑增值税因素），经查明原因，属于责任事故，由过失人赔偿。

①在报经批准前，根据"账存实存对比表"确定的材料盘亏数，编制会计分录如下：

借：待处理财产损溢——待处理流动资产损溢　　2 500
　贷：原材料——C 材料　　2 500

②在批准后，根据批准处理意见，转销材料盘亏的会计分录如下：

借：其他应收款　　2 500
　贷：待处理财产损溢——待处理流动资产损溢　　2 500

（二）固定资产清查结果的处理

1. 固定资产盘盈的账务处理

根据我国《企业会计准则》的相关规定，企业在财产清查中盘盈的固定资产，作为前期差错处理，按同类或类似固定资产的市场价格，减去按该资产新旧程度估计的价值损耗后的余额，借记“固定资产”科目，贷记“以前年度损益调整”科目。

［例 7-6］西城公司在财产清查中，发现一台未入账的设备，按同类商品市场价格为 60 000 元，五成新。根据《企业会计准则第 28 号——会计政策、会计估计变更和差错更正》的规定，该盘盈固定资产作为前期差错进行处理。假定该公司适用的所得税税率为 25%，按净利润的 10%计提法定盈余公积。该公司应做如下会计处理：

①盘盈固定资产时，根据“账存实存对比表”确定的固定资产盘盈数，编制会计分录如下：

借：固定资产　　30 000（60 000-60 000 * 50%）

　贷：以前年度损益调整　　30 000

②确定应缴纳的所得税时：

借：以前年度损益调整　　7 500

　贷：应交税费——应交所得税　　7 500

③结转为留存收益时：

借：以前年度损益调整　　22 500

　贷：盈余公积——法定盈余公积　　2 250

　　　利润分配——未分配利润　　20 250

2. 固定资产盘亏的账务处理

根据我国《企业会计准则》的相关规定，企业盘亏的固定资产，应借记“待处理财产损溢”科目、“累计折旧”科目，贷记“固定资产”科目；盘亏报经批准后处理时，借记“营业外支出”科目，贷记“待处理财产损溢”科目。

［例 7-7］西城公司在财产清查中，发现短缺设备一台，其原值为 20 000 元，已计提折旧 4 000 元。

①在报经批准前，根据“账存实存对比表”确定的固定资产盘亏数，编制会计分录如下：

借：待处理财产损溢——待处理固定资产损溢　　16 000

　　累计折旧　　4 000

　贷：固定资产　　20 000

②在批准后，根据批准处理意见，转销固定资产盘亏的会计分录下：

借：营业外支出　　16 000

　贷：待处理财产损溢——待处理固定资产损溢　　16 000

（三）库存现金清查结果的处理

1. 库存现金盘盈的账务处理

根据我国《企业会计准则》的相关规定，在清查中，发生库存现金溢余，按溢余实际金额，借记“库存现金”科目，贷记“待处理财产损溢——待处理流动资产损溢”科目；待查明原因后，转入“营业外收入”账户。

［例7-8］西城公司在财产清查中，发现现金溢余100元，无法查明溢余原因。

①在报经批准前，根据“现金盘点报告表”确定的现金盘盈数，编制会计分录如下：

借：库存现金　　100

　贷：待处理财产损溢——待处理流动资产损溢　　100

②在批准后，根据批准处理意见，转销现金盘盈的会计分录如下：

借：待处理财产损溢——待处理流动资产损溢　　100

　贷：营业外收入　　100

2. 库存现金盘亏的账务处理

根据我国《企业会计准则》的相关规定，在清查中，发生库存现金短缺，按实际短缺金额，借记“待处理财产损溢——待处理流动资产损溢”科目，贷记“库存现金”科目；待查明原因后，由过失人负责赔偿，借记“其他应收款”科目，贷记“待处理财产损溢——待处理流动资产损溢”科目；若无法查明原因，损失记入管理费用，借记“管理费用”科目，贷记“待处理财产损溢——待处理流动资产损溢”科目。

［例7-9］西城公司在财产清查中，盘亏现金500元，应由出纳员赔偿。

①在报经批准前，根据“现金盘点报告表”确定的现金盘亏数，编制会计分录如下：

借：待处理财产损溢——待处理流动资产损溢　　500

　贷：库存现金　　500

②在批准后，根据批准处理意见，转销现金盘亏的会计分录如下：

借：其他应收款　　500

　贷：待处理财产损溢——待处理流动资产损溢　　500

［例7-10］西城公司在财产清查中，盘亏现金200元，原因不明，记入管理费用。

①在报经批准前，根据“现金盘点报告表”确定的现金盘亏数，编制会计分录如下：

借：待处理财产损溢——待处理流动资产损溢　　200

　贷：库存现金　　200

②在批准后，根据批准处理意见，转销现金盘亏的会计分录如下：

借：管理费用　　200

　贷：待处理财产损溢——待处理流动资产损溢　　200

（四）往来款项清查结果的处理

在财产清查中，如果发现长期不清的往来款项，应当及时进行清理。对于经查明确实无法支付的应付款项和无法收回的应收款项，应按规定程序报经批准后，无法支付的应付款项直接转作营业外收入，无法收回的应收账款则列作坏账损失，冲减已计提的坏账准备。

［例 7-11］西城公司在财产清查中，查明应付盛天公司款 5 000 元，因对方单位已撤销，确实无法支付，经批准列作营业外收入，做会计分录如下：

借：应付账款——盛天公司　　5 000

　贷：营业外收入　　5 000

［例 7-12］西城公司在财产清查中，查明确实无法收回的应收账款有 1 000 元，符合坏账编制，报经批准后，做会计分录如下：

借：坏账准备　　1 000

　贷：应收账款　　1 000

本章小结

为了保证会计资料的真实性，企业必须定期或不定期地对其所拥有的财产物资进行清查，将账存数与实存数相互核对，以便在账实发生差异时及时寻找原因、分清责任，并按规定的程序和方法调整账面记录，做到账实一致。

财产清查按不同的标准可以分为不同的类别。财产清查按其清查范围可分为全部清查和局部清查，按其清查时间可分为定期清查和不定期清查。全部清查和局部清查，既可以是定期清查，也可以是不定期清查。

对不同的财产物资应采用不同的方法行清查。对材料、产成品、固定资产等实物的清查主要采用实地盘点的方法来进行；对现金的清查要采用不通知，突击盘点的方法来进行；对银行存款的清查要采取与银行核对账目的方法来进行；对应收和应付等债券债务的清查主要通过询证核对的方法来进行。

对清查的结果应填制相应的清查结果报告表，并查明原因，报请有关领导审批，进行相应的会计处理。对财产物资的盘盈、盘亏、毁损情况进行会计处理时，应设置“待处理财产损溢”账户，分报请批准以前和批准以后两个步骤分别进行。

思考题

1. 什么是财产清查？为什么要进行财产清查？
2. 财产清查有何作用？
3. 财产清查有哪些类型？各自的适用对象是什么？
4. 财产清查前要做好哪些准备工作？
5. 什么是永续盘存制和实地盘存制？为什么在一般情况下应采用永续盘存制？
6. 如何对现金、银行存款、实物资产进行财产清查？
7. 什么是未达账项？未达账项有哪几种情况？怎样编制银行存款余额调节表？
8. 财产清查的结果有几种？如何进行相应的账务处理？

第八章 财务报告

学习目标

1. 了解财务报告的概念和目标；
2. 掌握财务报告的构成和分类；
3. 了解资产负债表的概念和意义；
4. 掌握资产负债表的格式、编制的依据和方法；
5. 了解利润表的概念和意义；
6. 掌握利润表的格式、编制的依据和方法；
7. 了解现金流量表的概念和结构；
8. 掌握现金流量表的内容构成、编制程序和方法；
9. 了解所有者权益变动表的概念和结构；
10. 掌握所有者权益变动表的内容构成和编制方法；
11. 了解会计报表附注的内容。

案例:

2002 年 1 月，生态农业（原蓝田股份 600709）的股票突然被停牌。仅从历年资料判断，蓝田股份似乎是一支不折不扣的“老牌绩优股”。资料显示，蓝田股份 1996 年的股本为 9 696 万股，2000 年底扩张到 4.46 亿股，股本扩张了 360%；主营业务收入从 4.68 亿元大幅增长到 18.4 亿元，净利润从 0.593 亿元快速增长到令人难以置信的 4.32 亿元。而且这些都建立在蓝田股份只是一家主要从事水产品开发的农业企业的背景上。蓝田有一个奇怪的财务组合。无论是按渔业还是食品饮料业，蓝田股份的应收账款回收期明显低于同业平均水平，公司水产品收入异常高于渔业同行业平均水平，而短期偿债能力在两个行业中的同业企业中又都是最低的。从蓝田的资产结构来看，从 1997 年开始，其资产拼命往上涨，与之相对应的流动资产却逐年下降，这说明其整个资产规模是由固定资产来带动的，公司在产品占存货百分比和固定资产占资产百分比异常高于同业平均水平。根据分析，蓝田股份的偿债能力越来越恶化；扣除各项成本和费用后，蓝田股份没有净收入来源；蓝田股份不能创造足够的现金流量以便维持正常的经营活动和保证按时偿还银行贷款的本金和利息，银行应该立即停止对蓝田股份发放贷款。对蓝田股份得出这种结论，是因为分析了那些常用的多个财务指标报表。

第一节　财务报告概述

财务报告，是指企业对外提供的反映企业某一特定日期的财务状况和某一会计期间的经营成果、现金流量等会计信息的文件。财务报告包括财务报表和其他应当在财务报告中披露的相关信息和资料。

一、财务报表及目标

财务报表是对企业财务状况、经营成果和现金流量的结构性表述。一套完整的财务报表至少应当包括资产负债表、利润表、现金流量表、所有者权益（股东权益，下同）变动表以及附注。

在日常的会计核算中，企业通过填制和审核会计凭证，登记会计账簿，把各项经济业务完整、连续、分类地登记在会计账簿中，虽然比会计凭证反映的信息更加条理化、系统化，但就某一会计期间的经济活动的整体而言，其所能提供的仍是分散的、部分的信息，不能通过其内在联系，集中揭示和反映该会计期间经营活动和财务收支的全貌。因此，每个会计期末，必须根据账簿上记录的资料，按照规定的报表格式、内容和编制方法，做进一步的归集、加工和汇总，编制成相应的会计报表，全面、综合地反映企业的财务状况、经营成果和现金流动情况，为有关各方提供全面的信息。

企业编制财务报表的目标，是向财务报表使用者提供与企业财务状况、经营成果和现金流量等有关的会计信息，反映企业管理层受托责任的履行情况，有助于财务报表使用者做出经济决策。财务报表使用者通常包括投资者、债权人、政府及其有关部门和社会公众等。

二、企业财务报表的组成及分类

（一）企业财务报表的组成

一套完整的财务报表至少应包括“四表一注”，即资产负债表、利润表、现金流量表、所有者权益（或股东权益，下同）变动表以及附注。列报，是指交易和事项在报表中的列示和在附注中的披露。在财务报表的列报中，“列示”通常反映资产负债表、利润表、现金流量表和所有者权益变动表等报表中的信息，“披露”通常反映附注中的信息。《企业会计准则第 30 号——财务报表列报》规范了财务报表的列报。

资产负债表、利润表和现金流量表分别从不同角度反映了企业的财务状况、经营成果和现金流量。资产负债表反映企业在某一特定日期所拥有的资产、需偿还的债务、以及股东（投资者）拥有的净资产情况；利润表反映企业在一定会计期间的经营成果，即利润或亏损的情况，表明企业运用所拥有的资产的获利能力；现金流量表反映企业在一定会计期间现金和现金等价物流入和流出的情况。

所有者权益变动表反映企业所有者权益的各组成部分当期的增减变动情况。企业的净利润及其分配情况是所有者企业变动的组成部分，相关信息已经在所有者权益变动表及其附注中反映，企业不需要再单独编制利润分配表。

附注是财务报表不可或缺的组成部分，是对在资产负债表、利润表、现金流量表和所有者权益变动表等报表中列示项目的文字描述或提供的明细资料，以及对未能在这些报表中列示项目的说明等。

（二）财务报表的分类

财务报表可以按照不同的标准进行分类。

1. 按财务报表编报期间的不同，可以分为中期财务报表和年度财务报表

中期财务报表是以短于一个完整会计年度的报告期间为基础编制的财务报表，包括月报、季报和半年报等。中期财务报表至少应当包括资产负债表、利润表、现金流量表和附注，其中，中期资产负债表、利润表和现金流量表应当是完整报表，其格式和内容应当与年度财务报表相一致。与年度财务报表相比，中期财务报表中的附注披露可适当简略。

年度结账日为公历年度每年的12月31日，半年度、季度、月度结账日分别为公历年度每半年、每季、每月的最后一天。

2. 按财务报表编报主体的不同，可以分为个别财务报表和合并财务报表

个别财务报表是由企业在自身会计核算基础上对账簿记录进行加工而编制的财务报表，它主要用以反映企业自身的财务状况、经营成果和现金流量情况。合并财务报表是以母公司和子公司组成的企业集团为会计主体，根据母公司和所属子公司的财务报表，由母公司编制的综合反映企业集团财务状况、经营成果及现金流量的财务报表。

三、财务会计报表的编制要求

为了使财务报表能够最大限度地满足各有关方面的需要，实现编制财务报表的基本目的，充分发挥财务报表的作用，企业编制财务报表，应当根据真实的交易、事项以及完整、准确的账簿记录等资料，严格遵循国家会计准则或制度规定的编制基础、编制依据、编制原则和编制方法。其编制的财务报表应当真实可靠、相关可比、全面完整、编报及时、便于理解。其基本要求如下：

（一）依据各项会计准则确认和计量的结果编制财务报表

企业应当根据实际发生的交易和事项，遵循各项具体会计准则的规定进行确认和计量，并在此基础上编制财务报表。企业应当在附注中对这一情况做出声明，只有遵循了企业会计准则的所有规定，财务报表才应当被称为“遵循了企业会计准则”。

企业不应以在附注中披露代替对交易和事项的确认和计量，也就是说，企业如果采用了不恰当的会计政策，不得通过在附注中披露等其他形式予以更正，企业应当对交易和事项进行正确的确认和计量。

（二）以持续经营为列报基础

持续经营是会计的基本前提，是会计确认、计量及编制财务报表的基础。企业会

计准则规范的是持续经营条件下企业对所发生交易和事项确认、计量及报表列报；相反，如果企业出现了非持续经营，应当采用其他基础编制财务报表。财务报表准则的规定是以持续经营为基础的。

（三）按重要性要求进行项目列报

所谓重要性是指如果财务报表某项目的省略或错报会影响使用者据此做出经济决策的，则该项目就具有重要性。企业在进行重要性判断时，应当根据所处环境，从项目的性质和金额大小两方面予以判断：一方面，应当考虑该项目的性质是否属于企业日常活动、是否对企业的财务状况和经营成果具有较大影响等因素；另一方面，判断项目金额大小的重要性，应当通过单项金额占资产总额、负债总额、所有者权益总额、营业收入总额、净利润等直接相关项目金额的比重加以确定。

（四）列报的一致性

可比性是会计信息质量的一项重要质量要求，目的是使同一企业不同期间和同一期间不同企业的财务报表相互可比。为此，财务报表项目的列报应当在各个会计期间保持一致，不得随意变更，这一要求不仅只针对财务报表中的项目名称，还包括财务报表项目的分类、排列顺序等方面。

（五）财务报表项目金额间的相互抵销

财务报表项目应当以总额列报，资产和负债、收入和费用不能相互抵销，即不得以净额列报，但企业会计准则另有规定的除外。这是因为，如果相互抵销，所提供的信息就不完整，信息的可比性大为降低，难以在同一企业不同期间以及同一期间不同企业的财务报表之间实现相互可比，报表使用者难以据以做出判断。比如，企业欠客户的应付款不得与其他客户欠本企业的应收款相抵销，如果相互抵销就掩盖了交易的实质。再如，收入和费用反映了企业投入和产出之间的关系，是企业经营成果的两个方面，为了更好地反映经济交易的实质、考核企业经营管理水平以及预测企业未来现金流量，收入和费用不得相互抵销。

（六）比较信息的列报

企业在列报当期财务报表时，至少应当提供所有列报项目上一个可比会计期间的比较数据，以及与理解当期财务报表相关的说明，目的是向报表使用者提供对比数据，提高信息在会计期间的可比性，以反映企业财务状况、经营成果和现金流量的发展趋势，提高报表使用者的判断与决策能力。

（七）财务报表表首的列报要求

财务报表一般分为表首、正表两部分，其中，在表首部分企业应当概括地说明下列基本信息：

（1）编报企业的名称，如企业名称在所属当期发生了变更的，还应明确标明；

（2）对资产负债表应当列示资产负债表日，利润表、现金流量表、所有者权益变动表应当列示涵盖的会计期间；

(3) 企业应当以人民币列报，并标明金额单位，如人民币元、人民币万元等；

(4) 财务报表是合并财务报表的，应当予以标明。

(八) 报告期间

企业至少应当编制年度财务报表。根据《会计法》的规定，会计年度自公历1月1日起至12月31日止。因此，在编制年度财务报表时，可能存在年度财务报表涵盖的期间短于一年的情况，比如企业在年度中间（如6月1日）开始设立等，在这种情况下，企业应当披露年度财务报表的实际涵盖期间及其短于一年的原因，并应当说明由此引起财务报表项目与比较数据不具可比性这一事实。

第二节 资产负债表

一、资产负债表概述

资产负债表是指反映企业在某一特定日期的财务状况的报表。资产负债表主要反映资产、负债和所有者权益三方面的内容，并满足“资产=负债+所有者权益”平衡式。

(一) 资产负债表的概念和意义

1. 资产负债表的概念

资产负债表是反映企业某一特定日期（如月末、季末、年末等）财务状况的会计报表。它是根据“资产=负债+所有者权益”这一会计等式，依照一定的分类标准和顺序，将企业在一定日期的全部资产、负债和所有者权益项目进行适当分类、汇总、排列后编制而成的。

资产负债表的内容主要反映以下三个方面：

(1) 资产

资产负债表中的资产反映由过去交易、事项形成并由企业在某一特定日期所拥有或控制的、预期会给企业带来经济利益的资源。资产一般按照流动资产、非流动资产分类并进一步分项列示。

流动资产是指预计在一个正常营业周期中变现、出售或耗用，或者主要为交易目的而持有，或者预计在资产负债表日起一年内（含一年）变现的资产，或者自资产负债表日起一年内交换其他资产或清偿负债的能力不受限制的现金或现金等价物。

资产负债表中列示的流动资产项目通常包括：货币资金、以公允价值计量且其变动计入当期损益的金融资产、应收票据、应收账款、预付款项、应收利息、应收股利、其他应收款、存货和一年内到期的非流动资产等。

非流动资产是指流动资产以外的资产。资产负债表中列示的非流动资产项目包括：长期股权投资、固定资产、在建工程、工程物资、固定资产清理、无形资产、开发支出、长期待摊费用及其他非流动资产等。

（2）负债

资产负债表中的负债反映企业在某一特定日期所承担的、预期会导致经济利益流出企业的现时义务。负债一般分为流动负债和非流动负债。

流动负债是指预计在一个正常营业周期中清偿，或者主要为交易目的而持有，或者自资产负债表日起一年内（含一年）到期应予清偿，或者企业无权自主地将清偿推迟至资产负债表日后一年以上的债务。

资产负债表中列示的流动负债项目通常包括：短期借款、应付票据、应付账款、预收款项、应付职工薪酬、应交税费、应付利息、应付股利、其他应付款、一年内到期的非流动负债等。

非流动负债是指流动负债以外的负债。资产负债表中列示的非流动负债项目通常包括：长期借款、应付债券和其他非流动负债等。

（3）所有者权益

资产负债表中的所有者权益是企业资产扣除负债后的剩余权益，反映企业在某一特定日期股东（投资者）拥有的净资产的总额，它一般按照实收资本、资本公积、其他综合收益、盈余公积和未分配利润分项列示。

2. 资产负债表的意义

资产负债表可以反映企业资产、负债和所有者权益的全貌。通过编制资产负债表，可以反映企业资产的构成及其状况，分析企业在某一日期所拥有的经济资源及其分布情况；可以反映企业某一日期的负债总额及其结构，分析企业目前与未来需要支付的债务数额；可以反映企业所有者权益的情况，了解企业现有的投资者在企业资产总额中所占的份额。通过对资产负债表项目金额及其相关比率的分析，可以帮助报表使用者全面了解企业的资产状况、盈利能力，分析企业的债务偿还能力，从而为未来的经济决策提供信息。例如，通过资产负债表可以计算流动比率、速动比率，可以了解企业的短期偿债能力；又如，通过资产负债表可以计算资产负债率，可以了解企业偿付到期长期债务的能力。

（二）资产负债表的格式

资产负债表由表头、表体组成。表头部分应列明报表名称、编表单位名称、编制日期和金额计量单位；表体反映资产、负债和所有者权益的内容，是资产负债表的主体和核心。

资产负债表的格式主要有账户式和报告式两种，我国企业的资产负债表采用账户式结构。账户式资产负债表分左右两方，左方为资产项目，大体按资产的流动性大小排列：流动性大的资产如“货币资金”“以公允价值计量且其变动计入当期损益的金融资产”等排在前面，流动性小的资产如“长期股权投资”“固定资产”等排在后面；右方为负债及所有者权益项目，一般按要求清偿时间的先后顺序排列：“短期借款”“应付票据”等需要在一年以内或者长于一年的一个正常营业周期内偿还的流动负债排在前面，“长期借款”等在一年以上或者长于一年的一个正常营业周期以上才需偿还的非流动负债排在中间，在企业清算之前不需要偿还的所有者权益项目排在后面。

账户式资产负债表中的资产各项目的合计等于负债和所有者权益各项目的合计，即资产负债表左方和右方平衡。因此，通过账户式资产负债表，可以反映资产、负债、所有者权益之间的内在关系，即“资产＝负债+所有者权益”。资产负债表的基本格式如表 8-1 所示。

二、资产负债表的编制

通常，资产负债表的各项目均需填列“年初余额”和“期末余额”两栏。

（一）“年初余额”的填列方法

“年初余额”栏内各项目数字，应根据上年末资产负债表相关项目的“期末余额”栏内所列数字填列，且与上年末资产负债表“期末余额”栏相一致。如果本年度资产负债表规定的各个项目的名称和内容同上年度不相一致，应对上年年末资产负债表各项目的名称和数字按本年度的规定进行调整，按调整后的数字填入本表“年初余额”栏内。

（二）“期末余额”的填列方法

资产负债表“期末余额”栏一般应根据资产、负债和所有者权益类科目的期末余额填列。

1. 根据总账科目的余额直接填列

例如，“固定资产清理”“长期待摊费用”“递延所得税资产”“短期借款”“应付票据”“应付职工薪酬”“应交税费”“应付利息”“应付股利”“其他应付款”“递延所得税负债”“实收资本”“资本公积”“库存股”“盈余公积”等项目，应当根据相关总账科目的余额直接填列。

2. 根据总账科目的余额计算填列

有些项目则需根据几个总账科目的余额计算填列。例如，“货币资金”项目，应当根据“库存现金”“银行存款”“其他货币资金”等科目期末余额合计填列。

3. 根据有关明细科目的余额计算填列

例如，“开发支出”项目，应根据“研发支出”科目中所属的“资本化支出”明细科目期末余额填列；“应付账款”项目，应根据“应付账款”和“预付账款”科目所属的相关明细科目的期末贷方余额合计数填列；“一年内到期的非流动资产”“一年内到期的非流动负债”项目，应根据有关非流动资产或负债项目的明细科目余额分析填列；“长期借款”“应付债券”项目，应分别根据“长期借款”“应付债券”科目的明细科目余额分析填列。

4. 根据总账科目和明细科目的余额分析计算填列

例如，“长期应收款”项目，应当根据“长期应收款”总账科目余额，减去“未实现融资收益”总账科目余额，再减去所属相关明细科目中将于一年内到期的部分填列；“长期借款”项目，应当根据“长期借款”总账科目余额扣除“长期借款”科目所属明细科目中将于一年内到期的部分填列；“应付债券”项目，应当根据“应付债券”总账科目余额扣除“应付债券”科目所属明细科目中将于一年内到期的部分填列；

"长期应付款"项目，应当根据"长期应付款"总账科目余额，减去"未确认融资费用"总账科目余额，再减去所属相关明细科目中将于一年内到期的部分填列。

5. 根据总账科目与其备抵科目抵销后的净额填列

"可供出售金融资产""持有至到期投资""长期股权投资""在建工程""商誉"等项目，应根据相关科目的期末余额填列，已计提减值准备的，还应扣减相应的减值准备；"固定资产""无形资产""投资性房地产""生产性生物资产"等项目，应根据相关科目的期末余额扣减相关的累计折旧（或摊销）填列，已计提减值准备的，还应扣减相应的减值准备；"长期应收款"项目，应根据"长期应收款"科目的期末余额，减去相应的"未实现融资费用"科目和"坏账准备"科目所属相关明细科目期末余额后的金额填列；"长期应付款"项目，应根据"长期应付款"科目的期末余额，减去相应的"未确认融资费用"科目期末余额后的金额填列。

6. 综合运用上述填列方法分析填列

主要包括："应收票据""应收利息""应收股利""其他应收款"项目，应根据相关科目的期末余额，减去"坏账准备"科目中有关坏账准备期末余额后的金额填列；"应收账款"项目，应根据"应收账款"和"预收账款"科目所属各明细科目的期末借方余额合计数，减去"坏账准备"科目中有关应收账款计提的坏账准备期末余额后的金额填列；"预付款项"项目，应根据"预付账款"和"应付账款"科目所属各明细科目的期末借方余额合计数，减去"坏账准备"科目中有关预付款项计提的坏账准备期末余额后的金额填列；"存货"项目，应根据"材料采购""原材料""发出商品""库存商品""周转材料""委托加工物资""生产成本""受托代销商品"等科目的期末余额合计，减去"受托代销商品款""存货跌价准备"科目期末余额后的金额填列，材料采用计划成本核算，以及库存商品采用计划成本核算或售价核算的企业，还应按加或减材料成本差异、商品进销差价后的金额填列。

三、资产负债表编制示例

［例 8-1］桂鑫股份有限公司 2×16 年 12 月 31 日的资产负债表（年初余额略）及 2×17 年 12 月 31 日的科目余额表分别如表 8-1 和表 8-2 所示。

表 8-1　　资产负债表　　会企 01 表

编制单位：桂鑫股份有限公司　　2×16 年 12 月 31 日　　单位：元

资　产	期末余额	年初余额	负债和股东权益	期末余额	年初余额
流动资产：			流动负债：		
货币资金	2 812 600		短期借款	600 000	
以公允价值计量且其变动计入当期损益的金融资产	30 000		以公允价值计量且其变动计入当期损益的金融负债	0	
应收票据	492 000		应付票据	400 000	
应收账款	598 200		应付账款	1 907 600	

表8-1(续)

资　产	期末余额	年初余额	负债和股东权益	期末余额	年初余额
预付款项	200 000		预收款项	0	
应收利息	0		应付职工薪酬	220 000	
应收股利	0		应交税费	73 200	
其他应收款	10 000		应付利息	2 000	
存货	5 160 000		应付股利	0	
一年内到期的非流动资产	0		其他应付款	100 000	
其他流动资产	200 000		一年内到期的非流动负债	2 000 000	
流动资产合计	9 502 800		其他流动负债	0	
非流动资产:			流动负债合计	5 302 800	
可供出售金融资产	0		非流动负债:		
持有至到期投资	0		长期借款	1 200 000	
长期应收款	0		应付债券	0	
长期股权投资	500 000		长期应付款	0	
投资性房地产	0		专项应付款	0	
固定资产	2 200 000		预计负债	0	
在建工程	3 000 000		递延所得税负债	0	
工程物资	0		其他非流动负债	0	
固定资产清理	0		非流动负债合计	1 200 000	
生产性生物资产	0		负债合计	6 502 800	
油气资产	0		股东权益:		
无形资产	1 200 000		实收资本（或股本）	10 000 000	
开发支出	0		资本公积	0	
商誉	0		减：库存股	0	
长期待摊费用	0		其他综合收益		
递延所得税资产	0		盈余公积	200 000	
其他非流动资产	400 000		未分配利润	100 000	
非流动资产合计	7 300 000		股东权益合计	10 300 000	
资产总计	16 802 800		负债和股东权益总计	16 802 800	

表 8-2　　　　科目余额表

2×17 年 12 月 31 日　　　　单位：元

科目名称	借方余额	科目名称	贷方余额
库存现金	4 000	短期借款	100 000
银行存款	1 611 662	应付票据	200 000

表8-2(续)

科目名称	借方余额	科目名称	贷方余额
其他货币资金	14 600	应付账款	1 907 600
交易性金融资产	0	其他应付款	100 000
应收票据	132 000	应付职工薪酬	360 000
应收账款	1 200 000	应交税费	453 462
坏账准备	-3 600	应付利息	0
预付账款	200 000	应付股利	64 431. 70
其他应收款	10 000	一年内到期的长期负债	0
材料采购	550 000	长期借款	2 320 000
原材料	90 000	股本	10 000 000
周转材料	76 100	盈余公积	249 540. 80
库存商品	4 244 800	利润分配（未分配利润）	436 027. 50
材料成本差异	8 500		
其他流动资产	200 000		
长期股权投资	500 000		
固定资产	4 802 000		
累计折旧	-340 000		
固定资产减值准备	-60 000		
工程物资	600 000		
在建工程	856 000		
无形资产	1 200 000		
累计摊销	-120 000		
递延所得税资产	15 000		
其他长期资产	400 000		
合计	16 191 062	合计	16 191 062

根据上述资料，编制桂鑫股份有限公司 2×17 年 12 月 31 日的资产负债表，如表 8-3 所示。

表 8-3　　　　　　　　　　**资产负债表**　　　　　　　　　　会企 01 表

编制制单位：桂鑫股份有限公司　　　2×17 年 12 月 31 日　　　　　单位：元

资　产	期末余额	年初余额	负债和股东权益	期末余额	年初余额
流动资产：			流动负债：		
货币资金	1 630 262	2 812 600	短期借款	100 000	600 000
以公允价值计量且其变动计入当期损益的金融资产	0	30 000	以公允价值计量且其变动计入当期损益的金融负债	0	0

表8-3(续)

资　产	期末余额	年初余额	负债和股东权益	期末余额	年初余额
应收票据	132 000	492 000	应付票据	200 000	400 000
应收账款	1 196 400	598 200	应付账款	1 907 600	1 907 600
预付款项	200 000	200 000	预收款项	0	0
应收利息	0	0	应付职工薪酬	360 000	220 000
应收股利	0	0	应交税费	453 462	73 200
其他应收款	10 000	10 000	应付利息	0	2 000
存货	4 969 400	5 160 000	应付股利	64 431.70	0
一年内到期的非流动资产	0	0	其他应付款	100 000	100 000
其他流动资产	200 000	200 000	一年内到期的非流动负债	0	2 000 000
流动资产合计	8 338 062	9 502 800	其他流动负债	0	0
非流动资产：			流动负债合计	3 185 493.70	5 302 800
可供出售金融资产	0	0	非流动负债：		
持有至到期投资	0	0	长期借款	2 320 000	1 200 000
长期应收款	0	0	应付债券	0	0
长期股权投资	500 000	500 000	长期应付款	0	0
投资性房地产	0	0	专项应付款	0	0
固定资产	4 402 000	2 200 000	预计负债	0	0
在建工程	856 000	3 000 000	递延所得税负债	0	0
工程物资	600 000	0	其他非流动负债	0	0
固定资产清理	0	0	非流动负债合计	2 320 000	1 200 000
生产性生物资产	0	0	负债合计	5 505 493.70	6 502 800
油气资产	0	0	所有者权益		
无形资产	1 080 000	1 200 000	实收资本（或股本）	10 000 000	10 000 000
开发支出	0	0	资本公积	0	0
商誉	0	0	减：库存股	0	0
长期待摊费用	0	0	其他综合收益	0	0
递延所得税资产	15 000	0	盈余公积	249 540.80	200 000
其他非流动资产	400 000	400 000	未分配利润	436 027.50	100 000
非流动资产合计	7 853 000	7 300 000	所有者权益合计	10 685 568.30	10 300 000
资产总计	16 191 062	16 802 800	负债和所有者权益总计	16 191 062	16 802 800

第三节 利润表

一、利润表的概念和意义

1. 利润表的概念

利润表是反映企业在一定会计期间经营成果的报表。利润表根据会计核算的配比原则，把一定时期内的收入和相对应的成本费用配比，从而计算出企业一定时期的各项利润指标。

2. 利润表的意义

通过利润表，可以反映企业一定会计期间的收入实现情况，如实现的营业收入有多少、实现的投资收益有多少、实现的营业外收入有多少等；可以反映一定会计期间的费用耗费情况，如耗费的营业成本有多少、营业税费有多少、销售费用、管理费用、财务费用各有多少、营业外支出有多少等；可以反映企业生产经营活动的成果，即净利润的实现情况，据以判断资本保值、增值情况。将利润表中的信息与资产负债表中的信息相结合，还可以提供进行财务分析的基本资料，如将赊销收入净额与应收账款平均余额进行比较，计算出应收账款周转率；将销货成本与存货平均余额进行比较，计算出存货周转率；将净利润与资产总额进行比较，计算出资产收益率等，可以表现企业资金周转情况以及企业的盈利能力和水平，便于报表使用者判断企业未来的发展趋势，做出经济决策。因此，利润表是会计报表中的一张基本报表。

二、利润表的格式

利润表由表头、表身和表尾等部分组成。表头部分应列明报表名称、编表单位名称、编制期间和金额计量单位；表身部分反映利润的构成内容；表尾部分为补充说明。其中，表身部分为利润表的主体和核心。此外，为了使报表使用者通过比较不同期间利润的实现情况，判断企业经营成果的未来发展趋势，企业需要提供比较利润表，利润表还就各项目再分为“本期金额”和“上期金额”两栏分别填列。

利润表的格式主要有多步式利润表和单步式利润表两种，我国企业的利润表采用多步式，如表 8-5 所示。

三、利润表的编制

我国企业利润表的主要编制步骤和内容如下：

第一步，以营业收入为基础，减去营业成本、营业税金及附加、销售费用、管理费用、财务费用、资产减值损失，加上公允价值变动收益（减去公允价值变动损失）和投资收益（减去投资损失），计算出营业利润；

第二步，以营业利润为基础，加上营业外收入，减去营业外支出，计算出利润总额；

第三步，以利润总额为基础，减去所得税费用，计算出净利润（或亏损）。

普通股或潜在普通股已公开交易的企业，以及正处于公开发行普通股或潜在普通股过程中的企业，还应当在利润表中列示每股收益信息。

利润表各项目均需填列“本期金额”和“上期金额”两栏。其中“上期金额”栏内各项数字，应根据上年该期利润表的“本期金额”栏所列数字填列。“本期金额”栏内各期数字，除“基本每股收益”和“稀释每股收益”项目外，应当按照相关科目的发生额分析填列。如“营业收入”项目，根据“主营业务收入”“其他业务收入”科目的发生额分析计算填列；“营业成本”项目，根据“主营业务成本”“其他业务成本”科目的发生额分析计算填列。其他项目均按照各该科目的发生额分析填列。

四、利润表编制示例

［例 8-2］桂鑫股份有限公司 2×17 年度有关损益类科目本年累计发生净额如表 8-4 所示。

表 8-4　　2×17 年度损益类科目本年累计发生额　　单位：元

科目名称	借方发生额	贷方发生额	科目名称	借方发生额	贷方发生额
主营业务收入		6 250 000	资产减值损失	154 500	
主营业务成本	3 750 000		投资收益		7 500
税金及附加	10 000		营业外收入		250 000
销售费用	100 000		营业外支出	110 200	
管理费用	485 500		所得税费用	436 825	
财务费用	150 000				

根据资料，编制利润表如 8-5。

表 8-5　　利　润　表　　会企 02 表

编制单位：桂鑫股份有限公司　　2×17 年　　单位：元

项目	本期金额	上期金额(略)
一、营业收入	6 250 000	
减：营业成本	3 750 000	
税金及附加	10 000	
销售费用	100 000	
管理费用	485 500	
财务费用	150 000	
资产减值损失	154 500	
加：公允价值变动收益（损失以“-”号填列）		
投资收益（损失以“-”号填列）	7 500	
其中：对联营企业和合营企业的投资收益		

表8-5(续)

项目	本期金额	上期金额(略)
二、营业利润（亏损以“-”号填列）	1 607 500	
加：营业外收入	250 000	
减：营业外支出	110 200	
其中：非流动资产处置损失		
三、利润总额（亏损总额以“-”号填列）	1 747 300	
减：所得税费用	436 825	
四、净利润（净亏损以“-”号填列）	1 310 475	
五、其他综合收益	（略）	
（一）以后会计期间不能重分类进损益的其他综合收益		
（二）以后会计期间在满足规定条件时将重分类进损益的其他综合收益		
六、其他综合收益税额净额	（略）	
（一）以后会计期间不能重分类进损益的其他综合收益税后净额		
其中：①重新计量设定受益计划净负债或净资产导致的变动的税后净额		
②按照权益法核算的在被投资单位以后会计期间不能重分类进损益的其他综合收益中所享有的份额税后净额		
（二）以后会计期间在满足规定条件时将重分类进损益的其他综合收益税后净额		
其中：①按照权益法核算的在被投资单位以后会计期间在满足规定条件时重分类进损益的其他综合收益中所享有的份额税后净额		
②可供出售金融资产公允价值变动形成的利得（损失以“-”号填列）的税后净额		
③持有至到期投资重分类为可供出售金额资产形成的利得（损失以“-”号填列）的税后净额		
④现金流量套期工具产生的利得（损失以“-”号填列）的税后净额		
⑤外币财务报表折算差额的税后净额		
七、综合收益总额	（略）	
八、每股收益：	（略）	
（一）基本每股收益		
（二）稀释每股收益		

第四节 现金流量表

一、现金流量表概述

现金流量表是反映企业在一定会计期间现金和现金等价物流入和流出的报表。

从编制原则上看，现金流量表按照收付实现制原则编制，将权责发生制下的盈利信息调整为收付实现制下的现金流量信息，便于信息使用者了解企业净利润的质量。从内容上看，现金流量表被划分为经营活动、投资活动和筹资活动三个部分，每类活动又分为各具体项目，这些项目从不同角度反映企业业务活动的现金流入与流出，弥补了资产负债表和利润表提供信息的不足。通过现金流量表，报表使用者能够了解现金流量的影响因素，评价企业的支付能力、偿债能力和周转能力，预测企业未来现金流量，为其决策提供有力依据。

现金流量是指一定会计期间内企业现金和现金等价物的流入和流出。企业从银行提取现金、用现金购买短期到期的国库券等现金和现金等价物之间的转换不属于现金流量。

现金是指企业库存现金以及可以随时用于支付的存款，包括库存现金、银行存款和其他货币资金（如外埠存款、银行汇票存款、银行本票存款）等。不能随时用于支付的存款不属于现金。

现金等价物是指企业持有的期限短、流动性强、易于转换为已知金额现金、价值变动风险很小的投资。期限短一般是指从购买日起三个月内到期。现金等价物通常包括三个月内到期的债券投资等。权益性投资变现的金额通常不确定，因而不属于现金等价物。企业应当根据具体情况，确定现金等价物的范围，一经确定不得随意变更。

企业的现金流量分为三大类：

（一）经营活动产生的现金流量

经营活动是指企业投资活动和筹资活动以外的所有交易事项。经营活动产生的现金流量主要包括销售商品或提供劳务、购买商品、接受劳务、支付工资和缴纳税款等流入和流出的现金和现金等价物。

（二）投资活动产生的现金流量

投资活动是指企业长期资产的购建和不包括在现金等价物范围内的投资及其处置活动。投资活动产生的现金流量主要包括购建固定资产、处置子公司及其他营业单位等流入和流出的现金和现金等价物。

（三）筹资活动产生的现金流量

筹资活动是指导致企业资本及负债规模或构成发生变化的活动。筹资活动产生的现金流量主要包括吸收投资、发行股票、分配利润、发行债券、偿还债务等流入和流出的现金和现金等价物。偿还应付账款、应付票据等应付款项属于经营活动，不属于筹资活动。

二、现金流量表的结构

我国企业现金流量表采用报告式结构，分类反映经营活动产生的现金流量、投资活动产生的现金流量和筹资活动产生的现金流量，最后汇总反映企业某一期间现金及现金等价物的净增加额。

我国企业现金流量表的格式如表 8-6 所示，现金流量表补充资料如表 8-7 所示。

表 8-6　　　　　　　　　　　**现金流量表**　　　　　　　　　　　会企 03 表

编制单位：　　　　　　　　　　　年　月　　　　　　　　　　　单位：元

项目	本期金额	上期金额
一、经营活动产生的现金流量：		
销售商品、提供劳务收到的现金		
收到的税费返还		
收到其他与经营活动有关的现金		
经营活动现金流入小计		
购买商品、接受劳务支付的现金		
支付给职工以及为职工支付的现金		
支付的各项税费		
支付其他与经营活动有关的现金		
经营活动现金流出小计		
经营活动产生的现金流量净额		
二、投资活动产生的现金流量：		
收回投资收到的现金		
取得投资收益收到的现金		
处置固定资产、无形资产和其他长期资产收回的现金净额		
处置子公司及其他营业单位收到的现金净额		
收到其他与投资活动有关的现金		
投资活动现金流入小计		
购建固定资产、无形资产和其他长期资产支付的现金		
投资支付的现金		
取得子公司及其他营业单位支付的现金净额		
支付其他与投资活动有关的现金		
投资活动现金流出小计		
投资活动产生的现金流量净额		
三、筹资活动产生的现金流量：		
吸收投资收到的现金		
取得借款收到的现金		

表8-6(续)

项目	本期金额	上期金额
收到其他与筹资活动有关的现金		
筹资活动现金流入小计		
偿还债务支付的现金		
分配股利、利润或偿付利息支付的现金		
支付其他与筹资活动有关的现金		
筹资活动现金流出小计		
筹资活动产生的现金流量净额		
四、汇率变动对现金及现金等价物的影响		
五、现金及现金等价物净增加额		
加：期初现金及现金等价物余额		
六、期末现金及现金等价物余额		

表 8-7　　现金流量表补充资料

补充资料	本期金额	上期金额
1. 将净利润调节为经营活动现金流量：		
净利润		
加：资产减值准备		
固定资产折旧、油气资产折耗、生产性生物资产折旧		
无形资产摊销		
长期待摊费用摊销		
处置固定资产、无形资产和其他长期资产的损失（收益以“-”号填列）		
固定资产报废损失（收益以“-”号填列）		
公允价值变动损失（收益以“-”号填列）		
财务费用（收益以“-”号填列）		
投资损失（收益以“-”号填列）		
递延所得税资产减少（增加以“-”号填列）		
递延所得税负债增加（减少以“-”号填列）		
存货的减少（增加以“-”号填列）		
经营性应收项目的减少（增加以“-”号填列）		
经营性应付项目的增加（减少以“-”号填列）		
其他		
经营活动产生的现金流量净额		
2. 不涉及现金收支的重大投资和筹资活动：		
债务转为资本		

表8-7(续)

补充资料	本期金额	上期金额
一年内到期的可转换公司债券		
融资租入固定资产		
3. 现金及现金等价物净变动情况：		
现金的期末余额		
减：现金的期初余额		
加：现金等价物的期末余额		
减：现金等价物的期初余额		
现金及现金等价物净增加额		

三、现金流量表的编制方法及程序

（一）直接法和间接法

编制现金流量表时，列报经营活动现金流量的方法有两种，一是直接法，一是间接法。在直接法下，一般是以利润表中的营业收入为起算点，调节与经营活动有关的项目的增减变动，然后计算出经营活动产生的现金流量。在间接法下，将净利润调节为经营活动现金流量，实际上就是将按权责发生制原则确定的净利润调整为现金净流入，并剔除投资活动和筹资活动对现金流量的影响。

采用直接法编报的现金流量表，便于分析企业经营活动产生的现金流量的来源和用途，预测企业现金流量的未来前景；采用间接法编报现金流量表，便于将净利润与经营活动产生的现金流量净额进行比较，了解净利润与经营活动产生的现金流量差异的原因，从现金流量的角度分析净利润的质量。所以，我国《企业会计准则》规定企业应当采用直接法编报现金流量表，同时要求在附注中提供以净利润为基础调节到经营活动现金流量的信息。

（二）工作底稿法、T型账户法和分析填列法

在具体编制现金流量表时，可以采用工作底稿法或T型账户法，也可以根据有关科目记录分析填列。

1. 工作底稿法

采用工作底稿法编制现金流量表，是以工作底稿为手段，以资产负债表和利润表的数据为基础，对每一个项目进行分析并编制调整分录，从而编制现金流量表。工作底稿法的程序是：

第一步，将资产负债表的期初数和期末数过入工作底稿的期初数栏和期末数栏。

第二步，对当期业务进行分析并编制调整分录。编制调整分录时，要以利润表项目为基础，从“营业收入”开始，结合资产负债表项目逐一进行分析。在调整分录中，有关现金和现金等价物的事项，并不直接借记或贷记现金，而是分别计入“经营活动产生的现金流量”“投资活动产生的现金流量”“筹资活动产生的现金流量”有关项

目，借记表示现金流入，贷记表示现金流出。

第三步，将调整分录过入工作底稿中的相应部分。

第四步，核对调整分录，借方、贷方合计数均已经相等，资产负债表项目期初数加减调整分录中的借贷金额以后，也等于期末数。

第五步，根据工作底稿中的现金流量表项目部分编制正式的现金流量表。

2. T 型账户法

采用T型账户法编制现金流量表，是以T型账户为手段，以资产负债表和利润表数据为基础，对每一项目进行分析并编制调整分录，从而编制现金流量表。T型账户法的程序是：

第一步，为所有的非现金项目（包括资产负债表项目和利润表项目）分别开设T型账户，并将各自的期末期初变动数过入各该账户。如果项目的期末数大于期初数，则将差额过入和项目余额相同的方向；反之，过入相反的方向。

第二步，开设一个大的“现金及现金等价物”T型账户，每边分为经营活动、投资活动和筹资活动三个部分，左边记现金流入，右边记现金流出。与其他账户一样，过入期末期初变动数。

第三步，以利润表项目为基础，结合资产负债表分析每一个非现金项目的增减变动，并据此编制调整分录。

第四步，将调整分录过入各T型账户，并进行核对，该账户借贷相抵后的余额与原先过入的期末期初变动数应当一致。

第五步，根据大的“现金及现金等价物”T型账户编制正式的现金流量表。

3. 分析填列法

分析填列法是直接根据资产负债表、利润表和有关会计科目明细账的记录，分析计算出现金流量表各项目的金额，并据以编制现金流量表的一种方法。

第五节　所有者权益变动表

一、所有者权益变动表的内容及结构

（一）所有者权益变动表的内容

所有者权益变动表是指反映构成所有者权益各组成部分当期增减变动情况的报表。所有者权益变动表应当全面反映一定时期所有者权益变动的情况，不仅包括所有者权益总量的增减变动，还包括所有者权益增减变动的重要结构性信息，特别是要反映直接计入所有者权益的利得和损失，让报表使用者准确理解所有者权益增减变动的根源。

在所有者权益变动表中，企业至少应当单独列示反映下列信息的项目：①净利润；②直接记入所有者权益的利得和损失项目及其总额；③会计政策变更和差错更正的累积影响金额；④所有者投入资本和向所有者分配利润等；⑤提取的盈余公积；⑥实收资本或股本、资本公积、盈余公积、未分配利润的期初和期末余额及其调节情况。

（二）所有者权益变动表的结构

为了清楚地表明构成所有者权益的各组成部分当期的增减变动情况，所有者权益变动表应当以矩阵的形式列示：一方面，列示导致所有者权益变动的交易或事项，改变了以往仅仅按照所有者权益的各组成部分反映所有者权益变动情况，而是从所有者权益变动的来源对一定时期所有者权益变动情况进行全面反映；另一方面，按照所有者权益各组成部分（包括实收资本、资本公积、盈余公积、未分配利润和库存股）及其总额列示交易或事项对所有者权益的影响。此外，企业还需要提供比较所有者权益变动表，所有者权益变动表还就各项目再分为“本年金额”和“上年金额”两栏分别填列。所有者权益变动表的具体格式如表8-8所示。

二、所有者权益变动表的填列方法

（一）上年金额栏的填列方法

所有者权益变动表“上年金额”栏内各项数字，应根据上年度所有者权益变动表“本年金额”栏内所列数字填列。如果上年度所有者权益变动表规定的各个项目的名称和内容同本年度不相一致，应对上年度所有者权益变动表各项目的名称和数字按本年度的规定进行调整，填入所有者权益变动表“上年金额”栏内。

（二）本年金额栏的填列方法

所有者权益变动表“本年金额”栏内各项数字一般应根据“实收资本（或股本）”“资本公积”“盈余公积”“利润分配”“库存股”“以前年度损益调整”科目的发生额分析填列。

三、所有者权益变动表格式

所有者权益变动表的格式如表8-8所示。

表8-8　　所有者权益变动表　　会企04表

编制单位：　　____年度　　单位：元

项目	本年金额							上年金额						
	实收资本（或股本）	资本公积	减：库存股	其他综合收益	盈余公积	未分配利润	所有者权益合计	实收资本（或股本）	资本公积	减：库存股	其他综合收益	盈余公积	未分配利润	所有者权益合计
一、上年年末余额														
加：会计政策变更														
前期差错更正														
二、本年年初余额														
三、本年增减变动金额（减少以“-”号填列）														
（一）综合收益总额														
（二）所有者投入和减少资本														

表8-8(续)

项目	本年金额							上年金额						
	实收资本（或股本）	资本公积	减：库存股	其他综合收益	盈余公积	未分配利润	所有者权益合计	实收资本（或股本）	资本公积	减：库存股	其他综合收益	盈余公积	未分配利润	所有者权益合计
1. 所有者投入资本														
2. 股份支付计入所有者权益的金额														
3. 其他														
（三）利润分配														
1. 提取盈余公积														
2. 对所有者(或股东)的分配														
3. 其他														
（四）所有者权益内部结转														
1. 资本公积转增资本(或股本)														
2. 盈余公积转增资本(或股本)														
3. 盈余公积弥补亏损														
4. 其他														
四、本年年末余额														

第六节　附注

一、会计报表附注概念

附注是财务报表的重要组成部分。会计报表附注是为便于会计报表使用者理解会计报表的内容而对会计报表的编制基础、编制依据、编制原则和方法及主要项目等所做的解释。会计报表附注是对会计报表及其相关附表的补充与说明，也是企业财务会计报告的重要组成部分。由于会计报表格式和填写要求的限制，会计报表所能提供的信息也有一定限制，因此，需要通过会计报表附注对会计报表的部分项目做更详细的补充说明。

二、会计报表附注内容

附注应当按照如下顺序披露有关内容：

（一）企业的基本情况

企业的基本情况包括：

（1）企业注册地、组织形式和总部地址。

（2）企业的业务性质和主要经营活动。

（3）母公司以及集团最终母公司的名称。

（4）财务报告的批准报出者和财务报告批准报出日。

（二）财务报表的编制基础

财务报表的编制基础是指财务报表是在持续经营基础上还是非持续经营基础上编制的。企业一般是在持续经营基础上编制财务报表，清算、破产属于非持续经营基础。

（三）遵循企业会计准则的声明

企业应当明确说明编制的财务报表符合企业会计准则的要求，真实、公允地反映了企业的财务状况、经营成果和现金流量等有关信息，以此明确企业编制财务报表所依据的制度基础。

如果企业编制的财务报表只是部分地遵循了企业会计准则，附注中不得做出这种表述。

（四）重要会计政策和会计估计

企业应当披露采用的重要会计政策和会计估计，不重要的会计政策和会计估计可以不披露。

1. 重要会计政策的说明

由于企业经济业务的复杂性和多样化，某些经济业务可以有多种会计处理方法，也即存在不止一种可供选择的会计政策。企业在发生某项经济业务时，必须从允许的会计处理方法中选择适合本企业特点的会计政策，企业选择不同的会计处理方法，可能极大地影响企业的财务状况和经营成果，进而编制出不同的财务报表。为了有助于使用者理解，有必要对这些会计政策加以披露。

2. 重要会计估计的说明

企业应当披露会计估计中所采用的关键假设和不确定因素的确定依据，这些关键假设和不确定因素在下一会计期间内很可能导致资产、负债账面价值进行重大调整。在确定报表中确认的资产和负债的账面金额过程中，企业有时需要对不确定的未来事项在资产负债表日对这些资产和负债的影响加以估计。

（五）会计政策和会计估计变更以及差错更正的说明

企业应当按照《企业会计准则第 28 号——会计政策、会计估计变更和差错更正》及其应用指南的规定，披露会计政策和会计估计变更以及差错更正的有关情况。

（六）重要报表项目的说明

企业应当以文字和数字描述相结合的形式并尽可能以列表形式披露重要报表项目的构成或当期增减变动情况，并与报表项目相互参照。在披露顺序上，一般应当按照资产负债表、利润表、现金流量表、所有者权益变动表的顺序及其报表项目列示的顺序。

（七）其他需要说明的重要事项

这主要包括承诺事项、资产负债表日后非调整事项、关联方关系及其交易等。

本章小结

企业编制财务会计报告的目的，是向财务报表使用者提供与企业财务状况、经营成果和现金流量等有关的会计信息，反映企业管理层受托责任的履行情况，有助于财务报表使用者做出经济决策。财务会计报告的使用者通常包括投资者、债权人、政府及其有关部门和社会公众等。

根据我国《企业会计准则》规定，财务报表至少应当包括资产负债表、利润表、现金流量表、所有权权益（或股东权益）变动表和附注（简称四表加一注）。资产负债表反映企业某一特定日期财务状况的会计报表。它反映企业所拥有的资产、需偿还的债务，以及投资者所拥有的净资产的情况。它是静态的时点报表。利润表是反映企业一定期间生产经营成果的会计报表。它表明企业运用所拥有的资产的获利能力。它是动态的时期报表，主要目的是在于解释由于主体的经营活动而引起所有者权益增加的原因。它描述了在该段时期内由于经营活动而引起的净资产的变化情况，用来反映两个资产负债表日期间的情况。现金流量表是以现金为基础编制的财务状况变动表。它反映企业一定期间内现金的流入和流出，表明企业获得现金的现金等价物的能力。它是动态报表的时期报表，是对损益表和资产负债表的重要补充。企业不可能利用权责发生制下的净利润来购买商品，而只能用现金。所有者权益变动表是指反映构成所有者权益各组成部分当期增减变动情况的报表。所有者权益变动表全面反映一定时期所有者权益变动的情况，不仅包括所有者权益总量的增减变动，还包括所有者权益增减变动的重要结构性信息，特别是要反映直接计入所有者权益的利得和损失，让报表使用者准确理解所有者权益增减变动的根源。

思考题

1. 什么是财务报告？财务报告有何作用？
2. 简述财务报告的内容、分类及其编制要求。
3. 简述资产负债表的定义、作用、内容和结构。
4. 资产负债表的格式如何？表中各项目如何填列？
5. 简述利润表的定义、作用、内容和结构。
6. 利润表的格式如何？表中各项目如何填列？

第九章　会计工作组织与管理

学习目标

1. 了解会计工作组织的概念和意义；
2. 掌握会计工作组织的内容和要求；
3. 了解会计机构设置的基本规定；
4. 掌握会计机构设置应考虑的因素和组织形式；
5. 了解会计人员的任职资格和配备的要求；
6. 了解会计法律制度的概念；
7. 掌握我国会计法律制度体系构成；
8. 了解会计职业道德的概念；
9. 掌握会计职业道德规范的内容；
10. 了解会计档案的概念；
11. 掌握会计档案的内容构成和会计档案的保管。

案例：

华远公司会计李某调离会计工作岗位至负责会计档案保管岗位，离岗前与接替者王某在财务科长的监交下办妥了会计工作交接手续。李某负责会计档案工作后，公司档案管理部门会同财务科将已到期会计资料编造清册，报请公司负责人批准后，由李某自行销毁。年底，财政部门对该公司进行检查时，发现该公司原会计李某所记的账目中有会计作假行为，而接替者王某在会计交接时并未发现这一问题。财政部门在调查时，原会计李某说，已经办理会计交接手续，现任会计王某和财务科长均在移交清册上签了字，自己不再承担任何责任。根据现行会计法律制度的有关规定，公司销毁档案是否符合规定？公司负责人是否对会计作假行为承担责任？原会计李某的说法是否正确？

会计机构和会计人员是会计工作系统正常运行的必要条件。任何单位都应当根据本单位经济业务的性质、规模、组织结构和经营管理的要求，在符合《会计法》《会计基础工作规范》等法规制度的要求下，设置与本单位实际情况相适应的会计机构，并配备相应的会计人员；不具备条件设置的，应当委托经批准设立从事会计代理记账业务的中介机构代理记账。本章主要介绍了会计机构的设置、会计人员的配备、会计法律规范、会计职业道德以及会计档案管理等问题。

第一节　会计工作组织与管理概述

一、会计工作组织的概念及意义

所谓会计工作组织，是指如何安排、协调和管理好企业的会计工作。一个企业要顺利开展会计工作，会计机构的设置和会计人员的配备是会计工作系统运行的必要条件，而会计法规是保证会计工作系统正常运行的必要的约束机制，因此，会计工作组织主要研究如何根据会计工作的特点，设置会计机构、配备会计人员、制定会计规章制度等，以保证合理、有效地开展会计工作。科学地组织会计工作对于完成会计职能，实现会计的目标，发挥会计在经济管理中的作用，具有十分重要的意义，具体表现在以下四个方面。

（一）为会计工作的开展与有效进行提供前提条件和基本依据与规范

会计工作的开展必须要有会计机构和人员，即使不具备设置会计机构条件的单位，也必须配备专职的会计人员，以保证对单位财务进行反映与监督，对单位开展的经济活动进行资金支持；会计组织工作的内容有会计政策和制度的设计，政策与制度的基本内容是会计的原则、程序和方法，有了这些才使得会计工作对问题的处理有了基本依据和规范。

（二）有利于保证会计工作的质量，提高会计工作的效率

会计工作是一项复杂、细致而又严密的工作。会计所反映和监督的经济活动错综复杂，想要对这些错综复杂的经济活动进行合理、正确、全面的反映监督，只有严格按照会计工作制度、会计工作程序和会计工作方法，科学、合理地组织会计工作，才能保证会计工作有条不紊地进行，不断提高会计工作的效率和会计工作的质量。

（三）有利于确保会计工作与其他经济管理工作协调一致

会计工作是一项综合性的经济管理工作，作为企业管理工作的组成部分，它既有其独立的职能，又与企业其他的管理工作有着相互促进、相互制约的千丝万缕的联系。只有通过合理地组织会计工作，科学地协调各职能部门的管理工作，才能做到与计划、统计、决策、管理等部门之间口径一致，相得益彰；才能与国家宏观的财政、税务、金融等政策相互协调，使会计工作有效地为国家宏观调控和管理服务。

（四）有利于贯彻国家的方针、政策、法令、制度，维护财经纪律

会计工作是一项错综复杂的系统工作，政策性很强，必须通过核算如实地反映各单位的经济活动和财务收支，通过监督来贯彻执行国家的有关政策、方针、法令和制度。因此，科学地组织好会计工作，可以促使各单位更好地贯彻实施各项方针政策，维护好财经纪律，为建立良好的社会经济秩序打下基础。

二、会计工作组织的内容

会计工作组织的内容，从广义上说，凡是与组织会计工作有关的一切事务都属于会计工作组织的内容；从狭义的角度看，会计组织工作的内容主要包括会计机构的设置和会计人员的配备、会计法律规范的制定与执行、会计职业道德的制定与执行以及会计档案管理等。

（1）会计机构是指直接组织领导和从事会计工作的职能部门。建立健全会计机构，是保证会计工作顺利进行的重要条件。

（2）会计人员是指专门从事会计工作的专业技术工作者。任何企业、事业单位都应根据实际需要配备具有一定专业技术水平的会计人员，这是做好会计工作的关键。

（3）会计法律规范是会计法律、会计法规、会计制度等的总称。它是组织和从事会计工作必须遵守的规范。

（4）会计职业道德是指在会计职业活动中应遵循的、体现会计职业特征的、调整会计职业关系的职业行为准则和规范。

（5）会计档案管理是指每个企业都必须建立一整套制度，保证会计档案的安全完整。

三、组织会计工作的要求

科学地组织会计工作，能使会计工作同其他经济管理工作更加协调，共同完成经济管理任务。因此，科学地组织会计工作，要遵循以下几项要求。

（一）统一性要求

组织会计工作必须按《会计法》和《企业会计准则》等国家规定的法令制度进行。只有按国家对会计工作的统一要求来组织会计工作，才能使会计提供的信息，既满足国家宏观管理的需要，也满足企业内部管理者、债权人、投资者及其他有关方面的需要。

（二）适应性要求

会计工作必须适应本单位经营管理的特点，在遵循《会计法》和《企业会计准则》等国家规定法令制度的前提下，结合自身的管理特点，制定出相应的具体办法，采用不同的账簿组织、记账方法和程序处理相应的经济业务。

（三）效益性要求

在保证会计工作质量的前提下，应讲求经济效益，节约人力和物力，提高会计工作效率。会计工作十分繁杂，如果组织不好，就会造成重复劳动、浪费人力和物力。所以对会计管理程序的规定，会计凭证、账簿、报表的设计，会计机构的设置以及会计人员的配备等，都应避免烦琐，力求精简，引入会计电算化，从工艺上改进会计操作技术，提高工作效率。应防止机构过于庞大、重叠、人浮于事和形式主义而影响会计工作的效率和质量。

（四）内部控制责任要求

在组织会计工作时，要遵循内部控制原则，在保证贯彻执行全单位责任制的同时，建立和完善如内部会计管理体系、会计人员岗位责任制度、账务处理程序制度、内部牵制制度、稽核制度、原始记录管理制度、定额管理制度、计量验收制度、财产清查制度、财务收支审批制度、成本核算制度、财务会计分析制度等内部牵制机制，对会计工作进行分工。

第二节　会计机构与会计人员

一、会计机构

会计机构是各单位办理会计事务的职能机构，会计人员是直接从事会计工作的人员。各单位应建立健全会计机构，配备数量和素质相当的、具备从业资格的会计人员，这是各单位做好会计工作，充分发挥会计职能作用的重要保证。因此，《会计法》对会计机构的设置和会计人员的配备做出了具体的规定。

（一）会计机构的设置

《会计法》对设置会计机构问题做出如下规定：各单位应当根据会计业务的需要，设置会计机构，或者在有关机构中设置会计人员并指定会计主管人员；不具备设置条件的，应当委托经批准设立从事会计代理记账业务的中介机构代理记账。

1. 根据业务需要设置会计机构

各单位是否设置会计机构，应当根据会计业务的需要来决定，即各单位可以根据本单位会计业务的繁简情况决定是否设置会计机构。一个单位是否需要设置会计机构，一般取决于以下几个方面的因素：

（1）单位规模的大小。从有效发挥会计职能作用的角度看，实行企业化管理的事业单位，大、中型企业应当设置会计机构；业务较多的行政单位、社会团体和其他组织也应设置会计机构。而对那些规模很小的企业、业务和人员都不多的行政单位等，可以不单独设置会计机构，将会计业务并入其他职能部门，或者委托代理记账。

（2）经济业务和财务收支的繁简。大、中型单位的经济业务复杂多样，在会计机构和会计人员的设置上应考虑全面、合理、有效的原则，但是也不能忽视单位经济业务的性质和财务收支的繁简问题。有些单位的规模相对较小，但其经济业务复杂多样，财务收支频繁，也要设置相应的会计机构和会计人员。

（3）经营管理的要求。经营管理上对会计机构和会计人员的设置要求是最基本的。如果没有经营管理上对会计机构和会计人员的要求，也就不存在单位对会计的要求了。单位设置会计机构和会计人员的目的，就是为了适应单位在经营管理上的需要。随着科学技术的进步，对会计机构和会计人员的要求与手工会计核算相比有了很大的不同。数据的及时性、准确性、全面性比其他任何时候对会计机构和会计人员的要求都高。

因此，如何设置会计机构和会计人员是单位会计设置中的重要课题。

2. 不设置会计机构的应设置会计人员并指定会计主管人员

会计主管人员是负责组织管理会计事务、行使会计机构负责人职权的负责人。他不同于通常所说的“会计主管”“主管会计”“主办会计”。一个单位如何配备会计机构负责人，主要应考虑单位的实际需要，不能使用“一刀切”的做法要求完全统一标准。实际上，凡是设置了会计机构的单位，都配备了会计机构负责人。《会计法》规定应在会计人员中指定会计主管人员，目的是强化责任制度，防止出现会计工作无人负责的局面。

（二）企业会计机构的组织形式

会计组织机构是开展和组织会计工作的职能部门，由会计人员组成。建立健全会计组织机构并拥有一定数量和素质的会计人员，是保证企业会计工作正常进行，充分发挥会计职能、实现会计目标的重要条件。会计组织机构中各级的财会主管和财务会计人员是内部控制体系的主体，在会计信息的提供过程中发挥着重要的作用。通过设计科学的会计组织机构能使内部控制在企业组织机构中真正发挥作用，并有利于加强内部控制与监督，促使企业各项经济活动合法化、合规化和合理化，以达到经济性、效率性和效益性。会计组织机构和岗位职责的设计是由科学会计机构设置、合理会计人员分工协作、明确会计工作岗位责任、完善的会计工作制度等有机组成的。与企业生产经营规模、特点和管理要求相适应，保证企业会计信息的生成、加工和传递真实可靠、及时有效。小企业业务量小，会计机构应相应小些，会计人员相应少些，机构内的分工也应粗些。大中型企业经营规模大，业务量繁多，应单独设置会计机构，以便及时组织本单位各项经济活动和财务收支的核算，实行有效的会计监督。还要设立企业内部岗位责任制，考核各责任中心的业绩。机构应设大些，人员多些，内部分工也应细一些。

会计工作的组织形式是由企业的规模和它所担负的任务决定的，一般可分为会计与财务合并设置形式和会计与财务分别设置形式。

1. 会计与财务合并设置形式

这是将会计对资金运动的核算、监督职能与财务管理对资金的筹集、调度与分配职能统一由一个部门来履行的一种机构设置形式，一般适用于中小型企业。这些企业经营规模和范围较小，经营过程、企业的组织形式和管理要求较简单，业务量不大，通常将会计与财务合并设置为一个部门或成为某部门下属的一个子部门。当业务量大时，单独设置会计部门，并在会计部门内部进行简单分工，财会机构一般设置为科或室。岗位有主管、出纳、明细账、总账会计等。

2. 会计与财务分别设置形式

这是将会计对资金运动的反映、监督职能与财务管理对资金的筹集、调度与分配职能分别由会计部门和财务部门来履行的一种机构设置形式，一般适用于大中型企业。

二、会计人员

（一）会计机构负责人（会计主管人员）的任职资格

1. 会计机构负责人（会计主管人员）的概念

在一个单位内部，不论是设置会计机构或者在有关机构中设置会计人员，总要有一位负责人。在设置会计机构的情况下，该负责人为会计机构负责人；而在有关机构中设置会计人员的情况下，被指定为会计主管人员的人就是负责人。会计机构负责人（会计主管人员）是在一个单位内具体负责会计工作的中层领导人员，在单位会计工作中承担着重要角色。在单位负责人的领导下，会计机构负责人（会计主管人员）负有组织、管理本单位所有会计工作的责任，其工作水平的高低直接关系到整个单位会计工作的水平和质量。

2. 会计机构负责人（会计主管人员）的任职资格

会计机构负责人（会计主管人员）是在一个单位内部具体负责会计工作的中层领导人员，在单位负责人的领导下，负责组织、管理本单位所有会计工作，其工作水平的高低、质量的好坏，直接关系到整个单位会计工作的水平和质量。因此其任职资格除要求具备一般会计人员应具备的条件外，还应具备专业技术资格、工作经历等条件。《会计法》规定："担任单位会计机构负责人（会计主管人员）的，除取得会计从业资格证书外，还应当具备会计师以上专业技术职务资格或者从事会计工作 3 年以上经历。"这是对单位会计机构负责人（会计主管人员）任职资格做出的特别规定。

（二）会计人员的配备

《会计基础工作规范》中，对会计人员配备、会计岗位设置的原则做出规定，如规定"会计工作岗位，可以一人一岗、一人多岗或者一岗多人"等。

会计工作岗位，是指一个单位会计机构内部根据业务分工而设置的职能岗位。对于会计工作岗位的设置，《会计基础工作规范》提出了以下示范性的要求：

（1）根据本单位会计业务的需要设置会计工作岗位。

（2）符合内部牵制制度的要求。根据规定，会计工作岗位可以一人一岗、一人多岗或者一岗多人，但出纳人员不得兼任稽核、会计档案保管和收入、支出费用、债权债务账目的登记工作。

（3）对会计人员的工作岗位要有计划地进行轮岗，以促进会计人员全面熟悉业务和不断提高业务素质。

（4）要建立岗位责任制。根据《会计基础工作规范》和有关制度的规定，会计工作岗位一般分为：总会计师（或行使总会计师职权）岗位；会计机构负责人（会计主管人员）岗位；出纳岗位；稽核岗位；资本、基金核算岗位；收入、支出、债权债务核算岗位；工资核算、成本核算、财务成果核算岗位；财产物资的收发、增减核算岗位；总账岗位；对外财务会计报表编制岗位；会计电算化岗位；会计档案管理岗位。

（5）会计人员回避制度。回避制度是指为了保证执法或者执业的公正性，对可能影响其公正性的执法或者执业的人员实行职务回避和业务回避的一种制度。回避制度已成为我国人事管理的一项重要制度。在会计工作中，由于亲情关系而通同作弊和违法违纪的案件时有发生，因此，在会计人员中实行回避制度十分必要。《会计基础工作规范》从会计工作的特殊性出发，对会计人员的回避问题做出了规定，即国家机关、国有企业、事业单位任用会计人员应当实行回避制度；单位负责人的直系亲属不得担任本单位的会计机构负责人、会计主管人员，会计机构负责人、会计主管人员的直系亲属不得在本单位会计机构中担任出纳工作。直系亲属包括夫妻关系、直系血亲关系、三代以内旁系血亲以及近姻亲关系。

第三节　会计法律规范

会计法律规范是指组织和从事会计工作必须遵循的行为规范，是会计法律、法令、条件、规则、章程、制度等规范性文件的总称。为了使会计工作有组织、有秩序地进行，为了实现为决策者提供有用的信息和帮助管理者报告其受托责任的会计目标，必须规定会计工作应当做什么、不应当做什么，应当怎么做、不应当怎么做。会计法律法规的制定和实施是实现会计核算标准化的必然要求。

我国现行的会计法律规范体系由会计法律、会计行政法规、会计部门规章、地方政府和行业主管部门的会计规章四个部分组成。

一、会计法律

会计法律，是指由全国人民代表大会及其常务委员会经过一定立法程序制定的、调整我国经济生活中会计行为关系的法律规范的总称。目前，现行的《会计法》是我国唯一的一部会计法律。《会计法》于 1985 年 1 月 21 日经第六届全国人民代表大会常务委员会第九次会议通过，自 1985 年 5 月 1 日起施行；1993 年 12 月 29 日，第八届全国人民代表大会常务员会第五次会议通过了《关于修改中华人民共和国会计法的决定》，自公布之日起施行；1999 年 10 月 31 日，第九届全国人民代表大会常务委员会第十二次会议通过，自 2000 年 7 月 1 日起施行。

《会计法》主要规定了会计工作的基本目的、会计管理权限、会计责任主体、会计核算和会计监督的基本要求、会计人员和会计机构的职责权限，并对会计法律责任做出详细的规定。《会计法》是会计法律规范体系中层次最高、最具有法律效力的法律规范，是会计工作的根本大法，是制定其他会计法律法规、会计规章制度的依据，也是指导我国会计工作的最高准则，其他任何会计法律法规都不得与之相违背。

二、会计行政法规

会计行政法规是指由国务院制定并发布，或者国务院有关部门拟订并经国务院批准发布，调整经济生活中某些方面会计关系的法律规范。它是根据《会计法》制定的，内容上多数是会计法律的具体化，是对会计法律的具体化或某个方面的补充。我国会计行政法规是由国务院制定并颁布的，其法律效力仅次于会计法律。在我国现行的属于会计行政法规的有两个：一是国务院于1990年12月31日发布的《总会计师条例》，该条例主要对总会计师的职责、权限、任免与奖惩等做出了明确规定；二是于2000年6月21日发布的《企业财务会计报告条例》，该条例主要规定了企业财务会计报告的构成、编制和对外提供的要求、法律责任等，它是对《会计法》中有关财务会计报告的规定的细化。

三、会计部门规章

会计部门规章，是指由国务院主管全国会计工作的行政部门——财政部，对会计工作制定的规范性文件。会计部门规章是负责全国会计、审计、财务等工作的主管部门财政部制定的，其法律效力处于第三层次。

属于会计部门规章的主要有《企业会计准则》《企业会计制度》《金融企业会计制度》《小企业会计制度》《民间非营利组织会计制度》《会计基础工作规范》《内部会计控制规范》《会计档案管理办法》《会计从业资格管理办法》等。由于该层次涉及的内容最多，法规数量所占比例最大，不可能在此一一详细阐述，但基于《企业会计准则》是这个层次中最为重要的规章制度，它直接指导我国会计主体进行会计核算工作，因此，有必要对会计准则做简单介绍。

2006年2月15日，财政部发布了企业会计准则体系，包括1项基本准则和38项具体准则及其应用指南，并规定自2007年1月1日起在上市公司范围内施行，鼓励其他行业执行；2014年财政部又发布了《企业会计准则第39号——公允价值计量》《企业会计准则第40号——合营安排》和《企业会计准则第41号——在其他主体中权益的披露》等3个具体准则，至此，企业会计准则体系中具体准则达到41个。此外，财政部于2014年修订了《企业会计准则第2号——长期股权投资》《企业会计准则第9号——职工薪酬》《企业会计准则第30号——财务报表列报》《企业会计准则第33号——合并财务报表》《企业会计准则第37号——金融工具列报》，以及《企业会计准则——基本准则》。同时，财政部针对具体准则先后印发了企业会计准则解释公告第1~8号。

中国现行企业会计准则体系由基本准则、具体准则、应用指南和解释公告组成。

（一）基本准则

基本准则在企业会计准则体系中扮演着概念框架的作用，居于统驭地位。我国基本准则主要规范了以下内容：①财务报告目标；②会计基本假设；③会计基础；④会计信息质量要求；⑤会计要素分类及其确认、计量原则；⑥财务报告。

基本准则在企业会计准则体系中具有重要地位，其主要作用如下：①统驭具体准则的制定。基本准则规范了包括财务报告目标、会计基本假设、会计信息质量要求、会计要素的概念及其确认、计量原则、财务报告等在内的基本问题，是制定具体准则的基础，对各具体准则的制定起着统驭作用，可以确保各具体准则的内在一致性。②为具体准则中尚未规范的新业务提供会计处理依据。在会计实务中，由于经济交易事项的不断发展、创新，一些新的交易或者事项在具体准则中尚未规范但又急需处理，这时，企业应当以基本准则为依据，对新的交易或者事项进行及时的会计处理。

（二）具体准则

具体准则是在基本准则的指导下，对企业各项资产、负债、所有者权益、收入、费用、利润及相关交易事项的确认、计量和报告进行规范的会计准则。我国现行企业会计具体准则有：①会计要素类准则，包括存货、长期股权投资、投资性房地产、固定资产、无形资产、收入、建造合同等准则；②特殊业务类准则，包括非货币性资产交换、职工薪酬、企业年金基金、股份支付、债务重组、或有事项、政府补助、借款费用、所得税、外币折算、租赁、资产减值、企业合并、会计政策会计估计变更和差错更正、资产负债表日后事项、合营安排等准则；③金融工具类准则，包括金融工具确认和计量、金融资产转移、套期保值、金融工具列报等准则；④特殊行业准则，包括原保险合同、再保险合同、石油天然气开采等准则；⑤财务报告类准则，包括财务报表列报、现金流量表、中期财务报告、合并财务报表、每股收益、分部报告、关联方披露、在其他主体中权益的披露等准则；⑥计量类准则，包括公允价值计量等准则；⑦过渡性要求准则，包括首次执行企业会计准则。

（三）应用指南

应用指南是对具体准则相关条款的细化和对有关重点问题提供的相应操作性指南，以利于会计准则的贯彻落实和指导实务操作。特别是其中的“会计科目和主要账务处理”，它涵盖了各类企业的各种交易或事项，是以会计准则中确认、计量原则及其解释为依据所做的规定，其中对商业银行、保险公司和证券公司的专用科目做了特别说明。

（四）解释公告

解释公告是对具体准则实施过程中出现的问题、具体准则条款规定不清楚或者尚未规定的问题做出的补充说明。

四、地方政府和行业主管部门的会计规章

地方政府和行业主管部门的会计规章属于我国会计法规体系的最后一个层次，是各省、自治区、直辖市的人民代表大会及其常务委员会或行业主管部门在与会计法律、会计行政法规不相抵触的前提下制定的地方性或行业性会计法规。该法规只在本辖区内或本行业内指导会计工作，但也是我国会计法规体系的重要组成部分。

第四节 会计职业道德

会计职业道德是指会计人员从事会计职业工作时所应遵循的基本道德规范。它是调整会计人员与国家、会计人员与不同利益和会计人员相互之间的社会关系及社会道德规范的总和，是基本道德规范在会计工作中的具体体现。它既是会计工作要遵守的行为规范和行为准则，也是衡量一个会计工作者工作好坏的标准。会计职业道德主要

包括以下八个方面的内容：

一、爱岗敬业

爱岗敬业是指忠于职守的事业精神，这是会计职业道德的基础。爱岗就是会计人员应该热爱自己的本职工作，安心于本职岗位；敬业就是会计人员应该充分认识本职工作在社会经济活动中的地位和作用，认识本职工作的社会意义和道德价值，具有会计职业的荣誉感和自豪感，在职业活动中具有高度的劳动热情和创造性，以强烈的事业心、责任感，从事会计工作。爱岗敬业要求会计人员热爱会计工作，安心本职岗位，忠于职守，尽心尽力，尽职尽责。

二、诚实守信

诚实守信是指言行和内心思想一致。诚实就是不弄虚作假，不欺上瞒下，做老实人，说老实话，办老实事；守信就是遵守自己所做出的承诺，讲信用、重信用，信守诺言，保守秘密。

三、廉洁自律

廉洁自律是中华民族的传统美德，也是会计职业道德的重要内容。廉洁就是不贪污钱财，不收受贿赂，保持清白；自律是指自律主体按照一定的标准，自己约束自己、自己控制自己的言行和思想的过程。廉洁自律要求会计人员公私分明、不贪不占、遵纪守法、清正廉洁。

四、客观公正

对于会计职业活动而言，客观主要包括两层含义：一是真实性，即以实际发生的经济活动为依据，对会计事项进行确认、计量、记录和报告；二是可靠性，即会计核算要准确，记录要可靠，凭证要合法。公正就是要求各企、事业单位管理层和会计人员不仅应当具备诚实的品质，而且应公正地开展会计核算和会计监督工作，即在履行会计职能时，摒弃单位、个人私利，公平公正，不偏不倚地对待相关利益各方。客观公正要求会计人员端正态度，依法办事，实事求是，不偏不倚，保持应有的独立性。

五、坚持准则

坚持准则是指会计人员在处理业务过程中，要严格按照会计法律制度办事，不为主观或他人意志左右。这里所说的“准则”不仅指会计准则，还包括会计法律、法规、国家统一的会计制度以及与会计工作相关的法律制度。坚持准则要求会计人员熟悉国家法律、法规和国家统一的会计制度，始终坚持按照法律、法规和国家统一的会计制度的要求进行会计核算，实施会计监督。

六、提高技能

会计工作是专业性和技术性很强的工作，只有具有一定的专业知识和技能，才能胜任会计工作。提高技能就是指会计人员通过学习、培训和实践等途径，持续提高职业技能，以达到和维持足够的专业胜任能力的活动。提高技能要求会计人员增强提高专业技能的自觉性和紧迫感，勤学苦练，刻苦钻研，不断进取，提高业务水平。

七、参与管理

参与管理简单地讲就是参加管理活动，为管理者当参谋，为管理活动服务。参与管理要求会计人员在做好本职工作的同时，努力钻研相关业务，全面熟悉本单位经营活动和业务流程，主动提出合理化建议，协助领导做出决策，积极参与管理。

八、强化服务

强化服务就是要求会计人员具有文明的服务态度、强烈的服务意识和优良的服务质量。强化服务要求会计人员树立服务意识，提高服务质量，努力维护和提升会计职业的良好社会形象。

第五节　会计档案管理

一、会计档案的概念及内容

（一）会计档案的概念

会计档案是指单位在进行会计核算等过程中接收或形成的，记录和反映单位经济业务事项的，具有保存价值的文字、图表等各种形式的会计资料，包括通过计算机等电子设备形成、传输和存储的电子会计档案。会计档案是国家经济档案的重要组成部分，是各单位的重要档案之一。它是各单位会计事项的历史记录，是总结经验，进行决策所需要的主要资料，也是进行会计财务检查、审计检查的重要资料。因此各单位的会计部门必须对会计档案高度重视，严格保管。大中型单位应当建立会计档案室，小型单位应有会计档案柜并指定专人负责保管。各单位对会计档案应建立严格的保管制度，妥善管理，不得丢失、损坏、抽换或者任意销毁。

《会计档案管理办法》由财政部、国家档案局负责解释，自 2016 年 1 月 1 日起施行。1998 年 8 月 21 日财政部、国家档案局发布的《会计档案管理办法》（财会字〔1998〕32 号）同时废止。

（二）会计档案的内容

根据《会计档案管理办法》第六条的规定，下列会计资料应当进行归档：

（1）会计凭证，包括原始凭证、记账凭证；

（2）会计账簿，包括总账、明细账、日记账、固定资产卡片及其他辅助性账簿；

（3）财务会计报告，包括月度、季度、半年度、年度财务会计报告；

（4）其他会计资料，包括银行存款余额调节表、银行对账单、纳税申报表、会计档案移交清册、会计档案保管清册、会计档案销毁清册、会计档案鉴定意见书及其他具有保存价值的会计资料。

单位可以利用计算机、网络通信等信息技术手段管理会计档案。同时满足下列条件的，单位内部形成的属于归档范围的电子会计资料可仅以电子形式保存，形成电子会计档案：①形成的电子会计资料来源真实有效，由计算机等电子设备形成和传输；②使用的会计核算系统能够准确、完整、有效地接收和读取电子会计资料，能够输出符合国家标准归档格式的会计凭证、会计账簿、财务会计报表等会计资料，设定了经办、审核、审批等必要的审签程序；③使用的电子档案管理系统能够有效接收、管理、利用电子会计档案，符合电子档案的长期保管要求，并建立了电子会计档案与相关联的其他纸质会计档案的检索关系；④采取有效措施，防止电子会计档案被篡改；⑤建立电子会计档案备份制度，能够有效防范自然灾害、意外事故和人为破坏的影响；⑥形成的电子会计资料不属于具有永久保存价值或者其他重要保存价值的会计档案。

另外，电子会计资料满足上述规定条件，单位从外部接收的电子会计资料附有符合《中华人民共和国电子签名法》规定的电子签名的，可仅以电子形式归档保存，形成电子会计档案。

二、会计档案的管理

（一）会计档案的形成

当年形成的会计档案，在会计年度终了后，可由单位会计管理机构临时保管一年，再移交单位档案管理机构保管。因工作需要确需推迟移交的，应当经单位档案管理机构同意。

单位会计管理机构临时保管会计档案最长不超过三年。临时保管期间，会计档案的保管应当符合国家档案管理的有关规定，且出纳人员不得兼管会计档案。

（二）会计档案的保管

会计档案的保管期限分为永久、定期两类。定期保管期限一般分为10年和30年。会计档案的保管期限，从会计年度终了后的第一天算起。会计档案保管期限为最低保管期限。各类会计档案具体保管期限如表9-1、表9-2所示。

表9-1　　企业和其他组织会计档案保管期限表

序号	档案名称	保管期限	备注
一	会计凭证		
1	原始凭证	30年	
2	记账凭证	30年	
二	会计账簿		
3	总账	30年	
4	明细账	30年	

表9-1(续)

序号	档案名称	保管期限	备注
5	日记账	30 年	
6	固定资产卡片		固定资产报废清理后保管 5 年
7	其他辅助性账簿	30 年	
三	财务会计报告		
8	月度、季度、半年度财务会计报告	10 年	
9	年度财务会计报告	永久	
四	其他会计资料		
10	银行存款余额调节表	10 年	
11	银行对账单	10 年	
12	纳税申报表	10 年	
13	会计档案移交清册	30 年	
14	会计档案保管清册	永久	
15	会计档案销毁清册	永久	
16	会计档案鉴定意见书	永久	

表 9-2　　财政总预算、行政单位、事业单位和税收会计档案保管期限表

序号	档案名称	保管期限			备注
		财政总预算	行政单位事业单位	税收会计	
一	会计凭证				
1	国家金库编送的各种报表及缴库退库凭证	10 年		10 年	
2	各收入机关编送的报表	10 年			
3	行政单位和事业单位的各种会计凭证		30 年		包括：原始凭证、记账凭证和传票汇总表
4	财政总预算拨款凭证和其他会计凭证	30 年			包括：拨款凭证和其他会计凭证
二	会计账簿				
5	日记账		30 年	30 年	
6	总账	30 年	30 年	30 年	
7	税收日记账（总账）			30 年	
8	明细分类、分户账或登记簿	30 年	30 年	30 年	
9	行政单位和事业单位固定资产卡片				固定资产报废清理后保管 5 年
三	财务会计报告				

表9-2(续)

序号	档案名称	保管期限			备注
		财政总预算	行政单位事业单位	税收会计	
10	政府综合财务报告	永久			下级财政、本级部门和单位报送的保管2年
11	部门财务报告		永久		所属单位报送的保管2年
12	财政总决算	永久			下级财政、本级部门和单位报送的保管2年
13	部门决算		永久		所属单位报送的保管2年
14	税收年报（决算）			永久	
15	国家金库年报（决算）	10年			
16	基本建设拨、贷款年报（决算）	10年			
17	行政单位和事业单位会计月、季度报表		10年		所属单位报送的保管2年
18	税收会计报表			10年	所属税务机关报送的保管2年
四	其他会计资料				
19	银行存款余额调节表	10年	10年		
20	银行对账单	10年	10年	10年	
21	会计档案移交清册	30年	30年	30年	
22	会计档案保管清册	永久	永久	永久	
23	会计档案销毁清册	永久	永久	永久	
24	会计档案鉴定意见书	永久	永久	永久	

注：税务机关的税务经费会计档案保管期限，按行政单位会计档案保管期限规定办理。

（三）会计档案的调阅

单位应当严格按照相关制度利用会计档案，在进行会计档案查阅、复制、借出时履行登记手续，严禁篡改和损坏。单位保存的会计档案一般不得对外借出，确因工作需要且根据国家有关规定必须借出的，应当严格按照规定办理相关手续。会计档案借用单位应当妥善保管和利用借入的会计档案，确保借入会计档案的安全完整，并在规定时间内归还。

单位的会计档案及其复制件需要携带、寄运或者传输至境外的，应当按照国家有关规定执行。

（四）会计档案的移交

单位会计管理机构在办理会计档案移交时，应当编制会计档案移交清册，并按照国家档案管理的有关规定办理移交手续。

纸质会计档案移交时应当保持原卷的封装。电子会计档案移交时应当将电子会计档案及其原数据一并移交，且文件格式应当符合国家档案管理的有关规定。特殊格式的电子会计档案应当与其读取平台一并移交。

单位档案管理机构接收电子会计档案时，应当对电子会计档案的准确性、完整性、可用性、安全性进行检测，符合要求的才能接收。

（五）会计档案的销毁

单位应当定期对已到保管期限的会计档案进行鉴定，并形成会计档案鉴定意见书。经鉴定，仍需继续保存的会计档案，应当重新划定保管期限；对保管期满，确无保存价值的会计档案，可以销毁。会计档案鉴定工作应当由单位档案管理机构牵头，组织单位会计、审计、纪检监察等机构或人员共同进行。

经鉴定可以销毁的会计档案，应当按照以下程序销毁：①单位档案管理机构编制会计档案销毁清册，列明拟销毁会计档案的名称、卷号、册数、起止年度、档案编号、应保管期限、已保管期限和销毁时间等内容。②单位负责人、档案管理机构负责人、会计管理机构负责人、档案管理机构经办人、会计管理机构经办人在会计档案销毁清册上签署意见。③单位档案管理机构负责组织会计档案销毁工作，并与会计管理机构共同派员监销。监销人在会计档案销毁前，应当按照会计档案销毁清册所列内容进行清点核对；在会计档案销毁后，应当在会计档案销毁清册上签名或盖章。

电子会计档案的销毁还应当符合国家有关电子档案的规定，并由单位档案管理机构、会计管理机构和信息系统管理机构共同派员监销。

保管期满但未结清的债权债务会计凭证和涉及其他未了事项的会计凭证不得销毁，纸质会计档案应当单独抽出立卷，电子会计档案单独转存，保管到未了事项完结时为止。单独抽出立卷或转存的会计档案，应当在会计档案鉴定意见书、会计档案销毁清册和会计档案保管清册中列明。

本章小结

广义的会计法律制度，是指国家权力机关和行政机关制定的各种会计规范性文件的总称，包括会计法律、会计行政法规、国家统一的会计制度、会计地方性法规等。

一个单位是否需要设置会计机构，一般取决于以下几个方面的因素：第一，单位规模的大小；第二，经济业务和财务收支的繁简；第三，经营管理的要求。经营管理上对会计机构和会计人员的设置要求是最基本的。会计机构负责人（会计主管人员），是一个单位内具体负责会计工作的中层领导人员，在单位负责人的领导下，负责组织、管理本单位所有会计工作。第四，任职资格。《会计法》规定：担任单位会计机构负责人（会计主管人员）除取得会计从业资格证书外，还应当具备会计师以上专业技术职务资格或者从事会计工作 3 年以上的经历。

会计档案是指单位在进行会计核算等过程中接收或形成的，记录和反映单位经济业务事项的，具有保存价值的文字、图表等各种形式的会计资料，包括通过计算机等电子设备形成、传输和存储的电子会计档案。1998 年 8 月 21 日财政部、国家档案局发布的《会计档案管理办法》（财会字〔1998〕32 号）废止。新《会计档案管理办法》由财政部、国家档案局负责解释，自 2016 年 1 月 1 日起施行。单位应当加强会计档案管理工作，建立和完善会计档案的收集、整理、保管、利用和鉴定销毁等管理制度，采取可靠的安全防护技术和措施，保证会计档案的真实、完整、可用、安全。

思考题

1. 什么是会计机构？设置会计机构的要求有哪些？
2. 简述会计人员的职责、权限和各类会计人员的任职条件。
3. 会计专业技术职务有哪些？各级职务的任职条件是什么？
4. 会计人员应遵循的职业道德有哪些？
5. 新《会计档案管理办法》要求单位从哪些方面加强会计档案管理？
6. 属于归档范围的电子会计资料可仅以电子形式保存，形成电子会计档案要满足哪些条件？

参考文献

［1］财政部会计司编写组. 企业会计准则讲解 2010［M］. 北京：人民出版社，2010.

［2］中华人民共和国财政部. 企业会计准则应用指南［M］. 北京：中国时代经济出版社，2007.

［3］陈国辉. 基础会计［M］. 北京：清华大学出版社，2010.

［4］朱小平. 初级会计学［M］. 北京：中国人民大学出版社，2009.

［5］葛家澍. 会计学原理［M］. 沈阳：辽宁人民出版社，2008.

［6］刘峰. 会计学基础［M］. 北京：高等教育出版社，2009.

［7］倪明辉. 会计学基础［M］. 北京：机械工业出版社，2011.

［8］许拯声. 会计基础教程［M］. 北京：清华大学出版社，2010.

［9］李瑞芬. 会计学基础［M］. 大连：东北财经大学出版社，2010.

［10］唐国平. 会计学原理［M］. 大连：东北财经大学出版社，2010.

［11］王金玲. 会计学［M］. 北京：机械工业出版社，2011.

［12］胡世强. 会计学原理［M］. 成都：西南财经大学出版社，2004 .

［13］周红，王建新，张铁铸. 国际会计准则［M］. 大连：东北财经大学出版社，2008.

［14］朱小平，徐泓. 初级会计学［M］. 北京：中国人民大学出版社，2009.

［15］胡世强. 会计学基础［M］. 成都：西南财经大学出版社，2009.

［16］胡世强. 财务会计［M］. 成都：西南财经大学出版社，2009.

［17］程立，王悌云. 会计学原理模拟实验［M］. 上海：上海财经大学出版社，2009.

［18］徐经长，孙蔓莉，周华. 会计学（非专业用）［M］. 北京：中国人民大学出版社，2010.

［19］朱小平，马元驹. 初级会计学模拟实验教程（第五版）［M］. 北京：中国人民大学出版社，2010.

［20］唐国平. 会计学原理（新概念会计本）［M］. 大连：东北财经大学出版社，2010.

［21］李会太. 初级会计学［M］. 北京：清华大学出版社，2010.

［22］胡玉明. 会计学（非专业用）［M］. 北京：中国人民大学出版社，2010.

参考文献